Michael A. Bächle
Wissensmanagement mit Social Media

Michael A. Bächle

Wissensmanagement mit Social Media

Grundlagen und Anwendungen

DE GRUYTER
OLDENBOURG

ISBN 978-3-11-037493-3
e-ISBN (PDF) 978-3-11-043977-9
e-ISBN (EPUB) 978-3-11-043978-6

Library of Congress Cataloging-in-Publication Data
A CIP catalog record for this book has been applied for at the Library of Congress.

Bibliografische Information der Deutschen Nationalbibliothek
Die Deutsche Nationalbibliothek verzeichnet diese Publikation in der Deutschen
Nationalbibliografie; detaillierte bibliografische Daten sind im Internet über
http://dnb.dnb.de abrufbar.

© 2016 Walter de Gruyter GmbH, Berlin/Boston
Einbandabbildung: catrinka81/iStock/Thinkstock
Druck und Bindung: CPI books GmbH, Leck
♾ Gedruckt auf säurefreiem Papier
Printed in Germany

www.degruyter.com

Meinem Vater, Otto H. Bächle
1927–2015

Vorwort

Galt das Wissensmanagement lange Jahre als ein gescheiterter Ansatz, erlebt es mit den aktuellen Entwicklungen des Webs eine unerwartete, wenngleich erfreuliche Renaissance. Nach den schmerzhaften Gehversuchen eines technokratisch ausgerichteten Ansatzes in den 1990er-Jahren entwickelt sich das Thema „Wissensmanagement" nunmehr zu einem „Hotspot" der Wirtschaftsinformatik. Kaum ein anderer Anwendungsbereich versinnbildlicht so sehr ihren Gegenstandsbereich, nämlich sozio-technische Informationssysteme im Spannungsfeld von Mensch – Aufgabe – Informationstechnik.

Die Möglichkeiten, welche sich durch die mobile Informatik mittlerweile abzeichnen (Stichwort: „Industrie" 4.0 etc.), werden die Bedeutung der Ressource „Wissen" für Innovation und Unternehmenserfolg in den nächsten Jahren auch dem letzten Zweifler, der das Scheitern des Wissensmanagements in den 1990er-Jahren noch persönlich erlebt haben mag, drastisch vor Augen führen.

Seit nunmehr knapp 30 Jahren habe ich das Glück, die Entwicklung des Internets und die Entstehung des Webs miterleben zu dürfen. Dieses Erfahrungswissen sowie knapp 20 Jahre in Forschung und Praxis des Wissensmanagements sowie der Wirtschaftinformatik sind in dieses Buch eingeflossen.

Um ein solches Buch zu schreiben – auch wenn es nur ein knappes Repetitorium ist – braucht es doch etwas Zeit, die einem im hektischen Lehrbetrieb der Bologna-geplagten Hochschulen immer weniger bleibt. Leider ist dies symptomatisch für eine Bildungspolitik, die Deutschland nur einen etwas besser als ausreichend anzusehenden Platz im Bildungsranking der OECD ermöglicht: „Deutschland gibt 4,4 % seines BIP und damit weniger als im OECD-Durchschnitt (5,3 %) für Bildungseinrichtungen vom Primär- bis zum Tertiärbereich aus. Diese Ausgaben sind seit 2010 nahezu konstant geblieben, als sie sich auf 4,5 % des BIP beliefen." (OECD 2015, S. 9)

Der Leitung der Dualen Hochschule Baden-Württemberg (DHBW) bin ich deshalb für die Gewährung eines Forschungssemesters zur Erstellung dieses Buchs zu Dank verpflichtet, insbesondere dem Prorektor der DHBW Ravensburg und Dekan meiner Fakultät, Herrn Prof. Dr. Volker Simon.

Ein ganz besonderer Dank geht zudem an meine Kolleginnen und Kollegen der Studiengänge Wirtschaftsinformatik der DHBW Ravensburg, die während meiner halbjährigen Abwesenheit kollegial und klaglos meine Aufgaben als Studiengangleiter übernommen haben.

Zu danken habe ich auch allen meinen Studierenden der letzten Jahre, die mir im Rahmen meiner Vorlesungen zum Wissensmanagement dabei geholfen haben, das Thema prägnanter, anschaulicher und inhaltlich reichhaltiger zu formulieren, als es in der ersten Vorlesung vor vielen Jahren noch der Fall war. Seneca d. J. hatte schon recht: „Docendo discimus" – Lehrend lernen wir.

Schlussendlich danke ich dem Verlag De Gruyter Oldenbourg, insbesondere Frau Annette Huppertz sowie Herrn Dr. Stefan Giesen, für die mitterweile langjährige und sehr gute Zusammenarbeit, indem sie sich auch bei diesem Buch mit Fakten- und Erfahrungswissen hervorragend eingebracht haben.

Wissen ist eine stete Quelle der Freude, Inspiration und Innovation – für die verständige Vermittlung dieses Erfahrungswissens bin ich meinem Vater sehr dankbar, der seinen Lehrberuf ein Leben lang mit inspirierender Begeisterung ausübte. Ihm ist dieses Buch gewidmet.

Ihnen, meinen Leserinnen und Lesern, wünsche ich mit diesem Buch die gleiche Erfahrung der Inspiration hinsichtlich eines Themas, das uns im 21. Jahrhundert alle beschäftigen muss.

Ravensburg, im Juni 2016
Michael A. Bächle

Zum Gebrauch des Repetitoriums

Ziel des Repetitoriums

Dieses Buch befasst sich mit den Möglichkeiten, die Social Media für das betriebliche Wissensmanagement bietet und richtet sich primär an Studierende in den höheren Semestern eines Bachelorstudiums oder in einem Masterstudiengang der BWL, Informatik oder Wirtschaftsinformatik. Es ist dabei kein umfangreiches Lehrbuch. Vielmehr handelt es sich um ein Repetitorium, das wichtige Inhalte knapp und übersichtlich zusammenfasst. Dazu behandelt das Repetitorium die relevanten Themengebiete und ermöglicht dem Leser einen schnellen, umfassenden Einstieg in das Wissensmanagement mit Social Media sowie die Möglichkeit, den Stoff vor einer Prüfung zu wiederholen und zu festigen.

Das didaktisch-methodische Konzept

Jedes Kapitel beginnt mit der Erläuterung der **Lernziele** und schließt mit einer **Zusammenfassung** sowie einer **Topic-Map** zur Visualisierung der wichtigsten Kapitelinhalte. Zur Kontrolle des Lernerfolgs finden sich zudem **Übungsaufgaben** am Ende der einzelnen Kapitel. Die im Repetitorium vorgestellten **Fallstudien** dienen dazu, die Inhalte eines Kapitels anhand von Praxisbeispielen zu veranschaulichen. Die **Musterklausuren** können dazu genutzt werden, sich in die Prüfungssituation zu versetzen. Zu Übungsaufgaben und Musterklausuren gibt es einen **Lösungshorizont**, der erst dann gelesen werden sollte, wenn die jeweilige Klausur bzw. Aufgabe bearbeitet wurde – ansonsten ist von einem geringen Lerneffekt auszugehen.

Verwendete Symbole

Um eine schnelle Orientierung zu ermöglichen, sind im Repetitorium wichtige Lerninhalte mit verschiedenen Symbolen markiert:

!	Definitionen, Merksätze
i	Fallstudien
⚡	Lernziele, Zusammenfassungen
i	Übungsaufgaben

Inhalt

Abbildungsverzeichnis

Tabellenverzeichnis

Abkürzungsverzeichnis

AJAX	Asynchronous JavaScript and XML
APQC	American Productivity & Quality Center
BCR	Benefit-Cost-Ratio
BI	Business-Intelligence
BIP	Bruttoinlandsprodukt
CEN	Comité Européen de Normalisation
CERN	Conseil Européen pour la Recherche Nucléaire
CMS	Content-Management-System
CoP	Community-of-Practice
CRM	Customer-Relationship-Management
CSCW	Computer-Supported-Cooperative-Work
DM	Data-Mining
DMS	Dokumentenmanagementsystem
ERP	Enterprise-Resource-Planning
ESS	Enterprise-Social-Software
FuE	Forschung und Entwicklung
HTML	Hypertext Markup Language
ICT	Information and Communication Technology
IM	Instant-Messaging
IP	Intellectual Property
KPI	Key-Performance-Indicator
KVI	Key-Value-Indicator
LMS	Learning-Management-System
OECD	Organisation for Economic Co-operation and Development
ROI	Return-on-Investment
RSS	Really Simple Syndication
SECI	Socialisation, Externalisation, Combination, Integration
SLATES	Search, Links, Authoring, Tags, Extensions, Signals
SNA	Soziale Netzwerkanalyse
WWW	World Wide Web
WYSIWYG	What You See Is What You Get
XML	Extended Markup Language

Teil I: **Grundlagen und Anwendungen**

1 Einführung

Lernziele
- Sie erhalten einen Überblick über das Themengebiet des Lehrbuchs.
- Sie können die wichtigsten Begriffe einander zuordnen.

Seit seinen ersten Anfängen in den frühen 1990er-Jahren hat sich das World Wide Web (kurz: Web) dynamisch weiterentwickelt. Musste man zu Beginn des Webs noch profunde IT-Kenntnisse besitzen, um daran teilnehmen zu können, so ist das Web heute ein Alltagsmedium geworden, das keine besonderen Kenntnisse mehr voraussetzt. Damit einher ging in den letzten Jahren die „Renaissance" des in den 1990er-Jahren stark propagierten, dann aber doch fehlgeschlagenen Wissensmanagements.

Im Fokus steht dabei – anders als in den 1990er-Jahren – nicht mehr ein technologischer Ansatz des **Wissensmanagements**, sondern die Erkenntnis, dass Wissen nicht nur primär in den Köpfen von Menschen bzw. Mitarbeitern entsteht, sondern dort auch gespeichert und von ihnen an Dritte kommuniziert wird. Wissensmanagement ist also weniger eine Frage der Technik, als vielmehr eine Frage funktionierender Wissensgemeinschaften, die man üblicherweise als Wissenscommunitys bezeichnet.

Wie solche Wissenscommunitys – wir werden sie verkürzend als **Communitys** bezeichnen – funktionieren, was ihre Merkmale, Voraussetzungen, Stärken und Schwächen sind, ist der Gegenstand dieses Repetitoriums. Anhand der Themenkarte bzw. Topic-Map (siehe Abbildung 1.1) wollen wir uns zunächst klar machen, welche Begriffe hier relevant sind und inwiefern zwischen diesen Begriffen ein Zusammenhang besteht.

Im Zentrum der Topic-Map steht der Begriff **Enterprise 2.0**. Damit ist gemeint, dass durch die intensive Nutzung von Social Software die Zusammenarbeit und Kommunikation in einem Unternehmen sowie zwischen Unternehmen effizienter und effektiver gestaltet werden kann. Als **Social Software** bezeichnet man dabei Softwarewerkzeuge, die auf Internettechnologie basieren und die Arbeit von Gruppen unterstützen. Kennzeichnend für Gruppenarbeit ist, dass sie sich zumeist mit schlecht strukturierten Aufgaben befasst, die deshalb ein hohes Maß an Kommunikation und Koordination in der Zusammenarbeit erfordern. Derartige Softwarewerkzeuge sind in der Informatik nicht neu und werden als **Groupware** bezeichnet. Vielmehr setzt sich seit den 1980er-Jahren eine als **Computer-Supported-Cooperative-Work** (CSCW) bezeichnete Forschungsrichtung mit der Entwicklung entsprechender Software zur Unterstützung von Gruppenarbeiten auseinander. In technischer Hinsicht sind also die beiden Begriffe „Social Software"und „Groupware" als synonym zu bezeichnen. **Social Media** ist ebenfalls ein Synonym zu Social Software und kam in der zweiten Hälfte der 2000er-Jahre auf, als immer mehr Unternehmen den Nutzen von Social Software für Zwecke des Marketingmix erkannten und nutzten.

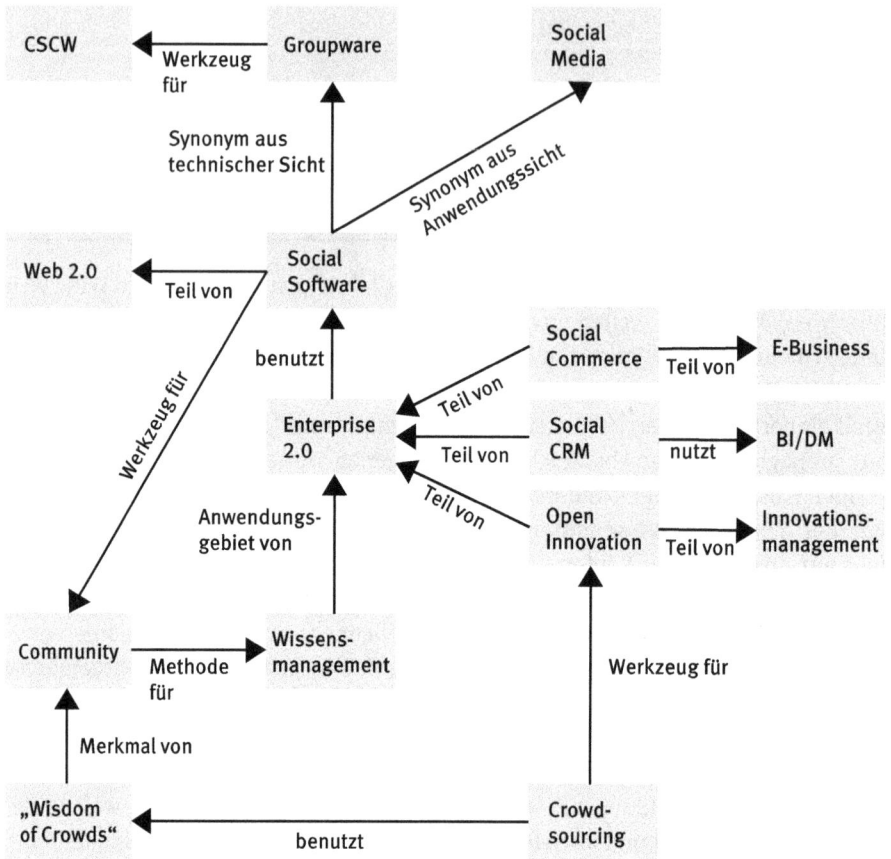

Abb. 1.1. Topic-Map des Repetitoriums (eigene Darstellung).

Nicht zufällig hängt diese zeitliche Entwicklung mit dem Begriff des **Web 2.0** zusammen. Damit ist – wie wir noch sehen werden – keine neue Version des Webs gemeint. Vielmehr verbirgt sich hinter diesem Begriff der Wandel des anfangs noch elitären Webs zu einem alltagstauglichen Massenmedium der Kommunikation und Zusammenarbeit. Dass Social Software dafür die wichtigsten Werkzeuge, wie z. B. Facebook, zur Verfügung stellt, ist kein Zufall. Beide Begriffe sind untrennbar miteinander verbunden.

Web 2.0 und Social Software setzen beide sehr stark darauf, dass durch die Vernetzung von Menschen in einer Community besseres oder sogar neues Wissen entsteht. Dieser Effekt wird als „Weisheit der Massen", „Gruppen- bzw. kollektive Intelligenz" oder etwas populistisch als **Wisdom of Crowds** bezeichnet.

Dass eine Gruppe mehr wissen kann als ein Einzelner, möglicherweise sogar neues Wissen generieren kann, wird zunehmend auch von Unternehmen für das **Innovationsmanagement** genutzt und als **Open Innovation** bezeichnet. Dahinter steckt die

Idee, das kreative Potenzial der Kunden mittels Social Software für Produktinnovationen und -weiterentwicklungen gezielt zu nutzen. Eine Spielart davon stellt das **Crowdsourcing** dar, bei dem es hauptsächlich darum geht, Aufgaben über das Web 2.0 öffentlich auszuschreiben und so den besten Lösungsanbieter zu finden.

Mit dem Begriff des Enterprise 2.0 verbunden sind auch weitere Wortneuschöpfungen, wie **Social CRM** bzw. **Social Marketing**. Hierbei geht es um die Fokussierung der Ideen des Enterprise 2.0 auf Aspekte des Marketingmix, insbesondere der Kommunikationspolitik. Hier lässt sich auch eine Brücke zu **Business-Intelligence** (BI) und **Data-Mining** (DM) schlagen, die beide für das analytische **Customer-Relationship-Management** (CRM) genutzt werden können und natürlich insbesondere im Social CRM von großem Interesse sind. Ebenso stellt **Social Commerce** den Versuch einer Wortneuschöpfung dar, mit der betont werden soll, dass mit den Social-Software-Werkzeugen des Enterprise 2.0 die Konsumenten selbst zu Produzenten von Gütern und Dienstleistungen über das Web 2.0 werden können.

2 Enterprise 2.0

Lernziele
- Sie werden sensibilisiert für die Art Ihrer Kommunikation, insbesondere mit E-Mail.
- Sie können die Idee von Enterprise 2.0 erläutern.
- Sie können die Merkmale und Eigenschaften von Enterprise 2.0 erklären.
- Sie können analysieren, welche organisatorischen Bedingungen für Enterprise 2.0 erfüllt sein müssen.

2.1 E-Mails und ihre Problematik

E-Mail als Kommunikationsmittel hat in den letzten 20 Jahren in den Unternehmen eine dominante Rolle übernommen und wird in vielen Unternehmen von den Mitarbeitern zunehmend eher produktivitätshemmend empfunden. Dafür gibt es gute Gründe.

Nach einer Studie von Radicati und Hoang (2011) betrug die durchschnittliche Anzahl von geschäftlichen E-Mails pro Tag und Mitarbeiter im Jahr 2011 circa 105. Für das Jahr 2015 rechnet die Studie mit 125 E-Mails pro Tag und Mitarbeiter. Dies entspricht einem Anstieg um knapp 19 %. Von den 125 E-Mails werden ca. 84 empfangen und 41 geschrieben. 13 E-Mails sind Spam. Wenn man unterstellt, dass eine empfangene E-Mail einem Mitarbeiter ca. 2 Minuten an Zeit kostet für das Lesen und Beurteilen, dann bedeutet das pro Tag einen Aufwand von knapp 2,8 Arbeitsstunden nur für das Abarbeiten empfangener Mails. Das Schreiben von E-Mails, z. B. als Antwort auf eine gelesene Mail, dürfte pro Mail mit 5 Minuten noch knapp bemessen sein. Dies ergibt bei 41 geschriebenen E-Mails einen Aufwand von 3,4 Stunden.

In Summe kann ein Mitarbeiter heutzutage also seinen Arbeitstag leicht mit dem Lesen und Schreiben von E-Mails verbringen. Zu einer ähnlichen Einschätzung der Anzahl von E-Mails kamen schon Whittaker und Sidner (1996, S. 276 ff.), ergänzt um neuere Befunde in Dabbish und Kraut (2006, S. 431 ff.).

Diese kontraproduktive Nutzung von E-Mail als Kommunikationsmittel führt McAfee darauf zurück, dass es sich dabei um ein sehr einfach nutzbares, auf jeder IT-Plattform verfügbares und von jedem Nutzer leicht erlernbares Medium handelt:

> E-Mail is freeform, multimedia (especially with attachments), WYSIWYG, easy to learn and use, platform-independent, social, and friendly to mouse-clickers and keyboard-shortcutters alike. (McAfee 2009, S. 171)

„WYSIWYG" (What You See Is What You Get) steht dabei für die Echtbilddarstellung einer E-Mail am Bildschirm. Mit „social" ist gemeint, dass E-Mails für die Kommunikation unter Menschen genutzt wird, also zur Herstellung und Pflege sozialer Beziehungen.

Diese Merkmale von E-Mails machen einerseits den enormen Erfolg dieses Kommunikationsmediums aus, sind andererseits aber auch der Grund für die zunehmende Produktivitätsproblematik der E-Mail-Kommunikation, wie unser obiges Beispiel zur Aufwandsberechnung für das Lesen und Schreiben von E-Mails gezeigt hat. Aus diesem Grund ist es auch nicht sehr verwunderlich, dass in vielen Unternehmen mittlerweile eine gegenläufige Bewegung zur reduzierten Nutzung von E-Mails eingesetzt hat. Bekanntestes Beispiel dürfte die Kampagne „Zero E-Mail" der Unternehmensberatung Atos sein. Mit „Zero E-Mail" verfolgt Atos eine Strategie der Reduktion von E-Mails auf das unbedingt notwendige Mindestmaß. Natürlich reduziert sich dadurch nicht der Kommunikations- und Koordinationsbedarf. Gerade in wissensintensiven Branchen, wie z. B. Unternehmensberatungen, werden schlecht bis gar nicht strukturierte Entscheidungsprobleme durch Gruppenarbeit von Experten gelöst. Und natürlich ist der Kommunikations- und Koordinationsbedarf hierbei riesig. Aber durch immer mehr E-Mails kann dieser Abstimmungsbedarf nicht gelöst werden. Ganz im Gegenteil: Hier entstehen kontraproduktive Effekte durch den enormen Zeitbedarf zur Bearbeitung der E-Mails. Wie wir gesehen haben, kann man kaum 125 E-Mails am Tag bearbeiten und dabei noch kreativ-produktiv an Problemlösungen arbeiten.

Mit Bezug auf seine Zero-E-Mail-Strategie formuliert Atos zudem die in Tabelle 2.1 dargestellten Gründe für das Scheitern der bislang vorherrschenden Goupwarelösungen (vgl. blueKiwi 2012, S. 6). Wie wir in Tabelle 2.1 sehen, zählen neben den E-Mails auch Intranets und spezifische, oftmals selbst entwickelte oder angepasste Softwarelösungen für das Wissensmanagement zu den klassischen Groupwarelösungen für die Zusammenarbeit.

Wodurch aber kann die Flut von E-Mails reduziert werden, wenn doch der Abstimmungsbedarf bei Gruppenarbeit, bedingt durch die zu lösenden Probleme, sehr hoch ist? Die Antwort darauf lautet: durch Enterprise 2.0. Sehen wir uns das im Folgenden etwas genauer an.

2.2 Definition und Merkmale von Enterprise 2.0

Der Begriff **Enterprise 2.0** wurde von McAfee (2006, S. 21 ff.) geprägt und später in McAfee (2009) weiter ausgeführt. Aus wissenschaftlicher Sicht war diese Wortneuschöpfung nicht notwendig, und entsprechend zurückhaltend war die Fachwelt zunächst auch bei der Verwendung. Mittlerweile ist der Begriff jedoch fest etabliert.

❗ „**Enterprise 2.0** is the use of emergent social software platforms by organizations in pursuit of their goals." (McAfee 2009, S. 73)

Bei dieser Definition stellt McAfee (2009, S. 73 ff.) drei Merkmale von Enterprise 2.0 in den Vordergrund:

Tab. 2.1. Typische Groupwarelösungen (eigene Darstellung).

E-Mail	Die Idee von E-Mail ist die persönliche Kommunikation von Person zu Person (1:1). E-Mail sollte ein Kanal sein, um eine private/vertrauliche Kommunikation zwischen zwei Personen führen zu können und kein Werkzeug, bei dem die Möglichkeit, andere Personen in Kopie zu setzen (CC) fast schon standardmäßig genutzt wird.
Intranets	Intranets wurden dazu entwickelt, um Informationen an viele Mitarbeiter verteilen zu können. Ihr Zweck ist nicht die Generierung oder Speicherung von Wissen durch die Mitarbeiter. Dementsprechend haben nur wenige, dedizierte Mitarbeiter die entsprechenden Zugriffsrechte für die Erstellung von Informationen.
Wissenmanagement-Software	Spezielle Software für Wissensmanagement, ob selbst entwickelt oder gekauft und angepasst, wird dazu verwendet, um Wissen zu speichern und verfügbar zu machen. Obwohl die Software dazu dienen kann, die Qualität von Entscheidungen zu verbessern, ist sie in den meisten Unternehmen eher eine Art Silo, in dem Wissen abgelegt, aber kaum abgerufen wird. Problematisch sind hier oft die Recherche sowie die Beurteilung der Qualität des Wissens (ist es veraltet, ist es überhaupt für das eigene Problem relevant etc.).

- **Emergenz** (*emergent*): Damit ist die Fähigkeit zur Selbstorganisation einer Gruppe, z. B. eines Projektteams, gemeint. Dieses Merkmal von Enterprise 2.0 wird durch den Einsatz von Social Software realisiert.
- **Plattform** (*platform*): Social Software zur Unterstützung der Gruppenarbeit muss nach McAfee integriert auf einer zentralen Plattform zur Verfügung gestellt werden. Insellösungen, wie z. B. ein Wiki, sind keine dauerhafte Lösung.
- **Integrationsfähigkeit** (*boundary spanning*): Enterprise 2.0 sollte nicht nur die Zusammenarbeit in einzelnen Projektteams oder Abteilungen, sondern im gesamten Unternehmen sowie mit Geschäftspartnern in der gesamten Wertschöpfungskette unterstützen.

Enterprise 2.0 basiert nach McAfee auf der Idee integrierter Social-Software-Plattformen, welche die ad hoc entstehende Selbstorganisation der Zusammenarbeit von Gruppen zur Lösung betrieblicher und zwischenbetrieblicher, schlecht strukturierter Probleme ermöglichen.

2.3 Funktionseigenschaften von Enterprise 2.0 – SLATES

Für diese Plattformen definiert McAfee (2009, S. 70 ff.) sechs wichtige Eigenschaften (*technical features*), die er unter dem Akronym „SLATES" zusammenfasst (vgl. hierzu auch Bächle und Ritscher 2010, S. 1 ff.):

- **Search**: Den Benutzern einer Enterprise-2.0-Plattform muss es möglich sein, einfach und flexibel nach Informationen auf der Plattform zu suchen. Die Suchfunktion muss dabei auch die Benutzerrechte, wie sie z. B. durch den Datenschutz gefordert werden, einhalten. Das heißt, dass der Benutzer nur Informationen einsehen kann, für die er auch Leserechte hat. Mit einer solchen Suchfunktion kann die Plattform die Suchzeiten deutlich verringern und den Informationsgrad seiner Benutzer signifikant erhöhen.
- **Links**: Eine der Stärken von Suchmaschinen wie Google liegt in ihrer Fähigkeit, über verlinkte Dokumente hinweg zu suchen. Tatsächlich stellt die Anzahl von ein- und ausgehenden Links offensichtlich (weil Google darüber verständlicherweise nur vage Informationen gibt) eines der zentralen Beurteilungskriterien für die Trefferrelevanz eines Dokuments dar. Auf Enterprise-2.0-Plattformen müssen deshalb die Benutzer ebenfalls – anders als z. B. in einem herkömmlichen Intranet – die Möglichkeiten haben, solche Verlinkungen von Dokumenten selbst einzupflegen. Dafür aber brauchen sie Schreibrechte.
- **Authoring**: Diese Schreibrechte bedeuten letztlich, dass jeder Benutzer der Plattform die Möglichkeit haben muss, selbst Inhalte bzw. Dokumente zu erstellen. Der Benutzer wird damit zum Autor. Natürlich sind auch hier wieder die Benutzerrechte zu beachten: Wer darf wo auf der Plattform welche Dokumente erstellen bzw. bearbeiten?
- **Tags**: Enterprise-2.0-Plattformen müssen es ihren Benutzern erlauben, eigene Schlagwörter (*tags*) für Dokumente bzw. Inhalte der Plattform vergeben zu können. Sie können sich damit, dem Emergenzprinzip folgend, ein eigenes mentales Wissensmodell der für sie relevanten Inhalte der Plattform aufbauen. Durch Klick auf ein solches Schlagwort kann der Benutzer schnell die für ihn relevanten Inhalte filtern. Der Benutzer kann seine Schlagwörter auch hierarchisch organisieren und damit sein eigenes Schlagwortsystem aufbauen. Ein solches System wird gemeinhin als „Folksonomy" bezeichnet – ein Kunstwort aus den Begriffen *folk* und *taxonomy* (vgl. Bächle 2006, S. 121 ff.).
- **Extensions**: Nutzt eine Enterprise-2.0-Plattform intelligente Algorithmen des Data-Mining, um dem Benutzer, z. B. auf Basis seiner Suchanfragen und seines Surfverhaltens, selbstständig Inhalte zu empfehlen, dann erweitert dies die Nutzbarkeit der Plattform für die Lösungssuche bei schlecht strukturierten Problemen. Empfehlungsalgorithmen, wie sie bei Onlineshops heute Standard sind, können also die Möglichkeiten einer Enterprise-2.0-Plattform erweitern.
- **Signals**: Eine erfolgreiche Enterprise-2.0-Plattform wird täglich eine relativ hohe Anzahl an neu bereitgestellten, veränderten oder ergänzten Informationen zur Folge haben. Niemand kann dies dann noch überblicken. Aus diesem Grund muss die Plattform dem einzelnen Benutzer die Möglichkeit bieten, sich schnell und umfassend über für ihn relevante Änderungen auf der Plattform zu informieren. Dazu kann das System automatisch auf der Basis des Nutzerverhaltens (siehe Funktionseigenschaft „Extensions") oder auf Basis von abonnierbaren Inhalten

den Benutzer entweder per E-Mail (was allerdings kontraproduktiv zur Idee der Reduzierung von E-Mails ist), per Newsreader oder aber durch einen sogenannten Activity-Stream auf der persönlichen Startseite des Portalbenutzers informieren. Ein Activity-Stream zeigt dem Benutzer in einer Liste übersichtlich, was sich an bzw. in den für ihn relevanten Inhalten und Bereichen des Portals seit seinem letzten Login geändert hat.

2.4 Unterschiede und Voraussetzungen von Enterprise 2.0

Vergleicht man die Merkmale von Enterprise 2.0 mit denen eines typischen Industrieunternehmens, lassen sich einige Unterschiede ausmachen. Dazu muss man zunächst einmal klären, was ein typisches Industrieunternehmen kennzeichnet und welche Voraussetzungen ein Unternehmen für Enterprise 2.0 überhaupt erfüllen muss.

2.4.1 Organisationsformen und ihre Eignung für Enterprise 2.0

Wir wollen uns dazu zunächst mit der Frage beschäftigen, welche Organisationsformen in der Praxis aus Sicht der Organisationslehre zu unterscheiden sind. Dazu greifen wir in diesem kleinen, aber notwendigen Exkurs auf den situativen Ansatz nach Mintzberg aus der Organisationslehre zurück.

Situative Ansätze in der Organisationslehre versuchen zu erklären, wie die Organisation eines Unternehmens letztlich das Ergebnis der Reaktion auf verschiedene **situative Faktoren** darstellt. Hierunter versteht Mintzberg (1979, S. 215 ff.)
–   Alter und Größe des Unternehmens,
–   technische Systeme, wie z. B. Automatisierungsgrad der Fertigung,
–   Umwelt eines Unternehmens, wie z. B. Innovationsgrad, Anzahl der Wettbewerber und
–   Machtverhältnisse im Unternehmen, die sich z. B. am Führungsstil festmachen lassen.

Einer der wichtigsten Beiträge von Mintzberg zur Analyse und Erklärung der Organisationsstrukturen (den sogenannten **Mintzberg-Strukturen**) von Unternehmen besteht in der Identifikation der sogenannten *basic parts* – den grundlegenden Elementen der Organisation (siehe Abbildung 2.1). Diese **grundlegenden Elemente der Organisation** eines Unternehmens sind (Mintzberg 1979, S. 18 ff.):
–   **Betrieblicher Kern** (*operating core*): Der betriebliche Kern stellt den produktiven Bereich des Unternehmens dar, in dem die Produkte und Dienstleistungen produziert werden. Er ist stark operativ ausgerichtet.

- **Strategische Spitze** (*strategic apex*): Im Gegensatz zur operativen Ausrichtung des betrieblichen Kerns steht die strategische Spitze, die vom strategischen Management gebildet wird. Hier findet sich die Geschäftsleitung etc.
- **Mittellinie** (*middle line*) : Das mittlere Management in seiner „Sandwichposition" zwischen betrieblichem Kern und strategischer Spitze stellt das Bindeglied zwischen diesen beiden Bereichen dar. Es hat die Aufgabe, die Strategie, wie sie in der strategischen Spitze formuliert wird, umzusetzen. Eine der wichtigsten Aufgaben der Mittellinie besteht deshalb in der Kommunikation und Koordination. Die Mittellinie stellt für das Wissensmanagement eine der wichtigsten Zielgruppen dar.
- **Technostruktur** (*technostructure*): Aufgaben der Formulierung und Ausgestaltung von Hilfsmaßnahmen, wie Geschäftsprozessmanagement, Qualitätsmanagement etc., sind typische Problemstellungen für Mitarbeiter der Technostruktur. Hier finden sich Experten und Spezialisten, deren Hauptaufgabe darin besteht, die Geschäftsprozesse und operativen Abläufe im Unternehmen zu standardisieren.
- **Hilfsstab** (*support staff*): Mitarbeiter eines Hilfsstabs haben keinen direkten Einfluss auf die Geschäftsprozesse und Arbeitsabläufe eines Unternehmens. Sie unterstützen vielmehr bei Fragestellungen, die von eher übergreifender, genereller Natur sind, wie etwa Juristen in der Rechtsabteilung oder auch Schulungsabteilungen.

Um innerhalb eines Unternehmens die Abläufe und Tätigkeiten zu koordinieren, unterscheidet Mintzberg (1979) die in Tabelle 2.2 dargestellten **Koordinationsmechanismen**.

Tab. 2.2. Koordinationsmechanismen (in Anlehnung an Mintzberg 1979, S. 3 ff.).

Koordination durch ...	Beispiel
Gegenseitige Anpassung/Abstimmung (*mutual adjustment*)	Die Mitglieder einer Arbeitsgruppe stimmen sich untereinander ab.
Direkte Aufsicht (*direct supervision*)	Ein Projektleiter vergibt Arbeitspakete und überwacht deren Umsetzung durch die Projektmitglieder.
Standardisierung der Arbeitsprozesse (*standardization of work processes*)	Verfahrensanweisungen, die schriftlich fixiert sind oder durch IT-Systeme in ihrem vorgegebenen Arbeitsfluss erzwungen werden
Standardisierung der Arbeitsergebnisse (*standardization of outputs*)	Normen und Standards zur Festlegung von Produktmerkmalen
Standardisierung der Fähigkeiten (*standardization of skills*)	Hochschulabschlüsse, Schulungszertifikate
Standardisierung der Normen (*standardization of norms*)	Verhaltensnormen, z. B. „Code of Conduct"

Strategische Spitze
Vorstand, Aufsichtsrat
etc.

Technostruktur
Controlling,
Prozess-
management
etc.

Hilfsstäbe
Rechtsabteilung,
PR etc.

Mittleres Management
Werkleiter, Betriebsleiter etc.

Betrieblicher Kern
Einkäufer, Sachbearbeiter, Arbeiter etc.

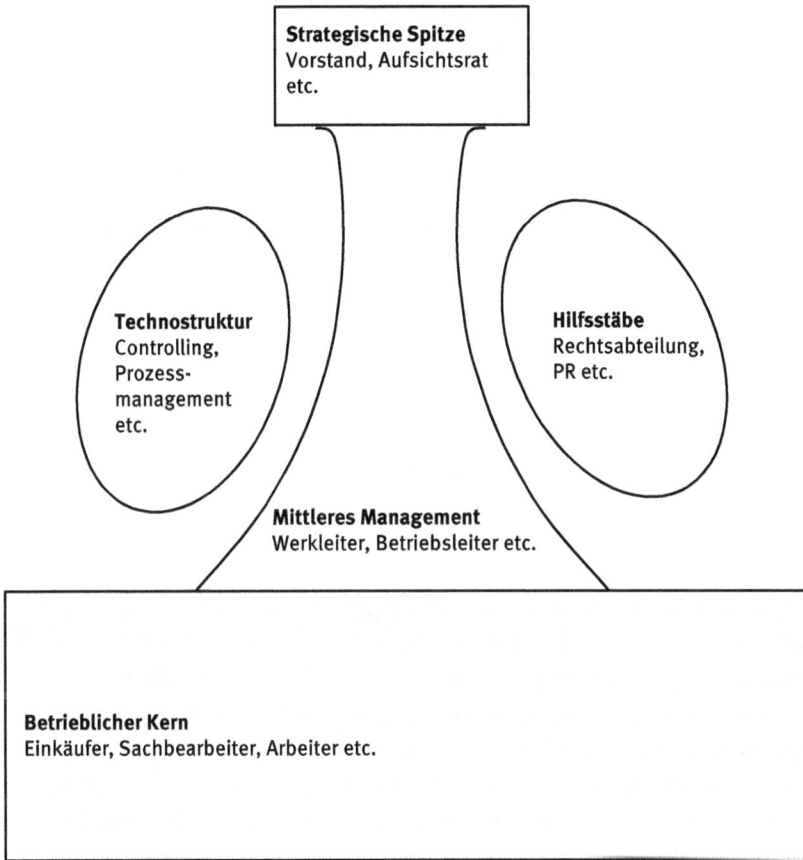

Abb. 2.1. Grundelemente der Organisation (in Anlehnung an Mintzberg 1979, S. 20).

Die Ausgestaltung der Organisationsstruktur erfolgt nach Mintzberg (1979, S. 65 ff.) anhand verschiedener **Designparameter**:

- Aufgabenspezialisierung, d. h. Festlegung von organisatorischen Rollen
- Formalisierung des Verhaltens, wie z. B. durch Standardisierung von Prozessen
- Training und Indoktrination zur Standardisierung von Fähigkeiten
- Formung von Organisationseinheiten, wie z. B. Abteilungen
- Organisationsgröße, wie z. B. Abteilungsgröße
- Planung- und Kontrollsysteme zur Koordination und Überwachung von Arbeitsergebnissen
- Liaison-Funktionen, wie z. B. Arbeitsgruppen, die Schnittstellen zwischen Abteilungen managen
- vertikale Dezentralisierung, d. h. Delegieren von formaler Macht von oben nach unten

– horizontale Dezentralisierung, d. h. Verteilung formeller/informeller Macht von Linienpositionen auf operative Stellen

Nach Mintzberg (1979, S. 299 ff.) können fünf verschiedene **Konfigurationstypen** für die Aufbauorganisation eines Unternehmens phänotypologisch unterschieden werden:

1. **Einfachstruktur** (*simple structure*): Eine Einfachstruktur findet man zumeist bei jungen und kleinen Unternehmen, die sich in einer einfachen oder dynamischen Umwelt bewegen. Meist haben die Spitzenführungskräfte ein ausgeprägtes Machtbedürfnis. Ein Beispiel wäre ein kleines, mittelständisches Softwareunternehmen.

2. **Maschinenbürokratie** (*machine bureaucracy*): Eine Maschinenbürokratie findet man zumeist bei alten und großen Unternehmen, die sich in einer einfachen und stabilen Umwelt bewegen. Die Technostruktur zur Unterstützung der routinemäßigen Abläufe und Standardisierung der Arbeitsprozesse ist nicht hoch kompliziert und teilweise automatisiert. Beispiele wären Produzenten von Massengütern oder öffentliche Verwaltungen.

3. **Expertokratie** oder Profiorganisation (*professional bureaucracy*): Eine Expertokratie findet man zumeist bei Unternehmen, die sich in einer komplexen, stabilen Umwelt bewegen. Das technische System ist weder kompliziert noch automatisiert. Beispiele wären Krankenhäuser oder Fakultäten an Hochschulen.

4. **Spartenstruktur** (*divisionalized form*): Eine Spartenstruktur findet man zumeist bei alten und großen Unternehmen, die in diversifizierten Märkten operieren. Die mittleren Führungskräfte haben meist ein relativ großes Machtbedürfnis. Ein Beispiel wäre ein großes, produkt- oder regionalorientiertes Unternehmen.

5. **Adhokratie** (*adhocracy*): Adhokratien findet man zumeist in einer komplexen und dynamischen Umwelt. Sie besitzen häufig ein kompliziertes und automatisiertes technisches System. Dieser Konfigurationstyp lässt sich in die operative und die administrative Adhokratie unterteilen. Die **operative Adhokratie** (z. B. Unternehmensberatung) entwickelt Innovationen oder spezifische Problemlösungen für ihre Kunden. Sie beschäftigt viele Experten im betrieblichen Kern und ähnelt damit teilweise einer Expertokratie. Die **administrative Adhokratie** (z. B. Filmgesellschaften, Messegesellschaften) realisiert vorwiegend eigene Projekte. Es kommt hier zu einer Trennung von betrieblichem Kern und den administrativen Komponenten der Organisation. So wird bei Filmgesellschaften der betriebliche Kern gekappt und diese Aufgaben werden an Fremdfirmen bzw. Auftragnehmer vergeben.

Abbildung 2.2 zeigt, wie sich die fünf Konfigurationstypen typischerweise in der Ausprägung ihrer Grundelemente der Organisation unterscheiden. Man wird im betrieblichen Alltag nur sehr selten idealtypischen Realisierungen dieser Konfigurationstypen begegnen, kann aber dennoch zumeist eine passende Zuordnung eines Unter-

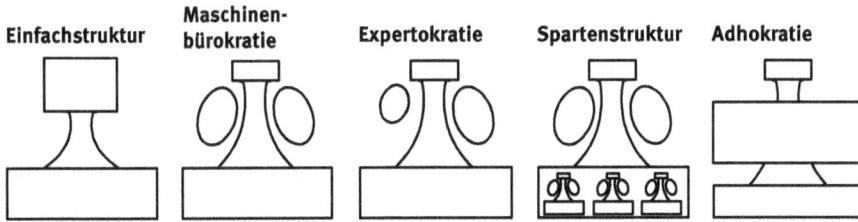

Abb. 2.2. Konfigurationstypen (in Anlehnung an Mintzberg 1979, S. 299 ff.).

nehmens bzw. bestimmter Unternehmensbereiche zu einem der Konfigurationstypen vornehmen.

Fasst man die beschriebenen Grundelemente, Designparameter und Koordinationsmechanismen für die einzelnen Konfigurationstypen zusammen, so gelangt man zu Tabelle 2.3.

Die Dimensionen der einzelnen Organisationstypen nach Mintzberg lassen bereits erkennen, dass die Merkmale und Funktionseigenschaften von Enterprise 2.0 sicherlich nicht für jedes Unternehmen geeignet und Erfolg versprechend sind. So wird ein Unternehmen, das auf die Standardisierung der Arbeitsprozesse als zentralen Koordinationsmechanismus setzt, sicherlich wenig Bedarf an der Lösung von schlecht strukturierten Problemen haben. Dies ist typischerweise bei Maschinenbürokratien der Fall. Ganz anders hingegen gestaltet es sich bei Adhokratien: Hier müssen fast immer schlecht strukturierte Probleme (bei denen die Schwierigkeit im Erkennen der Problemstrukturen und in der Entwicklung situationsangepasster Lösungen liegt) auf kreative Art und Weise mittels Kommunikation gelöst werden – ein typischer Anwendungsfall für Enterprise 2.0.

Die Darstellung der unterschiedlichen Organisationstypen mit ihren Merkmalen werden wir im Weiteren dazu verwenden, um herauszuarbeiten, unter welchen Bedingungen Enterprise 2.0 für das Wissensmanagement geeignet ist.

Tab. 2.3. Dimensionen der Konfigurationstypen (Mintzberg 1979, S. 466 f.).

	Einfach-struktur	Maschinen-bürokratie	Expertokratie	Sparten-struktur	Adhokratie
Zentraler Koordinationsmechanismus	direkte Aufsicht	Standardisierung der Arbeitsprozesse	Standardisierung der Fähigkeiten	Standardisierung der Arbeitsergebnisse	gegenseitige Anpassung
Zentrales Grundelement	Strategische Spitze	Technostruktur	Betrieblicher Kern	Mittellinie	Hilfsstab
Aufgabenspezialisierung	gering	viel	viel	mittel (v.a. zwischen Zentrale und Divisionen)	viel
Alter und Größe	typischerweise jung und klein	typischerweise alt und groß	unterschiedlich	typischerweise alt und groß	typischerweise jung
Training und Indoktrination	wenig	wenig	viel	mittel	viel
Formalisierung des Verhaltens	wenig, organisch	viel, bürokratisch	wenig, bürokratisch	viel (innerhalb der Divisionen), bürokratisch	wenig, organisch
Formung von Organisationseinheiten	typischerweise funktional	typischerweise funktional	funktional und marktorientiert	marktorientiert	funktional und marktorientiert
Größe von Abteilungen etc.	groß	groß auf unteren, operativen Ebenen, sonst geringer	groß auf unteren, operativen Ebenen, sonst geringer	groß an der Spitze	überall klein
Planungs- und Kontrollsystem	klein	Maßnahmenplanung	klein	groß	etwas Maßnahmenplanung
Liaison-Funktionen	wenige	wenige	in der Verwaltung	wenige	viele auf allen Ebenen
Dezentralisierung	Zentralisierung	begrenzt horizontal	horizontal und vertikal	begrenzt vertikal	selektiv

Tab 2.3. Dimensionen der Konfigurationstypen (Mintzberg 1979, S. 466 f.) *(Fortsetzung)*.

	Einfach-struktur	Maschinen-bürokratie	Expertokratie	Sparten-struktur	Adhokratie
Technische Systeme	einfach, nicht regulierend	regulierend, aber nicht automatisiert, nicht sehr stark ausgebaut	nicht regulierend oder ausgebaut	divisional ausgelegt, ansonsten ähnlich Maschinen-bürokratie	administrative Ad.: stark ausgebaut, oftmals automatisiert; operative Ad.: wenig regulierend und gering ausgebaut
Umwelt	einfach-dynamisch	einfach-stabil	komplex-stabil	relativ einfach-stabil	komplex-dynamisch, manchmal disparat
Macht	zentral von oben; oft eigentümer-geführt; kein modischer Führungsstil	technokratisch; kein modischer Führungsstil	Experten-steuerung; modischer Führungsstil	Mittellinie	Experten-steuerung; ein sehr modischer Führungsstil

2.4.2 Enterprise 1.0 versus Enterprise 2.0

Insbesondere Maschinenbürokratie und Spartenstruktur sind typisch für alte und große Unternehmen, die eine lange Tradition, auch in der Unternehmenskultur, aufweisen. Wir wollen für den folgenden Vergleich diese Organisationsformen unter dem Begriff **Enterprise 1.0** zusammenfassen und Enterprise 2.0 bezüglich einiger Merkmale im technischen sowie im sozioökonomischen System gegenüberstellen (vgl. hierzu auch Dückert und Hormess 2008).

Tabelle 2.4 zeigt die Unterschiede zwischen Enterprise 1.0 und **Enterprise 2.0** im sozioökonomischen System. Diese Darstellung ist natürlich idealtypisch in dem Sinne, dass wir in der Praxis kaum ein Unternehmen finden werden, das entweder alle Merkmale von Enterprise 1.0 oder aber von Enterprise 2.0 vollständig erfüllt. Die meisten Unternehmen werden Elemente beider Arten realisieren. Vergleicht man Tabelle 2.4 mit Tabelle 2.3, dann fällt auf, dass die Maschinenbürokratie und die Spartenstruktur aufgrund der hohen Formalisierung des Verhaltens für Enterprise 2.0 eher ungeeignet sind. Beide tendieren zu einer starken Standardisierung von Geschäftsprozessen, weshalb ihr zentraler Koordinationsmechanismus entweder aus der Standardisierung der Arbeitsprozesse (bei der Maschinenbürokratie) oder aus der Standardisierung der

Arbeitsergebnisse (bei der Spartenstruktur) besteht. Interessant ist dabei auch, dass Unternehmen dieser Konfigurationstypen typischerweise alt und groß sind.

Tab. 2.4. Vergleich der sozioökonomischen Systeme (in Anlehnung an Dückert und Hormess 2008).

Enterprise 1.0	Enterprise 2.0
Wissen als Herrschaftsinstrument	Wissen als Allgemeingut
unidirektionale Kommunikation	bi- bzw. n-direktionale Kommunikation
Abteilungen	Communitys
Mitarbeiter als Ressource (*human resource*)	Mitarbeiter als Wert
hierarchische Organisation	lernende Wissensorganisation
wichtigste Rollen: Manager, Controller	Wissensarbeiter als wichtigste Rolle
Planung und Kontrolle einer Maschinenbürokratie	Vertrauen, Autonomie und Professionalisierung der Expertokratie und Adhokratie
funktionale Organisation und standardisierte Geschäftsprozesse	Selbstorganisation
autoritär-partizipativer Führungsstil	Teamverantwortung

Insbesondere die Maschinenbürokratie ist für Enterprise 2.0 wenig geeignet. Hier findet man in der Praxis sehr häufig die technischen Merkmale eines Enterprise 1.0, wie sie in Tabelle 2.5 aufgeführt sind. Es ist deshalb nicht verwunderlich, dass sich in den letzten Jahren, gerade in klassischen Industrieunternehmen, die häufig die Organisationsform einer Maschinenbürokratie aufweisen, zum Einsatz und Nutzen von Social Software für die betriebliche Praxis kritische Meinungen finden lassen.

> **!** Unternehmen, die Enterprise 2.0 umsetzen wollen, sollten dies in denjenigen Unternehmensbereichen tun, die Adhokratien oder Expertokratien ähnlich sind. Denkbar ist auch die Organisationsform der Einfachstruktur – nur sind derartige Unternehmen zumeist zu klein, um explizit Wissensmanagement betreiben zu müssen.

Es ist unwahrscheinlich, dass die Potenziale von Enterprise 2.0 in den Fertigungsbereichen eines Unternehmens umsetzbar sind. Eher lassen sich die Merkmale von Enterprise 2.0 für Entwicklungsabteilungen oder Projekte nutzen, denn hier besteht ein hoher, nicht standardisierbarer Koordinationsbedarf zur Lösung schlecht strukturierter Probleme auf Basis eines organischen, durch hohe Fähigkeit zur Selbstorganisation bestimmten Verhaltens.

Tabelle 2.5 vergleicht die technischen Systeme von Enterprise 1.0 und Enterprise 2.0 und zeigt, welchen Stellenwert Social Software für die Umsetzung von Enterprise 2.0 hat. Wir wollen uns deshalb im folgenden Kapitel näher mit Social Software und seinen Ursprüngen im Web 2.0 beschäftigen.

Tab. 2.5. Vergleich der technischen Systeme (in Anlehnung an Dückert und Hormess 2008).

Enterprise 1.0	Enterprise 2.0
Inhalte werden durch Unternehmen erstellt, kontrolliert und genehmigt.	Inhalte werden durch Mitarbeiter selbst erstellt und verantwortet.
Der Fokus liegt auf Inhalten bzw. Informationen.	Der Fokus liegt auf der Zusammenarbeit.
Mitarbeiter dürfen Inhalte grundsätzlich nur lesen.	Mitarbeiter sind geradezu aufgefordert, Inhalte selbst zu erstellen, zu lesen, zu verändern oder auch zu löschen.
Die Informationssysteme sind monolithisch und nur schwer koppelbar.	Die Informationssysteme sind grundsätzlich offen und folgen den Prinzipien des Web 2.0 (siehe Kapitel 3.2).
Wissensmanagement ist Dokumentenmanagement.	Wissensmanagement ist Community-Management (siehe Kapitel 7).
Aktensystematiken und Aktenzeichen sind streng vorgegeben.	Tags und daraus resultierende Folksonomys entstehen selbstorganisiert.
Mitarbeiter haben prinzipiell keinen Zugriff auf Inhalte.	Ein Zugriff auf Inhalte wird nur verweigert, wenn dies notwendig ist. Ansonsten hat jeder Mitarbeiter prinzipiell Zugriff auf alle Inhalte.

2.5 Übungsaufgaben

1. Definieren Sie den Begriff „Enterprise 2.0".
2. Nennen und erläutern Sie die Funktionseigenschaften von Enterprise 2.0.
3. Erläutern Sie, was Atos unter „Zero E-Mail" versteht.
4. Was ist der Unterschied zwischen Enterprise 1.0 und Enterprise 2.0? Gehen Sie dazu auf die sozioökonomischen und technischen Unterschiede ein.
5. Erläutern Sie anhand der Konfigurationstypen nach Mintzberg, was die Voraussetzungen für Enterprise 2.0 sind.

2.6 Zusammenfassung

Zusammenfassend lässt sich festhalten: Aufgrund der Voraussetzungen bei Koordination (viel Kommunikation und gegenseitige Abstimmung) und Formalisierung des Verhaltens (situationsgerechte Anpassung, die durch wenig Bürokratismus behindert wird) ist Enterprise 2.0 nur in Expertokratien und Adhokratien sinnvoll. Bevor in einem Unternehmen bzw. Unternehmensbereich über die Einführung von Enterprise 2.0 entschieden wird, ist zu klären, ob hier überhaupt eine geeignete Organisationsform im Sinne der Konfigurationstypen nach Mintzberg vorliegt. Enterprise 2.0 als Idee beschreibt ein Unternehmen, das Wissen als Ressource begreift, die von überragender Bedeutung für den Erfolg des Unternehmens ist und deshalb von allen geteilt wird (siehe Abbildung 2.3).

Integrationsfähigkeit

Plattform ——▶ Merkmale ◀—— Plattform

Funktionen: SLATES ◀—— Enterprise 2.0

geeignet für

Organisationsformen ——▶ wichtige Merkmale

sozioökonomisch

Expertokratie   Adhokratie

technisch

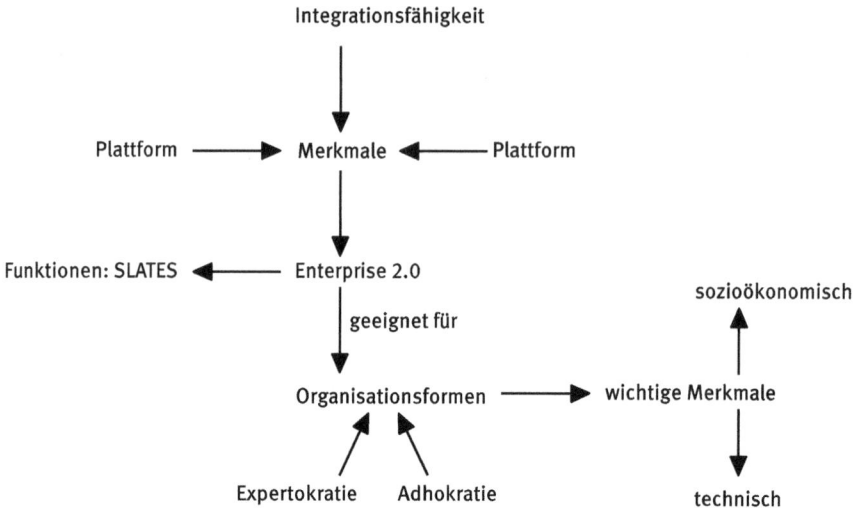

Abb. 2.3. Enterprise 2.0: Zusammenfassung (eigene Darstellung).

Für Enterprise 2.0 müssen geeignete Werkzeuge zur Verfügung stehen, mit denen wir uns im folgenden Kapitel auseinandersetzen werden.

3 Web 2.0 und Social Software

Lernziele
- Sie können die Merkmale und Prinzipien des Web 2.0 erläutern.
- Sie können erläutern, was man unter Social Software versteht und welcher Zusammenhang zwischen Social Software, Web 2.0 und Enterprise 2.0 besteht.
- Sie können die Arten von Social Software erläutern und in ein Modell einordnen.
- Sie können erläutern, was Enterprise-Social-Software ist.

3.1 Die Evolution des Webs

Wenn wir Abbildung 3.1 betrachten, dann beginnt die Geschichte des World Wide Web (WWW oder kurz: das Web) in den frühen 1990er-Jahren. Seine Entstehung weist einen interessanten Bezug zum Thema „Wissensmanagement" auf.

Das Web wurde am physikalischen Kernforschungszentrum CERN (Conseil Européen pour la Recherche Nucléaire) durch Tim Berners-Lee, einen damals dort tätigen Wissenschaftler, auf Basis des Internetprotokolls als einfach zu nutzende, multimediale Möglichkeit des Wissensaustauschs für Forschergruppen in den Jahren 1989 bis 1992 entwickelt. Es ging bereits zu Beginn des Webs um das Management von Wissen und darum, eine arbeitsteilige Problemlösung innerhalb von Gruppen zu ermöglichen. Interessant ist auch die damalige Beschreibung des WWW-Projekts durch Tim Berners-Lee und seinen Kollegen Robert Cailliau (siehe Box).

Originaltext der Begründung für die Entwicklung des Webs
„The current incompatibilities of the platforms and tools make it impossible to access existing information through a common interface, leading to waste of time, frustration and obsolete answers to simple data lookup. There is a potential large benefit from the integration of a variety of systems in a way which allows a user to follow links pointing from one piece of information to another one. This forming of a web of information nodes rather than a hierarchical tree or an ordered list is the basic concept behind HyperText." (Berners-Lee und Cailliau 1990, o.S.)

Die für die Entwicklung einer Webseite verwendete Auszeichnungssprache ist bis heute HTML (Hypertext Markup Language). „Auszeichnungssprache" deshalb, weil sie es erlaubt, nicht nur Text zu schreiben, sondern auch die Formatierung, Links zu anderen Webseiten etc. durch Befehle direkt im Dokument festzulegen. In den ersten Jahren waren derart entwickelte Webseiten eher statisch: Man konnte als Webnutzer die Informationen dieser Seiten grundsätzlich nur lesen. Das Schreiben erforderte einiges an Kenntnissen in Informatik und setzte einen Zugang zu einem Webserver voraus, auf dem man seine HTML-Seiten ablegen und bearbeiten konnte. Entsprechend waren die damaligen Websites der Unternehmen meistens (wenn überhaupt eine Websi-

vor 1985 — 1985 — 1990 — 1995 — 2000 — 2005 — 2010 — 2015

- Einfache Textnachrichten (E-Mail, Newsgroups, Usenet).
- Multimediale Mailanhänge werden möglich.
- Statische Webseiten mit einfachen multimedialen Möglichkeiten (z.B. animierte Bilder).
- Erste dynamische Web-Anwendungen (Foren, E-Shops etc.).
- Benutzerkonten und -profile (v.a. für Onlineshops).
- Erste Social-Software-Anwendungen werden populär (vor allem Wikis und Blogs).
- Erste Social-Networking-Plattformen werden populär.
- Facebook und iPhone werden zu entscheidenden Treibern der Entwicklung.
- Mobile Endgeräte und mobiles Web werden zunehmend populärer.
- Mobile Geräte werden Standard.
- Das Internet der Dinge entwickelt sich.

| Internet vor dem Web | Web 1.0 | Web 2.0 | Mobiles Internet |

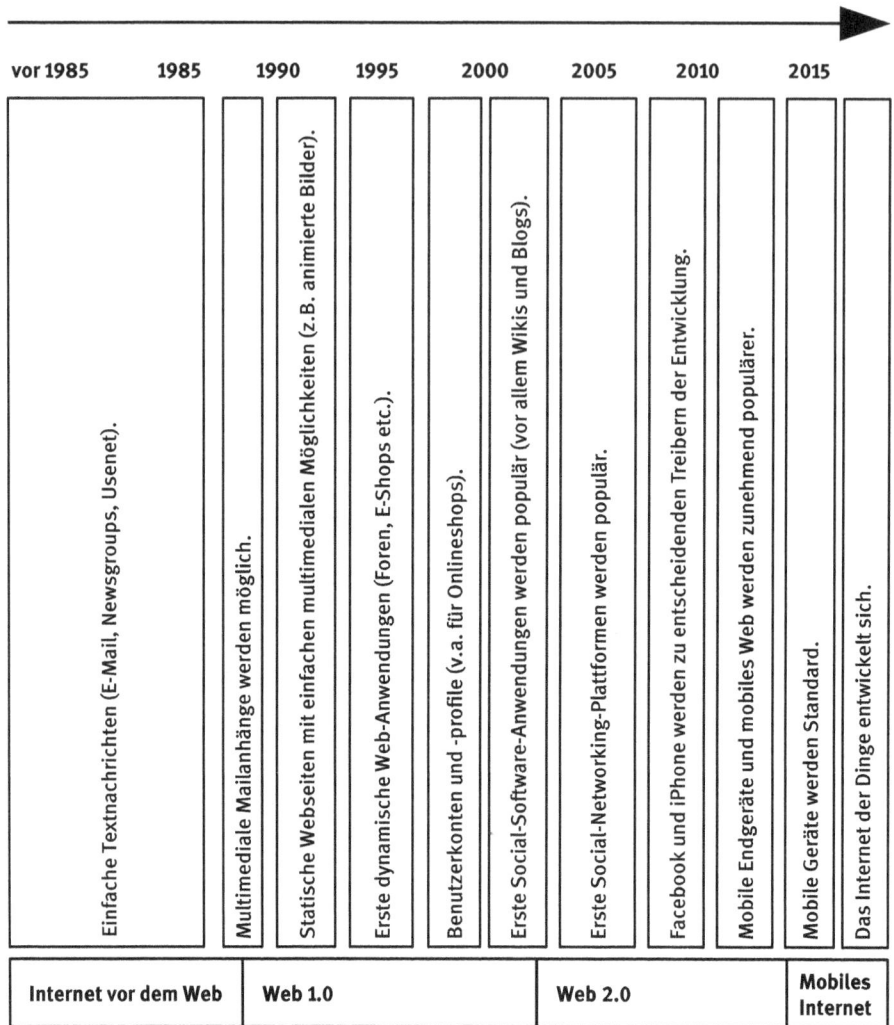

Abb. 3.1. Evolution des Webs (eigene Darstellung).

te vorhanden war) rein statisch ausgelegte Informationsseiten im Sinne von virtuellen Firmenpräsenzen. Interaktive Kommunikationsmöglichkeiten, wie z. B. das Ausfüllen eines Kontaktformulars, waren technisch nur sehr aufwändig realisierbar. Weitergehende Interaktionsmöglichkeiten, wie z. B. Kommentarfunktionen, waren gänzlich unbekannt. Dynamische Seiten, wie z. B. Foren, die das einfache Erstellen eigener Beiträge auf Webseiten ermöglichen, kamen erst Mitte bis Ende der 1990er-Jahre auf. Anfang dieses Jahrhunderts wurden dann zunehmend webbasierte Softwarelösungen entwickelt, die es jedem Web-Benutzer ermöglichen sollten, auf einfache Art und Weise selbst Inhalte im Web zur Verfügung zu stellen. Dies waren die Anfänge dessen, was heute gemeinhin als „Web 2.0" bezeichnet wird.

3.2 Prinzipien und Merkmale des Web 2.0

Der Begriff des Web 2.0 suggeriert fälschlicherweise eine Versionsgeschichte des Webs und wird oftmals populärwissenschaftlich verwendet, ohne dass klar wird, was damit gemeint ist. Wir werden daher zunächst einmal versuchen, den Begriff **Web 2.0** zu definieren.

Mit dem Begriff **Web 2.0** sind Internettechniken und -dienste gemeint, welche die Veränderung des Web zu desktopähnlichen Internetanwendungen (*rich internet applications*) unterstützen, bei denen die Interaktion der Internetnutzer eine zentrale Rolle spielt. Generierung, Tausch sowie Verknüpfung von Inhalten und Wissen durch die Internetnutzer stehen hierbei im Vordergrund (vgl. Bächle 2008, S. 129).

Es geht also keineswegs um eine neue Version des Web. Vielmehr kennzeichnet der Begriff plakativ eine Entwicklung, die schon zu Beginn der Entwicklung des Web das erklärte Ziel war. Aufschlussreich ist in diesem Zusammenhang auch ein Interview im Rahmen eines IBM-Podcasts vom 28.07.2006 mit Tim Berners-Lee. Darin wurde er vom Moderator Lanningham nach seiner Meinung zum Begriff **Web 2.0** befragt:

„**Laningham**: You know, with Web 2.0, a common explanation out there is Web 1.0 was about connecting computers and making information available; and Web 2.0 is about connecting people and facilitating new kinds of collaboration. Is that how you see Web 2.0?
Berners-Lee: Totally not. Web 1.0 was all about connecting people. It was an interactive space, and I think Web 2.0 is of course a piece of jargon, nobody even knows what it means. If Web 2.0 for you is blogs and wikis, then that is people to people. But that was what the Web was supposed to be all along." (IBM 2006)

Sehen wir uns im Folgenden an, was dieses „piece of jargon" inhaltlich ausmacht. Wir wollen dabei gemäß Abbildung 3.2 zwischen der technischen und der anwendungsbezogenen Perspektive von Web 2.0 unterscheiden. Zuerst aber werfen wir einen kurzen Blick auf die sogenannten „Prinzipien des Web 2.0".

3.2.1 Prinzipien des Web 2.0

Tim O'Reilly, der Verleger des gleichnamigen Buchverlags, definiert in seinem Initialbeitrag O'Reilly (2005) zu den Merkmalen des Web 2.0 sieben konstitutive Prinzipien:
1. **The Web as Platform**: Das Web stellt die zentrale Informations- und Kommunikationsplattform dar, die das Erstellen von Anwendungen und Inhalten erlaubt,

Anwendungsbezogene Perspektive von Web 2.0							
Enterprise 2.0							
Open Innovation						**Social Commerce**	

〉Ideen 〉Entwurf 〉Protoyp 〉Produkt-/ Markttest 〉Marktein-einführung 〉Fertigung 〉Vertrieb 〉Service etc. 〉

Social Software, RSS, AJAX, Web Services etc.

Technikbezogene Perspektive von Web 2.0

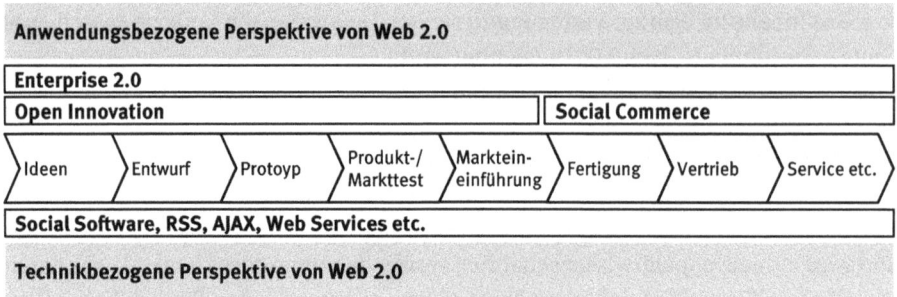

Abb. 3.2. Perspektiven und Merkmale des Web 2.0 (Bächle 2008, S. 130).

welche mittels offener Standards und Protokolle weitgehend beliebig untereinander integrier- und miteinander vernetzbar sind.

2. **Harnessing Collective Intelligence**: Die Aggregation von Informationen in Gruppen kann zu Aussagen und Entscheidungen führen, die oft besser sind, als wenn sie ein Einzelner treffen würde. Die Gruppe weiß oftmals mehr als der Einzelne und stellt dieses Wissen der Allgemeinheit zur Verfügung. Dies wird auch als „Wisdom of Crowds" bezeichnet (Gruppen- bzw. kollektive Intelligenz). Wir werden uns damit in Kapitel 4 noch eingehend befassen.

3. **Data is the next Intel Inside**: Die Kumulation von Daten bzw. Informationen ist wichtiger als die Funktionalität einer Anwendung. Aggregierte, kumulierte und vernetzte Informationen, unter anderem gesammelt nach dem Prinzip der kollektiven Intelligenz, können marktbeherrschende Positionen aufgrund von Netzwerkeffekten ermöglichen. Nebenbei bemerkt: Die Formulierung dieses Prinzips nimmt Bezug auf einen lange Zeit bekannten Werbespruch von Intel: „Intel Inside" war ein Markenzeichen für Computer mit einem Prozessor von Intel.

4. **End of the Software Release Cycle**: Web-2.0-Anwendungen stehen als webbasierte Dienste zur Verfügung und werden nicht als kommerzielle Standardsoftware verstanden. Dienstleistungen, die sich leicht in andere Internetanwendungen einbinden lassen, sind wichtiger als monolithische Softwareprodukte. Diese folgen festgelegten Release-Zyklen und tendieren zu hoher Komplexität der Softwarearchitektur, was sie schwer zu warten und schwer weiterentwickelbar macht. Das nächste Prinzip hängt damit eng zusammen.

5. **Lightweight Programming Models**: Gemäß des vierten Prinzips sind Web-2.0-Anwendungen einem laufenden Veränderungsprozess unterworfen. Viele Web-2.0-Anwendungen bezeichnen sich deshalb bewusst als „Beta". Einfache, leichtgewichtige und flexibel zu ändernde IT-Architekturen und Entwicklungsframeworks sind für die Softwareentwicklung von Web-2.0-Anwendungen unabdingbar.

6. **Software Above the Level of Single Device**: Aufgrund der zunehmenden Konvergenz der Kommunikationsmedien sollten Web-2.0-Anwendungen nicht nur für PCs, sondern auch für andere Geräte, wie z. B. mobile Endgeräte, verfügbar sein.
7. **Rich User Experience**: Anwendungen des Web 2.0 sollten so benutzerfreundlich wie Desktop-Anwendungen sein und über analoge ergonomische Merkmale verfügen (z. B. Drag-and-Drop).

3.2.2 Technische Merkmale des Web 2.0

Web 2.0 ist ein klassisches Beispiel für die immer größer werdende Bedeutung der IT zur Umsetzung von Geschäftsmodellen. Ohne die technischen Potenziale von Techniken wie RSS (Really Simple Syndication), Webservices, AJAX (Asynchronous JavaScript and XML) usw. wären die ökonomischen Möglichkeiten von Web 2.0 kaum umzusetzen. Betrachten wir einige dieser Techniken anhand Abbildung 3.2 kurz etwas genauer.

– **RSS-Dienste** bieten auf einer Webseite einen sogenannten RSS-Channel an, den man als Webnutzer abonnieren kann. Ein gewöhnlicher RSS-Channel versorgt den Adressaten, ähnlich einem Nachrichtenticker, im Falle von Aktualisierungen der abonnierten Webseite mit kurzen Informationsblöcken, die aus einer Schlagzeile mit Textanriss und einem Link zur Originalseite bestehen.
– **AJAX** bezeichnet eine technische Form der Webprogrammierung, die es ermöglicht, dass sich heutige Webseiten ähnlich verhalten wie klassische Desktop-Anwendungen. „Asynchronous" steht dabei für die asynchrone Datenübertragung zwischen einem Browser und dem Webserver. AJAX ermöglicht es, Webanfragen durchzuführen, während eine Webseite angezeigt wird, und die Seite zu verändern, ohne sie komplett neu laden zu müssen. AJAX realisiert damit gemäß unserer Web-2.0-Definition das Prinzip der desktopähnlichen Internetanwendungen („Rich User Experience").

Weitere wichtige technische Merkmale und Konzepte sind beispielsweise **Webservices**, die eine direkte Maschine-Maschine-Kommunikation im Web ermöglichen. Der Vorteil von Webservices besteht u. a. darin, dass sich damit Anwendungen bzw. Inhalte von anderen Webservern auf einer Webseite integrieren lassen (sogenannte Mashups) und dadurch der angebotene Funktionsumfang einfach erhöht werden kann. Webservices erlauben u. a. die Umsetzung des Prinzips „End of the Software Release Cycle".

3.2.3 Anwendungsbezogene Merkmale des Web 2.0

Auf der Anwendungsseite des Web 2.0 lassen sich viele Begriffe ausmachen, die zum Teil Wortneuschöpfungen sind. Wir haben bereits einige in der Einleitung anhand Abbildung 1.1 besprochen. Drei davon sind aus Unternehmenssicht bedeutsam:

- **Enterprise 2.0** stellt gemäß unserer Definition (siehe Kapitel 2) eine umfassende Sichtweise auf die vielfältigen Möglichkeiten von emergenten, integrierten Social-Software-Plattformen für alle Aspekte in der Wertschöpfungskette eines Unternehmens sowie zwischen Unternehmen dar. Den Begriff der Social Software werden wir deshalb in diesem Kapitel definieren müssen.
- **Open Innovation** und Social Commerce decken unterschiedliche Bereiche der Wertschöpfungskette in einem Unternehmen ab. Wir werden uns mit Open Innovation später genauer befassen (siehe Kapitel 5).
- **Social Commerce** (auch als „Social Shopping" bezeichnet) ist eine relativ neue Ausprägung des elektronischen Handels, auch Electronic Commerce genannt, bei der die aktive Beteiligung der Kunden und die persönliche Beziehung der Kunden untereinander im Vordergrund stehen.

Die wesentlichen Leitideen zu Social Commerce werden im sogenannten *Cluetrain Manifest* (http://www.cluetrain.com/auf-deutsch.html; zuletzt abgerufen: 01.10.2015) formuliert. Daraus lassen sich zwei wichtige Merkmale ableiten, die nicht gemeinsam vorhanden sein müssen, aber typisch für Social Commerce sind:

1. **Social Navigation:** Hierunter wird die Möglichkeit verstanden, sich durch Kommentare und Bewertungen anderer Nutzer im Internet im eigenen Kaufverhalten leiten zu lassen. Kommentar- und Bewertungsfunktionen waren schon vor dem Aufkommen des Begriffs „Social Navigation" wesentliche Bestandteile der Onlineshops verschiedener Internethändler wie Amazon. Neuartig ist die gezielte Integration von Social Software-Varianten, wie Social Bookmarking-Diensten, oder die Vernetzung in der Blogosphäre.
2. **Social Filtering/Collaborative Filtering:** Typischerweise werden hierunter automatisierte Verfahren der Ähnlichkeitsbestimmung zwischen Interessenprofilen einzelner Nutzer verstanden. Auch dieser Ansatz wird bei verschiedenen Onlinehändlern schon seit mehreren Jahren erfolgreich für Kaufempfehlungen mittels „Recommendation Engines" genutzt. Neu im Kontext des Social Commerce sind Websites, auf denen es ausschließlich darum geht, dass eine Gruppe von Nutzern die sie interessierenden Produkte auf einer Plattform einstellt und kommentiert. Hier werden die Kompetenz und das Wissen der Nutzer im Sinne des zweiten Web-2.0-Prinzips, der kollektiven Intelligenz, nutzbar gemacht.

Ein oft zitiertes Beispiel ist Spreadshirt (http://www.spreadshirt.de): Auf dieser Social-Commerce-Plattform wird den Nutzern die Möglichkeit gegeben, in Form eines Onlineshop eigene T-Shirts mit selbst erstellten Motiven zu vertreiben. Die bislang bestehenden Onlineshops, auch des Social Commerce, sind in ihrer Funktionalität entweder dem Web 1.0 oder dem Web 2.0 zuzuordnen:

- Onlineshops des Web 1.0 weisen gängige Funktionen auf, wie Produktkatalog, Suchfunktion, Warenkorb und Bezahlfunktion.
- Onlineshops des Web 2.0 weisen darüber hinausgehende Funktionen der Information und Kommunikation auf, wie z. B. Kaufempfehlungen, Kommentar- und Bewertungsfunktionen.

Es ist davon auszugehen, dass die nächste Generation der Onlineshops stärker die Möglichkeiten von Social Software berücksichtigen wird. Die Möglichkeit, einen Onlineshop auf einer Social-Networking-Plattform bekannt zu machen, nachdem man dort etwas gekauft hat, wird bereits häufiger angeboten. Die Idee dahinter nennt man virales Marketing – also die Hoffnung, dass ein Produkt durch Empfehlung verbreitet wird. In Kapitel 4 werden wir diesen Effekt und seine Voraussetzungen genauer betrachten. Schnittstellenstandards wie OpenSocial machen diesen Ansatz technisch möglich.

3.3 Social Software

Der Begriff **Social Software** wurde Anfang des 21. Jahrhunderts im Web geprägt. Dabei handelt es sich um ein Synonym für Groupware. Der Begriff wurde in Fachkreisen zunächst zurückhaltend benutzt. Mittlerweile aber hat er sich durchgesetzt und wir wollen ihn in Anlehnung an Bächle (2006, S. 121 ff.) wie folgt definieren:

Als **Social Software** werden Softwaresysteme bezeichnet, welche die menschliche Kommunikation und Zusammenarbeit sowie deren Koordination unterstützen. Der Begriff etablierte sich ca. im Jahr 2002 im Zusammenhang mit neuartigen Anwendungen wie Wikis und Weblogs. Den Systemen ist gemein, dass sie den Aufbau und die Pflege sozialer Netzwerke und virtueller Gemeinschaften (sogenannter Communitys) unterstützen und weitgehend mittels Selbstorganisation funktionieren.

Hin und wieder findet man in der deutschsprachigen Fachliteratur den Begriff „soziale Software". Die Verwendung dieses Begriffs ist jedoch semantisch irreführend, da „social" nicht die gleiche Bedeutung hat wie „sozial". Mittlerweile wird in der Fachwelt überwiegend der Begriff „Social Software" verwendet.

3.3.1 Anwendungsklassen von Social Software

Eine im deutschsprachigen Raum oftmals verwendete Klassifikation von Social Software setzt an den drei Begriffen
- Informationsmanagement,

- Identitäts- bzw. Netzwerkmanagement und
- Kommunikation

an (so z. B. bei Koch u. a. 2009, S. 159 ff. sowie Back 2012, S. 1 ff.). Diese Sichtweise vernachlässigt, dass in der CSCW-Forschung zu Groupware, zu der Social Software fachwissenschaftlich zählt, seit vielen Jahren die Klassifikation nach dem **3-C-Modell** üblich ist:
- *communication* – Kommunikation
- *collaboration* – Zusammenarbeit
- *coordination* – Koordination

Diese Klassifikation bildet stringenter ab, worum es bei Communitys grundsätzlich geht. So stellen das Informations- sowie Identitäts- bzw. Netzwerkmanagement grundlegende Funktionen von Social Software dar, aber keine Anwendungsklassen, die auf den originären Anwendungszielen der Anwender basieren. Niemand betreibt beispielsweise Netzwerkmanagement zum Zeitvertreib. Vielmehr – und dies gerade im Unternehmensumfeld – stellt die Pflege von sozialen Netzwerken ein Mittel zum Zweck der Aufgabenerfüllung dar, und zwar gerade dann, wenn man es mit schlecht strukturierten Problemen zu tun. Im Vordergrund steht hier die Kommunikation, aus der dann möglicherweise eine koordinierte Zusammenarbeit resultiert.

Wir wollen deshalb die wichtigsten Arten von Social Software im Sinne der CSCW-Forschung anhand Abbildung 3.3 besprechen. Abbildung 3.3 zeigt die grundlegenden Anwendungsklassen von Social Software und ordnet diesen Klassen die wichtigsten Softwarearten zu. Dabei zeigt sich, dass es hier durchaus Überschneidungen gibt. Zudem ist die Zuordnung zu Klassen nicht unproblematisch, weil Social Software im Laufe der letzten Jahren immer stärker dazu tendiert, mehrere Funktionalitäten unterschiedlicher Anwendungsklassen zu integrieren (siehe hierzu auch Bächle und Daurer 2006, S. 75 ff.).

In der Fachliteratur werden bei der Vorstellung der Arten von Social Software hin und wieder RSS und Mashups als Social Software bezeichnet. Unserer Definition von Social Software können beide Begriffe nicht standhalten – sie dienen nicht dazu, Gruppen bzw. Communitys mittels des Emergenzprinzips zu unterstützen. Bei beiden Begriffen handelt es sich vielmehr um Technologien, die im Web 2.0 von großer Bedeutung sind, um dessen Prinzipien umzusetzen.

Typischerweise lassen sich folgende Arten von Social Software unterscheiden (vgl. Bächle 2006, S. 121 ff., 2010, S. 1 ff.):
- **Forum:** Dabei handelt es sich um ein Diskussionsforum auf einer Website (Synonyme: Webforum, Board). Üblicherweise wird in einem Forum ein bestimmtes Thema behandelt, was wiederum in Unterforen bzw. Unterthemen unterteilt ist. Es können Diskussionsbeiträge (*postings*) verfasst werden, die gelesen und beantwortet werden können. Mehrere Beiträge zum selben Thema werden zusammengefasst und als Faden (*thread*) oder Thema (*topic*) bezeichnet. Foren sind übrigens

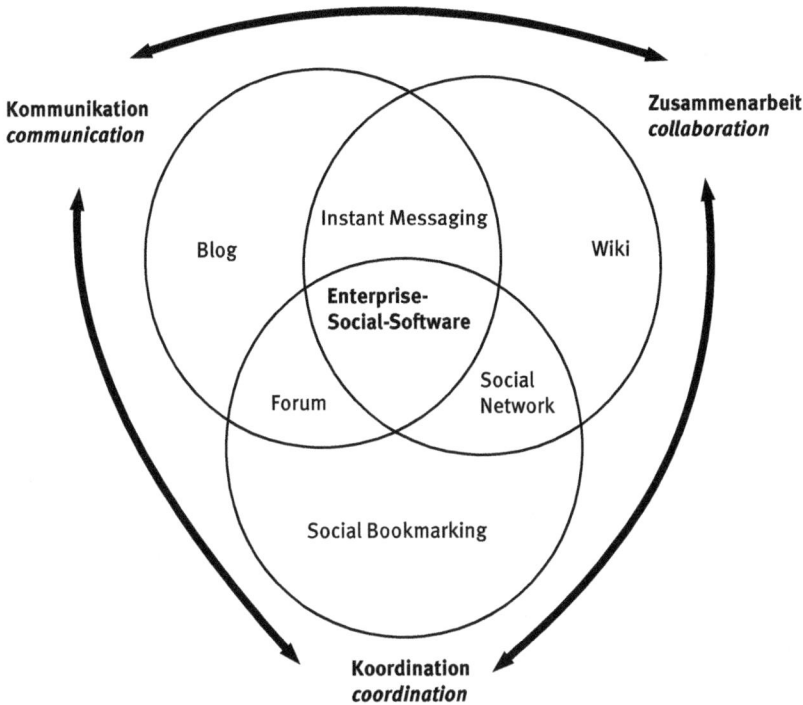

Abb. 3.3. Anwendungsklassen von Social Software (eigene Darstellung).

keine neue Erscheinungsform von Web 2.0, auch nicht von Web 1.0. Vielmehr sind sie lediglich die webbasierte Fortsetzung der alten Newsgroups, die es schon lange vor dem Aufkommen des Webs gab.

– **Instant Messaging:** Instant Messaging (IM) ist ein serverbasierter Dienst, der es ermöglicht, mittels einer Client-Software, dem Instant Messenger, in Echtzeit mit anderen Teilnehmern zu kommunizieren. Diese Form der Kommunikation erfolgt textuell über die Tastatur und wird als plaudern (*chatten*) bezeichnet. Der Chat ist demgemäß eine textuelle Kommunikation in Echtzeit mit einem oder mehreren Gesprächspartnern. Die Idee des IM besitzt einen Unix-Vorläufer, den sogenannten Talk-Befehl. Neu ist, dass man nunmehr eine IM-Nummer, analog zu einer Telefonnummer, besitzt, über die man direkt kontaktiert werden kann. Weitere nützliche Funktionen sind beispielsweise ein privates Adressbuch mit IM-Nummern sowie die Möglichkeit, den Online-Status (z. B. „abwesend", „nicht stören") eines Kommunikationspartners abzufragen.

– **Wiki:** Bei einem Wiki (Synonyme: WikiWiki, WikiWeb) handelt es sich um eine frei zugängliche Sammlung von Webseiten, die von jedem erstellt und editiert werden können. Der Name stammt von „wikiwiki", dem hawaiianischen Wort für „schnell". Wie bei Hypertexten üblich, sind die einzelnen Seiten und Artikel eines

Wikis durch Querverweise (Links) miteinander verbunden. Die Bearbeitung eines Textes erfolgt in der Regel mithilfe einer Bearbeitungsfunktion, bei der sich ein Eingabefenster öffnet. In vielen Unternehmen werden Wikis dazu eingesetzt, das Wissen der Mitarbeiter für alle in strukturierter Form schnell und einfach zur Verfügung zu stellen. Das erste Wiki, das *Portland Pattern Repository*, stammt übrigens aus dem Jahr 1995. Es wurde dazu entwickelt, die weltweite Zusammenarbeit von Forschern zu unterstützen – analog zur Idee des Webs. Wir sehen also, dass Tim Berners-Lee mit seinem Einwand bezüglich des Begriffs „Web 2.0" („a piece of jargon") nicht ganz unrecht hatte.

– **Blog**: Ein Blog (Synonym: Weblog; für *web + log*) ist eine regelmäßig aktualisierte Webseite, die Informationen beinhaltet, welche in umgekehrt chronologischer Reihenfolge präsentiert werden. Ein Blog hat üblicherweise die Form eines Tagebuchs oder eines Journals zu einem spezifischen Thema. Im Regelfall werden Blogs von einem einzelnen Autor, dem sogenannten Blogger, erstellt. Leser können durch angehängte Kommentarbeiträge einen Artikel des Bloggers kommentieren. Will sich ein Blogger auf Beiträge in einem anderen Blog beziehen, kopiert er in seinen Beitrag die entsprechende „Trackback-URL". Dadurch wird automatisch am Ende des Beitrags ein Link zum referenzierten Beitrag generiert. Mittels Trackbacks lässt sich somit automatisch ein Netzwerk von Beiträgen und Kommentaren aufbauen. Die verwendete Software entspricht in ihrer Funktionalität einfachen Content-Management-Systemen. Die Gesamtheit aller Blogs wird als Blogosphäre bezeichnet.

– **Social Bookmarking**: Social-Bookmarking-Systeme dienen der Erfassung und Kategorisierung interessanter Links. Diese Sammlung von Bookmarks (Lesezeichen) wird allgemein zugänglich gemacht und mit anderen Benutzern des Tools verlinkt, die den gleichen Bookmark hinterlegt haben. Die eigenen Bookmarks werden auf einer Social-Bookmarking-Site veröffentlicht. Die Software hat dabei folgende Aufgaben: Verschlagwortung (*tagging*), Annotation sowie Verlinkung mit den Bookmark-Seiten anderer Benutzer des Systems, die das gleiche Lesezeichen gesetzt haben. Das sogenannte „Tagging" wird oftmals als „folksonomy" bezeichnet – eine Sprachspielerei aus den beiden Begriffen „Folk" und „Taxonomy". Der Begriff soll zum Ausdruck bringen, dass hier keine Begriffssystematik nach streng wissenschaftlichen Kriterien angestrebt wird. Vielmehr steht es jedem Nutzer frei, sein eigenes Begriffssystem aufzubauen. Interessant sind dabei zwei Eigenschaften: 1) Bereitstellung einer Verlinkung mit anderen Nutzern des Systems, die den gleichen Bookmark gesetzt haben und 2) Bereitstellung der von anderen Nutzern verwendeten Tags. Die daraus resultierende Vernetzung über Tags und Links bietet reichhaltigere Informationsmöglichkeiten als jede Suchmaschine. Einige Systeme heben die am häufigsten verwendeten Tags der Website optisch durch eine größere Schrift hervor (*Tag-Cloud*).

– **Social Network**: Netzwerk-Software ermöglicht den Aufbau und die Pflege von zielgerichteten Beziehungen im Web oder im Intranet eines Unternehmens. Im

Kern stellen sie die Basis für die Entwicklung von Communitys dar, da sie auch den Aufbau virtueller Gruppenräume ermöglichen. Diese Beziehungen können privater oder geschäftlicher Natur sein. In Deutschland dürften die Netzwerke XING und Linkedin am bekanntesten sein, die v. a. der Vernetzung für berufliche Zwecke dienen. Für den privaten Bereich stellt Facebook mittlerweile mit mehr als einer Milliarde Nutzer die größte soziale Netzwerkplattform dar.

Den vorläufigen Endpunkt dieser Entwicklung stellen die von McAfee im Rahmen von Enterprise 2.0 definierten emergenten Plattformen dar, für die in Abbildung 3.3 der Begriff „Enterprise-Social-Software" (ESS) verwendet wird. Back (2012, S. 7) spricht hierbei von „Social Intranet" – ein Begriff, der sich in der Praxis bislang nicht durchgesetzt hat. Eher gebräuchlich sind „Social-Business-Software" oder analoge Begriffe, wie sie von einigen Marktteilnehmern und professionellen Marktbeobachtern (wie z. B. Gartner) in der letzten Zeit geprägt wurden. Der Begriff „Social Intranet" blendet diejenigen Merkmale von Enterprise 2.0 aus, die in der unternehmensübergreifenden Anwendung liegen. Ebenso eindimensional definieren auch Kügler u. a. (2015, S. 1 ff.) sowie Leonardi u. a. (2013, S. 1 ff.) den Begriff der Enterprise-Social-Software:

> Web-based platforms that allow workers to (1) communicate messages with specific coworkers or broadcast messages to everyone in the organization; (2) explicitly indicate or implicitly reveal particular coworkers as communication partners; (3) post, edit, and sort text and files linked to themselves or others; and (4) view the messages, connections, text, and files communicated, posted, edited and sorted by anyone else in the organization at any time of their choosing. (Leonardi u. a. 2013, S. 2)

Die unternehmensinterne Anwendung von ESS stellt – aufgrund des noch recht jungen Entwicklungsstands von Enterprise 2.0 und den nicht sehr ausgeprägten Kenntnissen sowie Erfahrungen vieler Unternehmen – sicherlich zur Zeit das primäre Anwendungsszenario dar. Mit zunehmender Verbreitung und Beherrschung von Enterprise 2.0 durch die Unternehmen wird es aber in den nächsten Jahren zu einer verstärkten Nutzung von ESS über die Unternehmensgrenzen hinweg kommen. Interessante Einsatzszenarien dafür finden sich z. B. in Chui u. a. (2012).

Enterprise-Social-Software (ESS) stellt eine Plattform dar, die unterschiedliche Arten von Social Software unter einer einheitlichen Benutzeroberfläche integriert. Sie erlaubt damit eine ganzheitliche Umsetzung der drei Cs – Communication, Coordination, Collaboration – für schlecht strukturierte Entscheidungsprobleme nach den von McAfee definierten SLATES-Funktioneigenschaften (siehe Kapitel 2.3). Der Einsatz von ESS ist dabei nicht auf unternehmensinterne Anwendungsfälle begrenzt, sondern erlaubt auch die Integration von Geschäftspartnern entlang der unternehmensübergreifenden Wertschöpfungskette.

Es ist wichtig, sich klarzumachen, dass ESS nicht nur – anders als es die ursprüngliche Idee von Social Software war (siehe dazu die Definition in Kapitel 3.3) – informelle, virtuelle Communitys unterstützen, sondern durchaus auch formelle Gruppen, die planmäßig gebildet wurden, wie z. B. Projektteams.

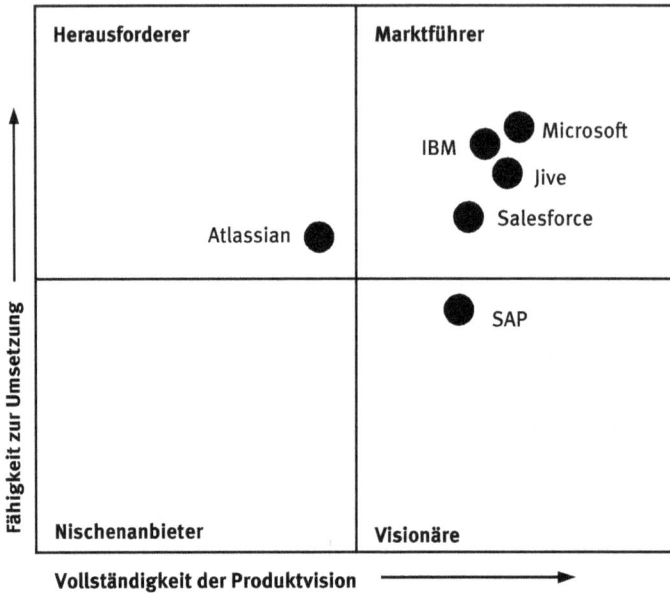

Abb. 3.4. Wichtige Anbieter von Enterprise-Social-Software (in Anlehnung an Drakos u. a. 2014, S. 3).

Die Matrix von Drakos u. a. in Abbildung 3.4 zeigt, welche Anbieter auf diesem Markt z. Z. inwieweit von Bedeutung sind. Man muss sich bei Betrachtung der Abbildung allerdings klarmachen, dass dieser Markt sehr dynamisch ist und die Matrix deshalb ständigen Veränderungen unterliegt. Mit fünf Anbietern wird mit Sicherheit – aufgrund ihrer erreichten Position im Markt der Enterprise-Social-Software oder im allgemeinen IT-Markt – zu rechnen sein:

– IBM mit **IBM Connections**, einer umfassenden, auch Drittsysteme sehr gut integrierenden ESS-Lösung, v. a. für den unternehmensinternen Einsatz
– Microsoft mit **Sharepoint** (und Yammer, ein Zukauf aus dem Jahr 2012, der Sharepoint erweitert), in das sich die Office-Produkte gut integrieren lassen
– Jive Software mit **Jive-Suite**, einem im Jahr 2001 gegründetes Unternehmen, das sich ganz auf den Markt der Enterprise-Social-Software konzentriert
– Salesforce mit **Chatter**, einer Lösung mit Fokus auf CRM
– SAP mit **Jam**, einem ESS-Produkt (Jam wurde im Jahr 2012 zugekauft und firmierte bis dahin unter dem Namen „Successfactors"), das schon allein aufgrund der Marktstellung von SAP im ERP-Umfeld von Bedeutung ist

Ein interessanter Nischenanbieter für Softwareentwicklungsprojekte ist übrigens Atlassian, das mit einer integrierten Suite für Entwicklungsprozesse und die dabei notwendige Teamarbeit in IT-Unternehmen bzw. -Abteilungen weit verbreitet ist.

3.3.2 Ziele und Nutzen von Enterprise-Social-Software

Wir wollen dieses Kapitel zu Web 2.0 und Social Software damit abschließen, die Ziele, und damit den angestrebten Nutzen von ESS, in Tabelle 3.1 zusammenzufassen.

Tab. 3.1. Ziele und Nutzen von ESS (eigene Darstellung).

Ziele/Nutzen	Beispiel
verbesserter Zugriff auf Wissen	ESS unterstützt die Generierung, Speicherung und Weitergabe von Wissen (siehe Kapitel 6.2.1).
Erhöhung der Produktivität von Gruppenarbeit/Teams	ESS unterstützt die drei Cs durch die Bereitstellung integrierter Social Software.
verbesserte Zusammenarbeit mit Geschäftspartnern	ESS ist nicht nur intern, im Sinne eines Social Intranet, einsetzbar, sondern kann z. B. auch für Entwicklungspartnerschaften eingesetzt werden.
Erhöhung der Agilität und Innovation	Mit ESS können Einzelne oder Teams flexibler und kreativer auf schlecht strukturierte Probleme reagieren.
Reduzierung der E-Mail-Flut	Durch ESS kann die Anzahl der E-Mails reduziert und damit Arbeitszeit gespart werden.
Reduzierung allgemeiner Kosten	Mit ESS können z. B. virtuelle Besprechungen durchgeführt werden, die zur Reduktion von Reisekosten führen.
Erschließung neuer Geschäftsmodelle oder Absatzkanäle	ESS kann dazu genutzt werden, das CRM durch neue Kommunikations- und Absatzkanäle zu Social CRM zu erweitern.

3.4 Übungsaufgaben

1. Erläutern Sie, was das Web 2.0 kennzeichnet.
2. Ordnen Sie Social Software und ESS in den geschichtlichen Kontext von Web 2.0 ein.
3. Erläutern Sie die Arten von Social Software.
4. Erläutern Sie die Prinzipien des Web 2.0.
5. Stellen Sie die unterschiedlichen Perspektiven des Web 2.0 anhand der Wertschöpfungskette grafisch dar und erläutern Sie die Grafik.
6. Erläutern Sie das 3-C-Modell.

7. Erläutern Sie den Begriff der Enterprise-Social-Software und nennen Sie Produktbeispiele.
8. Nennen und erläutern Sie die Vorteile, die sich ein Unternehmen durch den Einsatz von ESS verspricht.

3.5 Zusammenfassung

Web 2.0 stellt eine Weiterentwicklung des Webs dar, die sich stärker als früher auf Kommunikation, Koordination und Zusammenarbeit konzentriert. Paradigmatisch dafür sind die von Tim O'Reilly definierten Prinzipien des Web 2.0. Dennoch ist es richtig, was der „Erfinder" des Webs, Tim Berners-Lee dazu meinte: Web 2.0 ist ein Modebegriff, „a piece of jargon". Social Software stellt die Werkzeuge für das Web 2.0 zur Verfügung und hat sich aus Unternehmenssicht zu Enterprise-Social-Software entwickelt, die der Definition von McAfee gemäß das Prinzip der Selbstorganisation (Emergenzprinzip) für die drei Cs im unternehmensinternen und -externen Einsatz realisiert. Dabei stellt v. a. das Prinzip der kollektiven Intelligenz eine Grundvoraussetzung dafür dar, dass auf einer ESS-Plattform die Mitarbeiter eines Unternehmens ihr Wissen teilen, erweitern und möglicherweise sogar neues Wissen durch Koordination und Zusammenarbeit erzeugen können (siehe auch Abbildung 3.5).

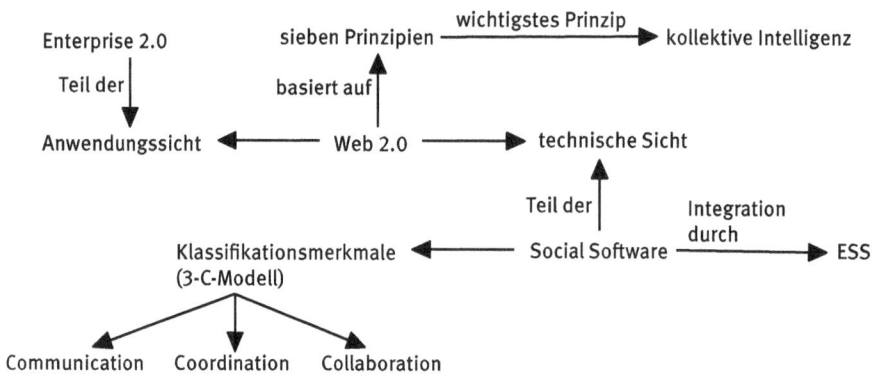

Abb. 3.5. Web 2.0 und Social Software: Zusammenfassung (eigene Darstellung).

Da das Prinzip der kollektiven Intelligenz von so großer Bedeutung für das Wissensmanagement in Enterprise 2.0 ist, werden wir uns im nächsten Kapitel damit ausführlicher beschäftigen.

4 Kollektive Intelligenz

Lernziele

- Sie können erläutern, was man unter dem Begriff der kollektiven Intelligenz versteht.
- Sie können erläutern, welche Problemarten für kollektive Intelligenz geeignet sind.
- Sie können abschätzen, wo die Grenzen für den Erfolg kollektiver Intelligenz liegen.
- Sie können kollektive Intelligenz von Formen des oftmals auftretenden Herdenverhaltens unterscheiden.

Enterprise 2.0 basiert auf der Idee, dass eine Community mehr weiß als ein Einzelner und sie deshalb unter bestimmten Umständen zu besseren Problemlösungen finden kann. Das ist für das Wissensmanagement von großer Bedeutung, denn als Wissen werden entscheidungsrelevante Informationen bezeichnet, die zur Lösung einer Problemstellung benötigt werden. Wenn also Enterprise-Social-Software-Plattformen die emergente Bildung informeller Gruppen im Sinne von Communitys sowie die planmäßige Bildung formeller Gruppen (wie Projektteams) unterstützt, dann wird das zweite Prinzip von Web 2.0 („Harnessing Collective Intelligence"; siehe Kapitel 3.2) für den erfolgreichen Einsatz von ESS relevant. Nicht zufällig wurde dieses Prinzips im Jahr 2005 – also zeitlich parallel zum Aufkommen der Idee des Web 2.0 – von Surowiecki (2005) in seinem Buch *The Wisdom of Crowds* populär gemacht.

Wir wollen uns deshalb in diesem Kapitel ansehen, was unter „kollektiver Intelligenz" zu verstehen ist, was ihre Merkmale sind und was die Voraussetzungen dafür sind, dass eine Gruppe tatsächlich zu einer besseren Lösung als ein Einzelner kommt.

4.1 Merkmale kollektiver Intelligenz

Das Wort „kollektiv" bedeutet so viel wie „gemeinschaftlich" oder „alle Beteiligten betreffend". Die unterschiedlichen Mitglieder, die sich in einer Gruppe befinden, können eine schnellere und bessere Problemlösung erarbeiten, als wenn jeder dies für sich allein versuchen würde. Dies liegt v. a. daran, dass die einzelnen Mitglieder einer Gruppe oftmals über verschiedene Wissensstände verfügen und unterschiedliche Ansichten vertreten. Durch den dadurch intiierten Diskurs kann es zu einer durchdachteren, problemadäquateren Lösung kommen.

Der Begriff „Intelligenz" beschreibt die Fähigkeit, vernünftig und abstrakt zu denken und daraus sinnvolles Handeln abzuleiten. Diese Fähigkeit ermöglicht es, auf neue sowie ungewohnte Begebenheiten angemessen zu reagieren und sich dadurch an die sich ändernde Umwelt anzupassen. Ein bereits seit längerer Zeit existierendes Problem kann durch eine veränderte Sichtweise u. U. innerhalb kürzester Zeit gelöst werden.

> **!** Unter **kollektiver Intelligenz** versteht man das intelligente Problemlösungsverhalten einer Personen-
> gruppe (vgl. Malone u. a. 2010, S. 2). Dabei lassen sich zwei Arten der Problemlösung unterscheiden:
> Es kann sich entweder um ein neues Problem handeln oder die Gruppenmitglieder beleuchten eine
> vorhandene Problemstellung neu, um andere Lösungsmöglichkeiten als die bereits existierenden zu
> erarbeiten.

Der Begriff „kollektive Intelligenz" wird in verschiedenen Bereichen verwendet. Wenn man den Schwerpunkt auf das Web legt, meint man damit die durch technische Unterstützung geschaffene Möglichkeit der Zusammenarbeit von vielen unterschiedlichen Menschen rund um den Globus, mit dem Ziel, in einer Gruppe intelligenter als der Einzelne zu sein und somit Probleme besser lösen zu können. Das Internet ermöglicht es, dass die Gruppe aus sehr vielen Personen besteht und dass diese Personen auf der ganzen Welt verteilt sein können. Die Qualität der kollektiven Intelligenz im Web kann dabei durch die Verschiedenartigkeit und Vielfalt von Meinungsäußerungen positiv beeinflusst werden, wenn mehrere Einsatzbedingungen erfüllt sind, die wir etwas weiter unten in diesem Kapitel besprechen werden.

Bei Fragestellungen, die eine gewisse Anzahl an Auswahlmöglichkeiten zulassen, reicht es bereits aus, wenn jedes Gruppenmitglied zumindest eine Antwortmöglichkeit als falsch bewerten und ausschließen kann. Denn dadurch, dass die Mitglieder der Gruppe alle über unterschiedliches Wissen verfügen und verschiedene Ansichten vertreten, können in den meisten Fällen die Teilnehmer insgesamt alle falschen Möglichkeiten ausschließen. Dadurch kristallisiert sich bei einer entsprechend großen Menge an Gruppenmitgliedern die richtige Antwortmöglichkeit heraus und es kann neues Wissen entstehen. Ein in dem Zusammenhang häufig genanntes Beispiel ist die Fernsehsendung *Wer wird Millionär?*, bei der die Zuschauer die Fragestellungen im Zuge des Publikumsjokers in den meisten Fällen richtig beantworten können. Da viele Zuschauer mindestens eine Antwortmöglichkeit ausschließen können, entscheidet sich das Publikum schlussendlich für die richtige Antwort.

4.2 Geeignete Problemarten für kollektive Intelligenz

Es gibt drei verschiedene Problemarten, die mithilfe von kollektiver Intelligenz gelöst werden können, nämlich Erkenntnisprobleme, Koordinationsprobleme und Probleme in der Zusammenarbeit:

1. Bei **Erkenntnisproblemen** geht es um den Gewinn von Informationen. Die Frage nach den Umsatzzahlen im dritten Quartal eines Unternehmens ist dafür ein mögliches Beispiel. Zu Erkenntnisproblemen gehören jedoch auch Fragestellungen, auf die es nicht nur eine richtige Antwort gibt, sondern bei denen bestimmte Antworten besser als andere sind. Die Fragen, an welcher Stelle das neue Firmen-

gebäude errichtet werden soll, oder wie wahrscheinlich es ist, dass in den nächsten Jahren der Leitzins auf über 1 Prozent steigt, sind Beispiele dafür.

2. Bei **Koordinationsproblemen** geht es darum, wie Mitglieder einer Gruppe ihr Verhalten untereinander koordinieren, um das gleiche Ziel zu erreichen. Fragestellungen können beispielsweise sein, wie sich die Verkehrsteilnehmer im Straßenverkehr verhalten, um keine Unfälle zu verursachen, oder wie sich die Menschen an der Kasse im Supermarkt organisieren, damit die Bezahlung möglichst effizient ablaufen kann.

3. **Probleme in der Zusammenarbeit** resultieren daraus, dass unterschiedliche Menschen zusammenarbeiten müssen, auch wenn sie das nicht wollen oder das Eigeninteresse dagegenspricht. Steuerzahlungen sind ein Beispiel hierfür, denn die Menschen werden vom Staat gezwungen, diese Zahlungen zu leisten, auch wenn sie dies nicht möchten. Ein weiteres Beispiel für ein solches Problem ist der Umgang mit der Umweltverschmutzung.

Diese drei Problemarten kommen auch bei der kollektiven Intelligenz im Web 2.0 und natürlich auch bei Enterprise 2.0 vor. Social Navigation und Social Filtering, wie wir sie in Kapitel 3.2.3 besprochen haben, sind Beispiele für Erkenntnisprobleme, die mittels Social Software gelöst werden können. Eine Web-Plattform, auf der Verkäufer ihre Produkte einstellen können, damit Käufer diese finden und kaufen können, ist ein Beispiel für ein Koordinationsproblem im Internet. Denn mithilfe dieser Plattform kann der Austausch der Produkte zwischen Verkäufer und Käufer im Internet abgewickelt werden. Beide Gruppenmitglieder verfolgen das gleiche Ziel, sie wollen das Geschäft erfolgreich absolvieren und müssen deshalb ihr Verhalten untereinander koordinieren. Mithilfe einer solchen Plattform kann dieses Koordinationsproblem gelöst werden. Ein Beispiel für ein Problem der Zusammenarbeit im Web ist eine Website, auf der Carsharing organisiert wird. Unter „Carsharing" versteht man die organisierte Nutzung eines Autos durch mehrere Personen. Das Eigeninteresse, das besagt, dass das Auto nur vom Eigentümer genutzt werden sollte, muss dabei zurückgestellt werden, da mithilfe von Carsharing z. B. der Ausstoß von Abgasen reduziert und dadurch die Umweltverschmutzung verringert werden kann.

4.3 Einsatzbedingungen für kollektive Intelligenz

Wenn Problemstellungen zu bearbeiten sind, die nicht einer der drei erläuterten Problemarten zugeordnet werden können, ist es nicht möglich, diese mithilfe von kollektiver Intelligenz zu lösen. Hier stößt die kollektive Intelligenz an ihre Grenzen.

4.3.1 Rahmenbedingungen

Damit kollektive Intelligenz erfolgreich sein kann, müssen vier Rahmenbedingungen erfüllt werden:

1. Die **Meinungsvielfalt** innerhalb der Gruppe muss gewährleistet sein. Die Gruppenmitglieder müssen über unterschiedliches Wissen und unterschiedliche Ansichten sowie Erfahrungen bezüglich der Problemstellungen verfügen, sodass eine differenzierte Betrachtung des Problems möglich ist. Dadurch kann die Qualität der Lösung für das Problem erhöht werden. Sind die Gruppenmitglieder hingegen derselben Meinung, werden bestimmte Sichtweisen nicht in Betracht gezogen und potenzielle Lösungsmöglichkeiten außer Acht gelassen.

2. Die **Unabhängigkeit** innerhalb der Gruppe ist die zweite Rahmenbedingung für den Erfolg kollektiver Intelligenz. Die Gruppenmitglieder dürfen bei ihrer Entscheidung nicht beeinflusst werden, da ansonsten die erste Rahmenbedingung, die Meinungsvielfalt innerhalb der Gruppe, nicht erfüllt ist. Wenn z. B. in einem Unternehmen bei einem Meeting eine Entscheidung getroffen werden soll, ist die Unabhängigkeit der am Meeting teilnehmenden Personen in den meisten Fällen nicht gegeben, da dort häufig nicht nur Personen gleicher Hierarchiestufe teilnehmen, sondern z. B. auch die Vorgesetzten von einigen Gruppenmitgliedern. Die Mitglieder werden ihren Vorgesetzten meist nicht widersprechen, da ein Abhängigkeitsverhältnis besteht. Wenn kollektive Intelligenz richtig funktionieren soll, muss immer die Unabhängigkeit der Gruppenmitglieder gewährleistet sein.

3. Innerhalb einer Gruppe muss **Dezentralität** herrschen. Die unterschiedlichen Gruppenmitglieder müssen über jeweils verschiedene Spezialisierungen und unterschiedliches individuelles Wissen verfügen, damit die Problemstellung nicht einseitig beleuchtet wird. Sind bei der Lösung eines Problems z. B. nur Personen beteiligt, die aus dem gleichen Fachbereich stammen, werden die Sichtweisen und das Wissen der Teilnehmer sich größtenteils nicht unterscheiden. Deshalb sollten beispielsweise bei Projektteams in Unternehmen die Gruppenmitglieder immer aus den verschiedenen Fachbereichen stammen, sodass eine möglichst gute Lösung erzielt werden kann.

4. Die **Aggregation** ist die vierte Rahmenbedingung, damit kollektive Intelligenz richtig funktionieren kann. Damit ist gemeint, dass es einen Mechanismus geben muss, mit dem die einzelnen Meinungen der Gruppenmitglieder zu einer Gesamtmeinung zusammengefasst werden können. Schlussendlich muss es möglich sein, von den vielen individuellen Meinungen zu einer Gruppenmeinung zu gelangen, die schließlich die Lösung des Problems ist.

4.3.2 Schwierigkeiten

Selbst wenn alle Rahmenbedingungen erfüllt sind, kann es zu Schwierigkeiten kommen. Es gibt einige Faktoren, die verhindern, dass kollektive Intelligenz erzeugt werden kann.

1. Die erste Schwierigkeit, die auftreten und den Erfolg kollektiver Intelligenz be- oder sogar verhindern kann, ist **fehlende Motivation.** Wenn die Gruppe nicht motiviert ist, an der Lösung des Problems zu arbeiten, können nur schlechte oder keine Lösungen für das Problem gefunden werden. Um die Motivation der Gruppenmitglieder zu wecken bzw. hochzuhalten, ist es beispielsweise möglich, finanzielle Anreize zu schaffen oder den Mitgliedern das Gefühl exklusiver Gruppenzugehörigkeit zu vermitteln. So kann man beispielsweise Karrieremöglichkeiten von der Mitarbeit und Reputation innerhalb von Gruppen abhängig machen.

2. **Störendes Verhalten** kann ebenfalls kollektive Intelligenz schwächen. Durch störendes Verhalten wird die Konzentrationsfähigkeit der Gruppe beeinträchtigt, sodass die Qualität der erarbeiteten Lösungen abnimmt. Zwar kann mithilfe von Strafen versucht werden, störendes Verhalten zu unterbinden, jedoch kann sich dies negativ auf das Gruppenklima auswirken. Dies kann wiederum dazu führen, dass einige Mitglieder aus der Gruppe austreten oder dass die Entscheidungsfindung aufgrund von Vertrauensverlust komplizierter wird. Mit der speziellen Bedeutung von Vertrauen für den Gruppenerfolg werden wir uns in Kapitel 7 befassen.

3. **Zu geringe Kontrolle** (aufgrund der Forderung nach Unabhängigkeit der Gruppenmitglieder) kann dazu führen, dass falsche oder nicht brauchbare Lösungsmöglichkeiten erarbeitet werden. Im Fall von Misserfolg ist es zudem schwierig, einen Verantwortlichen auszumachen. Wenn die Kontrollen allerdings zu stark sind, können die Gruppenmitglieder das Gefühl bekommen, dass sie von anderen abhängig sind, und die Rahmenbedingung der Unabhängigkeit innerhalb einer Gruppe wird nicht mehr erfüllt. Deshalb ist es in diesem Zusammenhang wichtig, einen Kompromiss zu finden, der den richtigen Einsatz von Kontrollmechanismen regelt.

4. **Zu große Diversität** der Meinungen innerhalb der Gruppe kann dazu führen, dass es zu viele unterschiedliche Lösungsmöglichkeiten für eine Problemstellung gibt und es nicht mehr möglich ist, aus dieser großen Menge an Lösungen die beste Alternative auszuwählen. Eine weitere Folge zu großer Diversität ist, dass Lösungsmöglichkeiten entstehen, die nicht umgesetzt werden können, weil die Gruppenmitglieder nicht über das nötige Fachwissen im Zusammenhang mit der Thematik der Problemstellung verfügen. Aus diesem Grund ist es von entscheidender Bedeutung, dass das richtige Gleichgewicht innerhalb der Gruppe zwischen dem relevanten Fachwissen und der Diversität der Meinungen vorhanden ist.

5. Eine weitere Schwierigkeit, die den Erfolg von kollektiver Intelligenz beeinträchtigen kann, besteht darin, ob und inwieweit die individuell beigesteuerten Lösungsansätze der einzelnen Gruppenmitglieder als **geistiges Eigentum** der gesamten Gruppe angesehen werden können. Deshalb ist es wichtig, bereits zu Beginn der Lösungserarbeitung für eine Problemstellung eine Regelung für diese Problematik des geistigen Eigentums zu finden. Eine Möglichkeit wäre z. B., dass alle Gruppenmitglieder ihr geistiges Eigentum abtreten und somit Diskussionen darüber, ob individuell erarbeitete Lösungsansätze als geistiges Eigentum der gesamten Gruppe angesehen werden können, vermieden werden.

4.4 Herdenverhalten

Das Web-2.0-Prinzip der „Weisheit der Massen" sollte nicht verwechselt werden mit einem Phänomen, dem man im alltäglichen Leben oft begegnet und das als Herdenverhalten bezeichnet wird: Wenn viele etwas Bestimmtes tun oder sagen, dann ist es nicht unwahrscheinlich, dass sich andere, in ihrem Verhalten und ihrer Meinung, selbst danach ausrichten. Tatsächlich aber mögen sie dabei sachlich gar nicht kompetent sein, oder aber trotz anderer Informationen dennoch der Mehrheit folgen. In der Summe sieht dieses Verhalten dann so aus, als wüsste die Gruppe mehr als der Einzelne.

Dieses Herdenverhalten läuft kaskadenförmig durch eine soziale Gruppe und hat mit kollektiver Intelligenz nichts zu tun. Vielmehr treten hier entweder Informationskaskaden oder Kaskaden auf Basis von erwarteten positiven Netzwerkeffekten auf.

Wir wollen uns beide Arten von Kaskaden im Folgenden etwas genauer ansehen, um zu verstehen, welchen Rahmenbedingungen sie unterliegen.

4.4.1 Informationskaskaden

Ein besonderes Problem kollektiver Intelligenz ist die mögliche Entstehung von Informationskaskaden. Diese können das Verhalten einer Gruppe wie kollektive Intelligenz erscheinen lassen, obgleich die Voraussetzungen dafür nicht gegeben sind.

Bei einer **Informationskaskade** wird eine Entscheidung getroffen, weil diese Entscheidungsmöglichkeit unmittelbar zuvor von vielen anderen gewählt wurde. Dabei wird die eigene ursprüngliche Entscheidung durch die von anderen zuvor getroffene Entscheidung ersetzt, da vermutet wird, dass die anderen über mehr Wissen verfügen als man selbst und sie deshalb die bessere Entscheidung treffen können. Dabei werden die Gründe für die Entscheidung der anderen nicht kommuniziert, sind also unbekannt. Nur das Verhalten der anderen, die vor einem selbst entschieden haben, kann beobachtet werden.

Haben die anderen zuvor die falsche Entscheidungsmöglichkeit gewählt, führt dies dazu, dass man ebenfalls die falsche Entscheidung trifft, obwohl man ursprünglich vielleicht die richtige Entscheidungsmöglichkeit ausgewählt hätte. Mit einer bewusst falschen Entscheidung ist es demnach möglich, das Entscheidungsverhalten anderer zu manipulieren, wenn nur ausreichend viele in der Gruppe absichtlich die falsche Entscheidung treffen.

Fallstudie „Informationskaskaden in Webshops"
Bikhchandani u. a. stellten bereits 1992 ein Modell vor, in dem dargestellt wird, wie Informationskaskaden beispielsweise Modewellen auslösen können. Derartiges „Herdenverhalten" kann natürlich auch im Web beobachtet werden. So war es lange Zeit in Webshops üblich, dass Kunden ein Produkt bewerten, aber keine Begründung für ihre Bewertung abgeben konnten. Dies entspricht dem bei kollektiver Intelligenz geforderten Aggregationsmechanismus. Tatsächlich sind Produktbewertungen durch Kunden eine brauchbare Variante kollektiver Intelligenz im Web. Dieses Beispiel zeigt aber auch, wie leicht hier Manipulationen möglich sind, denn der Aggregationsmechanismus der Produktbewertung wird dazu genutzt, um über massenhafte positive Bewertungsabgaben gezielt Einfluss auf das Kaufentscheidungsverhalten der nachfolgenden Webshop-Besucher zu nehmen. Damit soll eine Informationskaskade ausgelöst werden, die eine positive Meinung zu diesem Produkt über virales Marketing im Web verbreitet und damit das Entscheidungsverhalten der Käufer beeinflusst. Als Reaktion darauf wurden Produktkommentare als Funktion bei den Produktbewertungen eingeführt. Diese erlauben, dass nicht nur die Entscheidung der einzelnen Bewerter sichtbar wird, sondern auch eine Begründung der Entscheidung gegeben werden kann. Damit soll die Informationskaskade verhindert werden. Erwartungsgemäß reicht aber auch das nicht aus, um Manipulationen bei der Aggregation kollektiver Intelligenz zu verhindern: Einige Marketingagenturen bieten es als Dienstleistung an, Produktkommentare zu manipulieren. Die Reaktion einiger Onlinehändler, wie z. B. Amazon, besteht deshalb darin, die Produktbewerter selbst zu qualifizieren. Eine spieltheoretische Analyse der Möglichkeiten des viralen Marketings auf Basis von Informationskaskaden und deren Einfluss auf das Käuferverhalten findet sich z. B. bei Droste (2014).

Der Inhalt der Informationskaskaden unterscheidet sich stark. Die Umgebungsbedingungen, welche die Bildung von Kaskaden ermöglichen, sind jedoch ähnlich. Nach Freiberg (2004, S. 9 ff.) weisen Informationskaskden folgende Bestandteile auf:

1. **Es ist eine Entscheidung aus einer Reihe von Alternativen zu treffen**: Die Akteure versuchen, durch die Entscheidung ihren Gewinn (nicht zwingend monetärer Art) zu maximieren. Die Alternativen sind dabei für alle gleich und die Entscheidung endgültig.
2. **Die Entscheidung erfolgt unter Unsicherheit**: Bei der Entscheidung ist nicht bekannt, welche Alternative zu welchem Gewinn führt.
3. **Es existiert eine A-priori-Eintrittswahrscheinlichkeit für den unbekannten Umweltzustand**: Wenn der Entscheidende über keine weiteren Informationen

verfügt und somit keine bedingte Wahrscheinlichkeit vorliegt, sind alle Alternativen gleich wahrscheinlich.

4. **Die Betroffenen entscheiden nacheinander:** Im Gegensatz zu geheimen Wahlen etc. entscheiden die Akteure nacheinander und können so beobachten, wie sich ihre Vorgänger entschieden haben.

5. **Die Betroffenen erhalten durch die Beobachtung ihrer Vorgänger zusätzliche Informationen:** Die Betroffenen können zwar nicht beobachten, welchen Gewinn ihre Vorgänger durch ihre Entscheidung erhalten, sie gehen jedoch davon aus, dass diese eine rationale Entscheidung getroffen haben. Da sie sich der Unvollständigkeit ihrer eigenen Informationen bewusst sind, vermuten sie, dass die Beobachteten ihre Entscheidung auf bessere Informationen stützen konnten.

6. **Jeder Akteur verfügt über eigene Informationen:** Den anderen Betroffenen ist nicht bekannt, worum es sich bei dieser privaten Information handelt, sie können jedoch durch die Entscheidung Rückschlüsse darauf ziehen, was diese Information aussagt.

7. **Die Akteure entscheiden anhand ihrer privaten und der öffentlichen Informationen:** Unter Einbeziehung aller bekannten Informationen wird aus der ursprünglichen A-priori-Wahrscheinlichkeit für jede Alternative nun eine bedingte, also eine A-posteriori-Wahrscheinlichkeit.

Mithilfe der Bayesschen Regel (auch: Satz bzw. Theorem von Bayes) aus der Wahrscheinlichkeitstheorie und anhand eines kleinen Beispiels aus Easley und Kleinberg (2010, S. 425 ff.) können wir uns vor Augen führen, wie es mit diesen Bestandteilen zu einer Informationskaskade kommen kann, die „Herdenverhalten" auslöst.

ⓘ **Fallstudie zur Entstehung von Informationskaskaden**

In einer Vorlesung zur kollektiven Intelligenz stellt der Dozent eine Urne mit genau drei Kugeln auf das Pult. Davor einen Sichtschutz. Die Gruppe der Studierenden kennt die Farben der Kugeln in der Urne nicht.

Der Dozent sagt den Studierenden, dass die Wahrscheinlichkeit, dass die Urne zwei weiße und eine schwarze Kugel beinhaltet, genau 50 % beträgt. (**Fall-w**). Ebenso beträgt die Wahrscheinlichkeit für eine weiße und zwei schwarze Kugeln 50 % (**Fall-s**).

Nun kommt jeder Studierende einzeln zum Pult, geht hinter den Sichtschutz, nimmt blind genau eine Kugel aus der Urne. Nachdem er die Farbe der Kugel ausgemacht hat, entscheidet er, ob die Urne seiner Ansicht nach dem Fall „weiß" oder dem Fall „schwarz" entspricht. Diese Entscheidung gibt er dem Rest der Studierenden bekannt, die Farbe der gezogenen Kugel hingegen nicht. Vielmehr legt er die Kugel schweigend in die Urne zurück. Der nächste Studierende kommt nach vorne, um den Vorgang zu wiederholen.

Jedem Studierenden, der die richtige Entscheidung getroffen hat, verspricht der Dozent eine Belohnung, damit ein Anreiz für eine ernsthafte Entscheidung geschaffen wird.

Die öffentliche Bekanntgabe der Entscheidung jedes einzelnen Studierenden stellt für alle nachfolgenden Studierenden die bei einer Informationskaskade notwendige zusätzliche Information durch Beobachtung dar.

Das skizzierte Experiment liefert die notwendigen Bestandteile einer Informationskaskade. Mithilfe der Bayesschen Regel kann nun die Informationskaskade mathematisch formuliert werden. Wir kennen die folgenden Parameter aus dem Experiment:
Die Wahrscheinlichkeit P für Fall-w und Fall-s ist beide Male gleich, d. h.

$$P(Fall - w) = P(Fall - s) = \frac{1}{2}$$

Wir kennen außerdem die bedingten Wahrscheinlichkeiten dafür, dass eine weiße Kugel gezogen wird im Fall „weiß" bzw. eine schwarze Kugel im Fall „schwarz":

$$P(w|Fall - w) = P(s|Fall - s) = \frac{2}{3}$$

Nehmen wir jetzt an, dass der **erste** Studierende S_1 eine **schwarze** Kugel zieht. Dann steht S_1 nun vor der Frage, wie wahrscheinlich Fall-s für die Urne ist. Mit der gezogenen schwarzen Kugel ist das die bedingte Wahrscheinlichkeit für

$$P(Fall - s|s) = \frac{P(Fall - s) \times P(s|Fall - s)}{P(s)}$$

$P(s)$ können wir wie folgt berechnen:

$$P(s) = P(Fall - s) \times P(s|Fall - s) + P(Fall - w) \times P(s|Fall - w)$$
$$= \frac{1}{2} \times \frac{2}{3} + \frac{1}{2} \times \frac{1}{3} = \frac{1}{2}$$

Damit erhalten wir nun:

$$P(Fall - s|s) = \frac{\frac{1}{2} \times \frac{2}{3}}{\frac{1}{2}} = \frac{2}{3}$$

Der erste Studierende S_1 hat also allen Grund dafür, anzunehmen, dass für die Urne der Fall „schwarz" gilt, und wird dies auch verkünden (wir nehmen an, er handelt rational und will die Belohnung des Dozenten erhalten). Ähnlich sieht es für den zweiten Studierenden aus, weshalb wir uns für ihn die erneute Berechnung ersparen. Interessant wird es beim dritten Studierenden S_3.

Nehmen wir an, die ersten beiden Studierenden haben jeweils Fall „schwarz" als Information verkündet und unser Studierender S_3 zieht jetzt eine weiße Kugel. Was soll er tun?

Er weiß, ausreichende Kenntnis der Bayesschen Regel vorausgesetzt, dass die beiden ersten Studierenden kaum einen Grund hatten, die Unwahrheit zu sagen. Er darf also davon ausgehen, dass S_1 und S_2 tatsächlich jeweils eine schwarze Kugel gezogen haben. Die Entscheidungssituation für S_3 gestaltet sich folgendermaßen:

$$P(Fall - s|s, s, w)$$

In Worten ausgedrückt, bedeutet diese Formel: Wie hoch ist die Wahrscheinlichkeit, dass der Fall „schwarz" gilt, nachdem S_1 und S_2 jeweils eine schwarze Kugel gezogen haben, der Studierende S_3 nun erstmals eine weiße Kugel? Mit der Bayesschen Regel können wir das berechnen:

$$P(Fall - s|s, s, w) = \frac{P(Fall - s) \times P(s, s, w|Fall - s)}{P(s, s, w)}$$

Da das Ziehen einer Kugel aus der Urne jeweils unabhängig von anderen Ziehungen erfolgt, können wir für die Folge s–s–w unter der Bedingung, dass Fall „schwarz" gilt, die Wahrscheinlichkeit aus der Multiplikation der Einzelwahrscheinlichkeiten berechnen:

$$P(s, s, w|Fall - s) = \frac{2}{3} \times \frac{2}{3} \times \frac{1}{3} = \frac{4}{27}$$

Die Wahrscheinlichkeit $P(s, s, w)$ ergibt sich aus der Addition der jeweiligen Wahrscheinlichkeiten für die Folge s–s–w unter den beiden Bedingungen Fall „weiß" und Fall „schwarz":

$$P(s, s, w) = P(Fall - s) \times P(s, s, w|Fall - s)$$
$$+ P(Fall - w) \times P(s, s, w|Fall - w)$$
$$= \frac{1}{2} \times \frac{4}{27} + \frac{1}{2} \times \frac{2}{27} = \frac{1}{9}$$

Damit erhalten wir für die gesuchte bedingte Wahrscheinlichkeit, dass Fall „schwarz" vorliegt, obwohl der Studierende S_3 eine weiße Kugel gezogen hat:

$$P(Fall - s|s, s, w) = \frac{\frac{1}{2} \times \frac{4}{27}}{\frac{1}{9}} = \frac{2}{3}$$

Der Studierende S_3 handelt also durchaus rational, wenn er den Vorinformationen seiner Vorgänger S_1 und S_2 folgt und sich für Fall „schwarz" entscheidet, obwohl er selbst eine weiße Kugel gezogen hat.

Mit S_3 beginnt nun die Informationskaskade: Egal was seine Nachfolger für Farben ziehen, sie werden sich so lange für Fall „schwarz" entscheiden, bis einer von ihnen entweder die Informationen seiner Vorgänger willentlich ignoriert oder er mehr weiß und deshalb anders entscheidet.

Ein solches „Herdenverhalten", basierend auf einer Informationskaskade, hat nichts mit kollektiver Intelligenz zu tun.

4.4.2 Positive externe Netzwerkeffekte

Der Erfolg eines neuen Produkts hängt stark davon ab, ob und wie schnell es sich verbreitet. Dabei ist entscheidend, wie viele Menschen das neue Produkt nutzen. Beispiele dafür sind Mobilfunknetze, Betriebssysteme für Computer sowie soziale Netzwerkplattformen. Umso mehr Menschen ein Produkt nutzen, desto höher ist ihr Nutzen daraus, weil sich beispielsweise eine Vielzahl von Ersatzteilen, Zusatzprodukten oder alternative Anbieter finden lassen. Der Produktnutzen des einzelnen Nutzers ist also abhängig von der gesamten Nutzerzahl. Dies wird als positiver externer Netzwerkeffekt bezeichnet (vgl. Easley und Kleinberg 2010, S. 449).

Positive externe **Netzwerkeffekte** treten immer dann auf, wenn die Mitgliedschaft in einer Community für den Einzelnen von Vorteil ist.

Betrachten wir ein erfolgreiches Beispiel für ein Social-Software-Angebot: WhatsApp. Da sehr viele Menschen den WhatsApp-Dienst nutzen, ist die Mitgliedschaft in dieser Community für jedes Mitglied von hohem Nutzen. Durch die sehr hohe Anzahl möglicher Kommunikationspartner wird die Kommunikation deutlich vereinfacht. Diesen positiven externen Netzwerkeffekt nennt man auch das Metcalfesche Gesetz (*Metcalfe's Law*), benannt nach dem Gründer des Telekommunikationsunternehmens 3Com, Robert Metcalfe.

Das **Metcalfesche Gesetz** ist kein Gesetz im strengen Sinne. Es stellt vielmehr eine Faustregel zum Kosten-Nutzenverhältnis der Kommunikation von Teilnehmern eines Netzwerks dar. Die Faustregel besagt, dass der Nutzen V eines Kommunikationsteilnehmers n_i in etwa proportional zum Quadrat der möglichen direkten Kommunikationsbeziehungen k von n_i im Netzwerk wächst, während die Kosten nur proportional zur Teilnehmerzahl selbst wachsen. Wir können die Faustregel wie folgt verkürzen: $V(n_i) \sim k^2$.

Positive externe Netzwerkeffekte können Verhaltenskaskaden auslösen, die wie kollektive Intelligenz erscheinen, aber nicht deren Voraussetzungen erfüllen. Eine Kaskade, die durch Netzwerkeffekte ausgelöst wird, kann man spieltheoretisch begründen. Wir wollen dies im Folgenden anhand eines Beispiels aus Easley und Kleinberg (2010, S. 499 ff.) tun, um uns klarzumachen, wie Gruppenverhalten allein auf Basis der Beobachtung der direkten Nachbarn im eigenen sozialen Netzwerk beeinflussbar ist. Die Idee dazu stammt von Morris (2000), der diesen Ansatz zur Erklärung von kaskadierendem Verhalten – er nannte es „Contagion", also „Ansteckung" – prägte.

i **Fallstudie „Chancen und Grenzen einer Produktinnovation durch virales Marketing"**

Für viele Start-ups stellt sich die Frage, wie sie mittels viralen Marketings ihre Produktinnovation im Markt platzieren können.

Typischerweise verläuft die Einführung eines neuen Produkts in mehreren Schritten. Gerade bei technisch neuartigen Produkten kann man beobachten, dass zunächst nur wenige Kunden das Produkt kaufen. Meistens handelt es sich dabei um Personen, die innovativen Entwicklungen gegenüber sehr positiv eingestellt sind und deshalb frühzeitig ein neues Produkt kaufen. Andere Kunden hingegen wollen lieber abwarten, bis der Hersteller auch etwaige „Kinderkrankheiten" beseitigt und das Produkt eine gewisse Reife erreicht hat. Im Marketing werden bei der Produkteinführung deshalb fünf Kundengruppen voneinander unterschieden. Diese werden gemeinhin als Adoptorenklassen bezeichnet:

1. **Innovatoren** (*innovators*): Dies sind die technologischen Enthusiasten, die ca. 2,5 % aller Käufer eines neuen Produkts ausmachen. Für sie geht es weniger um den Produktnutzen, als vielmehr um den Reiz der technologischen Machbarkeit per se.
2. **Frühe Adoptoren** (*early adopters*): Diese Kundengruppe macht 13,5 % aller Kunden eines Produkts aus. Sie sind visionär in dem Sinne, dass sie sich innovative Nutzungsmöglichkeiten versprechen, anhand derer sie sich neue oder erweiterte Möglichkeiten erschließen können.
3. **Frühe Mehrheit** (*early majority*): Wenn das Produkt von dieser Kundengruppe (34 % aller Käufer eines Produkts) gekauft wird, ist es nicht mehr wirklich neuartig. Diese Kundengruppe sucht keine revolutionären, neuartig-innovativen Produkte, sondern erwartet ein ausgereiftes Produkt zu einem kompetitiven Preis.
4. **Späte Mehrheit** (*late majority*): Diese Kundengruppe (34 % aller Käufer eines Produkts) ist konservativ hinsichtlich ihrer Akzeptanz neuer Produkte. Sie übernimmt letztlich die neue Technologie, weil sie sich durchgesetzt hat. Sie ist auch sehr preissensitiv (letztlich honoriert sie nicht den möglichen Zusatznutzen, wie es die Innovatoren tun). Sie will eine „narrensichere" Lösung als Produkt.
5. **Nachzügler** (*laggards*): Die letzten 16 % der Produktkäufer sind Skeptiker. Sie kaufen die Produktinnovation nur, weil es dazu keine Alternative (mehr) gibt oder die alte Produktalternative preislich nicht (mehr) attraktiv ist.

Im viralen Marketing versucht man, Netzwerkeffekte zu erzeugen, die eine Kaskade der Produktverbreitung von den Innovatoren in Richtung der Nachzügler auslösen. Die Frage dabei ist immer, welche Parameter für die Produktübernahme für die jeweiligen Kunden relevant sind. Kunden werden das Produkt nur dann übernehmen, wenn sie sich davon einen bestimmten Mindestnutzen versprechen. Die Parameter für diesen Mindestnutzen zu identifizieren und in ihrer Ausprägung für den Mindestnutzen zu bestimmen, ist u. a. Aufgabe der Marktforschung. Diese Aufgabe wollen wir an dieser Stelle nicht weiter betrachten, sondern uns den theoretischen Grundlagen des gewünschten Netzwerkeffekts durch das virale Marketing zuwenden.

Dazu verwenden wir ein spieltheoretisches Basismodell, das uns verständlich machen soll, wie zwei Freunde in einem sozialen Netzwerk ihr Verhalten bei der Übernahme einer Produktinnovation aneinander ausrichten.

Modellannahmen:

- Ein Start-up greift mit einem neuen, hoch innovativen Instant Messenger A den Platzhirsch mit seinem Produkt B auf diesem Markt an.
- Wir betrachten die zwei Freunde v und w. Wir wollen wissen: Werden sie sich für Produkt A oder Produkt B entscheiden? Beide nutzen bislang keinen Instant Messenger.

- Leider sind die beiden Instant Messenger völlig inkompatibel zueinander, was bedeutet, dass die beiden Freunde nicht miteinander kommunizieren können, wenn sie sich nicht für dasselbe Produkt entscheiden.
- Entscheiden sie sich für Produkt A, haben sie beide einen theoretischen Mehrwert von $a > 0$.
- Entscheiden sie sich für Produkt B, haben sie beide einen theoretischen Mehrwert von $b > 0$.
- Entscheiden sie sich nicht für den gleichen Instant Messenger, haben sie einen Mehrwert von 0, denn sie können nicht miteinander kommunizieren.

Abbildung 4.1 zeigt die jeweils möglichen Entscheidungen der beiden Freunde sowie den daraus resultierenden theoretischen Mehrwert. „Theoretisch" ist der Mehrwert deshalb, weil wir uns hier nicht für den konkreten Nutzen interessieren (der sich letztlich aus der individuellen Beurteilung der Produktmerkmale durch die Freunde ergibt).

Abb. 4.1. Mögliche Entscheidungen der beiden Freunde und deren Konsequenzen (nach Easley und Kleinberg 2010, S. 500).

Im sozialen Netzwerk der beiden Freunde geht es natürlich nicht einfach darum, wie sich jeder der beiden in Bezug auf den anderen entscheidet. Vielmehr wird sich jeder der beiden überlegen, welche anderen Freunde in ihrem sozialen Netzwerk sich ebenfalls für Produkt A oder Produkt B entscheiden. Das bedeutet, dass also jeder im Netzwerk letztlich vor dem gleichen Problem steht. Freund v wird also seine Entscheidung für einen Instant Messenger nicht nur davon abhängig machen, wie sich sein Freund w entscheidet, sondern vielmehr davon, wie sich alle seine Freunde, mit denen er direkte Kontakte unterhält, im Netzwerk entscheiden. Dies gilt umgekehrt natürlich auch für Freund w und alle anderen Freunde.

Die entscheidende Frage ist nun, wie sich ein x-beliebiger v entscheiden wird, wenn einige seiner Freunde sich für A und die restlichen sich für B entscheiden. Letztlich sollte v sich für diejenige der beiden Produktalternativen entscheiden, die von den meisten seiner Freunde genutzt wird, denn das wird ihm den höchsten Nutzenmehrwert verschaffen.

Abbildung 4.2 zeigt uns, wie die Entscheidungssituation für v aussieht, wenn sich ein Anteil p seiner Freunde für A entscheidet und ein Anteil $(1 - p)$ für den Instant Messenger B. Wenn v insgesamt d Freunde in seinem Netzwerk hat, dann wird damit ein Anteil pd den Instant Messenger A übernehmen, während ein Anteil $(1 - p)d$ den Instant Messenger B wählen wird.

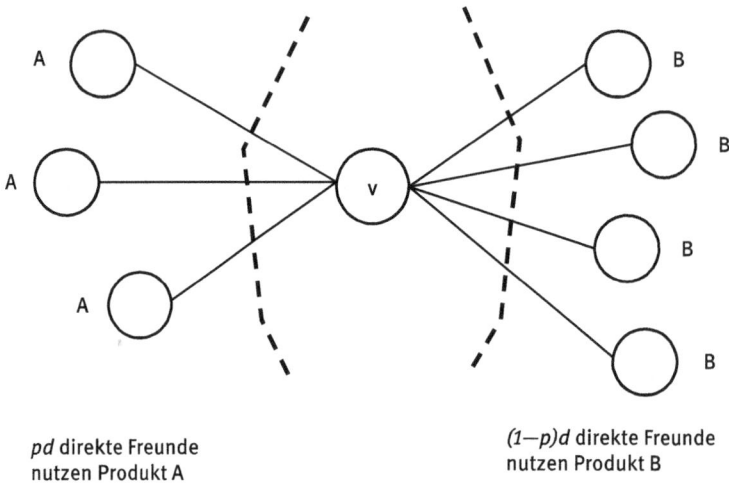

pd direkte Freunde
nutzen Produkt A

(1—p)d direkte Freunde
nutzen Produkt B

Abb. 4.2. Entscheidungssituation für v (nach Easley und Kleinberg 2010, S. 500).

Wenn v sich für A entscheidet, dann hat er davon einen theoretischen Mehrwert von pda. Bei einer Entscheidung für B hätte er einen Mehrwert von $(1 - p)db$. Der Instant Messenger A ist also dann die bessere Alternative, wenn gilt:

$$pda \geq (1 - p)db \tag{4.1}$$

Uns interessiert an dieser Formel die Frage, wie hoch der Anteil p der Freunde sein muss, damit v den Instant Messenger A wählt. Dazu formen wir die Ungleichung 4.1 nach p um:

$$p \geq \frac{b}{(a + b)} \tag{4.2}$$

Ungleichung 4.2 zeigt uns den Anteil der Freunde, die aus Sicht von v mindestens zum Instant Messenger A wechseln müssen, damit er dies auch tut. Wir wollen diesen Mindestanteil als Schwellenwert q bezeichnen:

$$q = \frac{b}{(a + b)} \tag{4.3}$$

Eine Kaskade zu A wird also nur dann ausgelöst, wenn der Schwellenwert q überschritten wird, wenn also mindestens $(b/a+b)$ direkte Freunde im Netzwerk sich auch für A entscheiden bzw. bereits entschieden haben.

Nehmen wir an, dass es – z. B. durch intensives virales Marketing – dem Start-up gelungen ist, die Freunde 7 und 8 im Freundschaftsnetzwerk in Abbildung 4.3 als Innovatoren zu gewinnen. Wir können dann die in der Abbildung dargestellte Kaskade für die Werte $a = 3$, $b = 2$ und damit $q = \frac{2}{(3+2)} = \frac{2}{5}$ beobachten.

Ausgangszustand

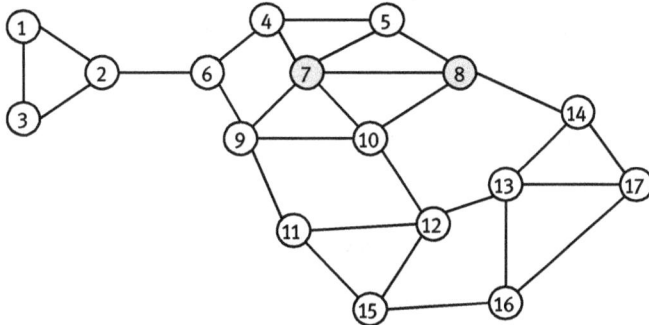

a = 3
b = 2
q = 2/5
Innovatoren: 7 und 8

Ablauf der Kaskade

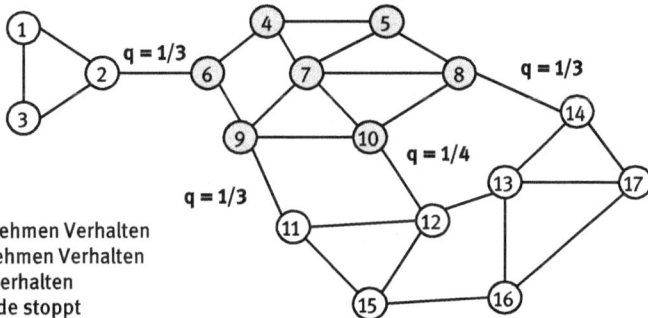

Schritt 1: 5 und 10 übernehmen Verhalten
Schritt 2: 4 und 9 übernehmen Verhalten
Schritt 3: 6 übernimmt Verhalten
Restliche q > 2/5: Kaskade stoppt

Abb. 4.3. Produktkaskade (nach Easley und Kleinberg 2010, S. 504).

Das Beispiel in Abbildung 4.3 und die zugehörige spieltheoretische Erläuterung des Schwellenwerts für Herdenverhalten zeigen uns, wie es zu Verhaltensübernahmen durch Netzwerkeffekte kommen kann. Das Beispiel zeigt uns auch, dass eine durch Netzwerkeffekte ausgelöste Kaskade nicht endlos durch das Netzwerk laufen wird, sondern immer dort ihr Ende findet, wo der Schwellenwert q nicht überschritten werden kann. Darüber hinaus zeigt uns das Beispiel, dass mit einer erneuten Marketingmaßnahme des Start-ups, die sich erfolgreich auf die Freunde 12 oder 13 konzentriert, die Kaskade wieder ausgelöst werden kann. Eine Konzentration der Marketinganstrengungen auf die Freunde 11, 14 oder 2 im Netzwerk würde hingegen nichts bewirken, solange der theoretische Mehrwert a nicht höher liegt als 3, mithin also der Schwellenwert q nicht durch Rabatte, weitere Nutzenmerkmale von Instant Messenger A usw. gesenkt wird.

Mit diesem einfachen spieltheoretischen Modell können wir also verstehen, warum es unterschiedliche Adoptorenklassen gibt, die sich in der Praxis auch tatsächlich finden lassen: Die Kaskade der Verbreitung einer Produktinnovation hängt ganz wesentlich davon ab, inwieweit es dem innovativen Unternehmen gelingt, den Schwellenwert q zu beeinflussen.

Auch dieses Herdenverhalten darf, analog zu einer Informationskaskade, nicht mit kollektiver Intelligenz verwechselt werden.

4.5 Übungsaufgaben

1. Erläutern Sie, was man unter dem Begriff der kollektiven Intelligenz versteht und geben Sie ein Beispiel für kollektive Intelligenz im Web.
2. Ein Unternehmen schafft sich eine ESS-Plattform an. Es hofft, damit die Gruppenarbeit der Entwicklerteams besser unterstützen zu können. Erläutern Sie, welche Voraussetzungen erfüllt sein müssen, damit die Entwicklerteams tatsächlich auf Basis der kollektiven Intelligenz zu besseren Entscheidungen kommen.
3. Produktbewertungen stellen eine Form kollektiver Intelligenz dar. Nennen und erläutern Sie weitere Beispiele für die Nutzung kollektiver Intelligenz a) im Web und b) im Unternehmen durch Enterprise 2.0.
4. Erläutern Sie den Ablauf und die Voraussetzungen a) einer Informationskaskade und b) einer auf Netzwerkeffekten basierenden Kaskade.

4.6 Zusammenfassung

Kollektive Intelligenz stellt eines der wichtigsten Prinzipien für den Einsatz von Social Software im Rahmen von Enterprise 2.0 dar. Ihre Relevanz für das Wissensmanagement liegt v. a. darin, dass durch die Kommunikation und Zusammenarbeit in Communitys neues Wissen generiert und bestehendes Wissen erweitert werden kann. Für die Umsetzung kollektiver Intelligenz sind einige wichtige Voraussetzungen zu beachten: Meinungsvielfalt, Unabhängigkeit der Mitglieder in der Community, Dezentralität durch verschiedenartige Spezialisierungen in der Community, Vorhandensein eines Mechanismus zur Aggregation der Einzelmeinungen. Grenzen zeigen sich v. a. dort, wo mindestens eine dieser Voraussetzungen nicht gegeben ist oder es an der Motivation zur Zusammenarbeit fehlt und es gezielt zu störendem Verhalten kommt. Mit kollektiver Intelligenz nicht zu verwechseln ist das Herdenverhalten. Hier geht es nicht um Entscheidungsfindung durch Aggregation von informierten Einzelmeinungen, sondern um Verhaltensimitation (siehe Abbildung 4.4).

Informationskaskade   Netzwerkeffekte

fehlende Motivation   Herdenverhalten

zu große Diversität   abzugrenzen von

zu geringe Kontrolle ——— Grenzen ◀——— kollektive Intelligenz

störendes Verhalten

geistiges Eigentum   löst   nutzt

Problemarten   Gruppe

Erkenntnis- Koordinations- Zusammenarbeits-   Voraussetzungen
problem   problem   problem

                                Aggregation Dezen-   Unabhängig- Meinungs-
                                             tralität keit   vielfalt

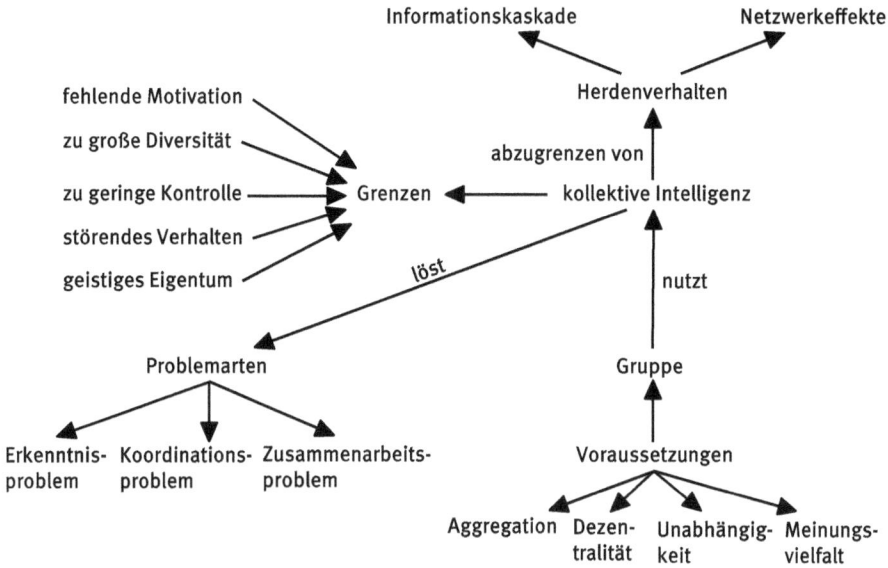

Abb. 4.4. Kollektive Intelligenz: Zusammenfassung (eigene Darstellung).

Anhand dieses Wissens um Merkmale, Voraussetzungen und Grenzen kollektiver Intelligenz können wir uns im nächsten Kapitel mit einem der wichtigsten Anwendungsfelder des Web-2.0-Prinzips beschäftigen, das sehr eng mit dem Wissensmanagement verwandt ist: Open Innovation.

5 Open Innovation und Crowdsourcing

Lernziele
- Sie kennen die Bedeutung von Wissen für das Innovationsmanagement.
- Sie können die Idee hinter und die Merkmale von Open Innovation erläutern.
- Sie können erläutern, weshalb es sich bei Crowdsourcing um einen wichtigen Ansatz von Open Innovation handelt.
- Sie können aufzeigen, wo kollektive Intelligenz bei Open Innovation eine Rolle spielt.

5.1 Ansätze des Innovationsmanagements

Innovationsmanagement beschäftigt sich damit, wie ein Unternehmen in einem zielgerichteten Prozess der Forschung und Entwicklung (FuE) eine neue Idee in ein innovatives Produkt oder eine neuartige Leistung überführen und diese erfolgreich am Markt platzieren kann. Dabei spielt Wissen als Produktionsfaktor für Innovation eine entscheidende Rolle. Typischerweise findet diese Innovation innerhalb des Unternehmens statt und bindet nur ganz begrenzt externe Wissensquellen, wie ausgewählte Kunden, in den Prozess ein.

In diesem „geschlossenen" Innovationsprozess (**Closed-Innovation-Modell**) kommerzialisieren Unternehmen ausschließlich die im eigenen Haus entwickelten Innovationen. Seit Ende des 20. Jahrhunderts kommt es in vielen Branchen zu einer zunehmenden Öffnung von Innovationsprozessen. Wesentliche Treiber dieser Öffnungstendenzen sind eine zunehmende Arbeitstellung in globalisierten Unternehmen, insbesondere in FuE-Abteilungen, sowie die zunehmenden Möglichkeiten von IT zur Unterstützung dieser Arbeitsteilung und zur Einbindung zusätzlicher Innovationspartner. Eine wichtige Rolle für die Erosion von Unternehmensgrenzen hin zu einem offenen Modell des Innovationsmanagements (**Open-Innovation-Modell**) spielen Enterprise 2.0 und Web 2.0 (vgl. Blohm 2013, S. 16). Abbildung 5.1 zeigt zwei unterschiedliche Ansätze des Innovationsmanagements.

5.2 Open Innovation

Open Innovation ist kein neuer Ansatz. Tatsächlich wurde er schon durch von Hippel (1978) diskutiert, erlebte aber erst im Zuge der Open-Source-Software-Bewegung seine empirische (vgl. Raymond 2000) und institutionenökonomische Bestätigung (vgl. Benkler 2002).

Closed-Innovation-Modell   **Open-Innovation-Modell**

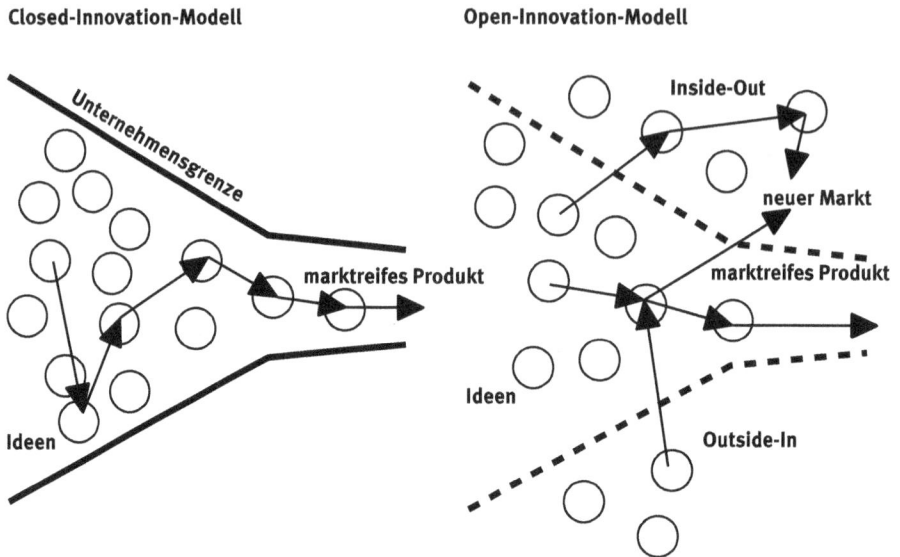

Abb. 5.1. Ansätze des Innovationsmanagements (in Anlehnung an Reichwald und Piller 2009, S. 148).

5.2.1 Merkmale von Open Innovation

Folgt man der Definition von Chesbrough u. a., dann versteht man unter Open Innovation

> [...] the purposive use of inflows and outflows of knowledge to accelerate innovation in one's own market, and expand the use of internal knowledge in external markets, respectively. (Chesbrough u. a. 2006, S. 1)

Wir sehen also schon an dieser knappen Erläuterung, dass es um den Austausch von Wissen über die Unternehmensgrenzen hinaus geht, und definieren Open Innovation deshalb wie folgt:

! Unter **Open Innovation** versteht man die Zusammenarbeit von Unternehmen und externen Experten sowie Kunden und Abnehmern, die sich auf Wertschöpfungsaktivitäten im Innovationsprozess bezieht und auf die Entwicklung neuer Produkte für einen größeren Abnehmerkreis abzielt (vgl. Reichwald und Piller 2009, S. 9).

Typische Merkmale von Open Innovation sind dabei:
- **Produktinnovation und -gestaltung durch/mit Kunden**: Ideenfindung und Produktentwicklung finden in Kooperation mit den Kunden statt oder gehen initial von einzelnen Kunden (*lead user*) aus.

–   **Toolkits:** Für den Innovationsprozess werden den Kunden geeignete Software-
    werkzeuge zur Verfügung gestellt, die auch eine einfache Übernahme der Innova-
    tionsergebnisse in den Wertschöpfungsprozess des Unternehmens sicherstellen.
–   **Communitys:** Innovation wird als Kommunikationsprozess mit und zwischen
    den Kunden verstanden und als solcher durch den Aufbau von Communitys ge-
    fördert.

Open Innovation stellt also eine Erweiterung des klassischen Ansatzes der Produktentwicklung dar. Dabei werden extern generierte Ideen nicht einfach vom Unternehmen mehr oder weniger systematisch aufgegriffen. Vielmehr werden der Kreativpro-
zess der Ideengenerierung und die anschließende Entwicklung von Prototypen durch
die Kunden systematisch mit den Möglichkeiten des Web 2.0 vom jeweiligen Unternehmen gefördert. Entscheidende Impulse hierfür kann die Berücksichtigung des zweiten
Web-2.0-Prinzips der kollektiven Intelligenz liefern. Wichtig ist außerdem der Einsatz
von Software als Toolkit, die gemäß dem siebten Prinzip des Web 2.0 (siehe Kapitel
3.2) einfach und intuitiv bedienbar sein muss. Strategisch entscheidend ist aber das
dritte Web-2.0-Prinzip: Bei Open Innovation dominiert die wertschöpfende Information, gewonnen aus dem Innovations- und Kreativitätspotenzial der Kunden – „Data is
the next Intel Inside".

5.2.2 Arten von Open Innovation

Abbildung 5.1 zeigt die unterschiedlichen Strategiearten für Open Innovation (vgl.
auch Chesbrough 2003a, S. 35 ff., 2003b, S. 1 ff. sowie Gassmann und Enkel 2004,
S. 1 ff.):
–   **Outside-In** reichert das interne Wissen des Unternehmens mit externem Wissen
    von Kunden, Lieferanten oder Partnern an, wie auch durch das aktive Transferie-
    ren von Technologien aus anderen Unternehmen und Forschungseinrichtungen.
–   **Inside-Out** unterstützt die externe Kommerzialisierung durch Lizenzierung, um
    Ideen schneller auf den Markt zu bringen sowie Technologien besser zu multipli-
    zieren.
–   **Coupled-Process** stellt eine Kopplung der Integration (Outside-In) und Externali-
    sierung (Inside-Out) von Wissen zum Zweck der gemeinschaftlichen Entwicklung
    in interorganisationalen Netzwerken dar.

Nimmt man die beiden grundlegenden Strategietypen „Outside-In" und „Inside-Out",
lässt sich mit Chesbrough und Brundwicker die in Abbildung 5.2 dargestellte Matrix
zur Klassifikation von Arten der Open Innovation erstellen.
    Die Matrix zeigt einige Arten von Open Innovation und klassifiziert sie danach, ob
sie zum einen mit Zahlungsströmen verbunden sind und zum anderen, welche Rich-

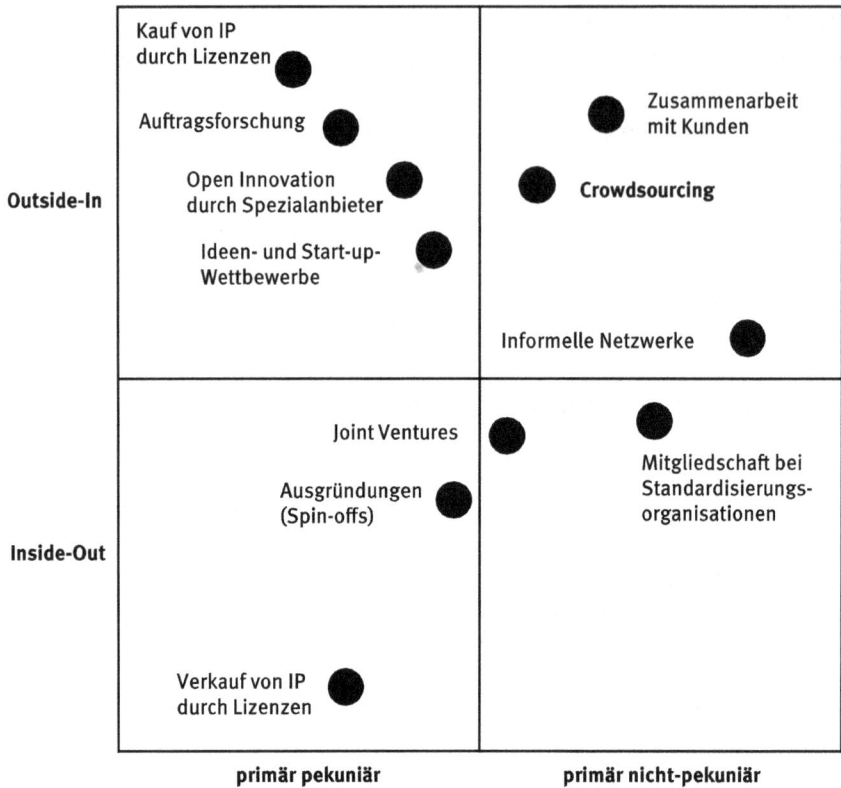

Abb. 5.2. Portfolio mit Beispielen der Arten von Open Innovation (in Anlehnung an Chesbrough und Brundwicker 2013, S. 10).

tung das Wissen nimmt. Das Akronym „IP" steht dabei für „Intellectual Property", womit Wissen im Sinne von geistigem Eigentum gemeint ist.

Der interessanteste Ansatz in der Matrix aus Sicht von Enterprise 2.0 und Wissensmanagement ist das Crowdsourcing, das wir deshalb etwas genauer betrachten wollen.

5.3 Crowdsourcing

Eine wichtige Spielart von Open Innovation stellt die Nutzung von Social Software – unter Einbeziehung der Prinzipien des Web 2.0 (siehe Kapitel 3.2.1) – für das Innovationsmanagement dar. Dabei wird grundsätzlich die Idee der „Weisheit der Massen" genutzt. Dies bedeutet, dass eine große, die Voraussetzungen der kollektiven Intelligenz weitgehend erfüllende Gruppe (siehe Kapitel 4.3.1) zu kreativeren Innovationen kommen kann, als eine unternehmensinterne Gruppe von Experten.

5.3.1 Merkmale des Crowdsourcings

In Anlehnung an Reichwald und Piller (2009, S. 153 f.) verstehen wir **Crowdsourcing** als einen Ansatz von Open Innovation, bei dem „durch die Nutzung eines großen heterogenen Netzwerks an externen Experten die Lösungssuche verbessert werden [soll]. Dies geschieht dabei nicht in Form klassischer Forschungs- und Entwicklungskooperationen, sondern durch einen offenen Aufruf an ein großes, undefiniertes Netzwerk an Akteuren, an einer Entwicklungsaufgabe mitzuwirken (‚Crowdsourcing‘)." !

Der Begriff „Crowdsourcing" wurde erstmals von Howe (2006) dafür verwendet, dass Unternehmen mittels der Möglichkeiten des Web 2.0 bislang an kommerzielle Auftragnehmer ausgelagerte Aufgaben (was gemeinhin als Outsourcing bezeichnet wird) nun an eine anonyme Gruppe (*crowd*) ökonomisch sinnvoll auslagern können.

> For the last decade or so, companies have been looking overseas, to India or China, for cheap labor. But now it doesn't matter where the laborers are – they might be down the block, they might be in Indonesia – as long as they are connected to the network. (Howe 2006, o.S.)

5.3.2 Arten des Crowdsourcings

Mit Walter (2012, S. 76 ff.) lassen sich generell vier unterschiedliche Arten von Crowdsourcing-Plattformen unterscheiden (siehe Abbildung 5.3).

Crowdsourcing-Makler

Hierbei handelt es sich um ein Geschäftsmodell, bei dem ein Unternehmen als Makler zwischen einem Auftraggeber – meistens ein Unternehmen, das ein Problem lösen lassen will – und einer Gruppe möglicher Problemlöser (*crowd*) vermittelt. Hierzu betreibt der Makler eine Crowdsourcing-Plattform, auf der das Lösungen suchende Unternehmen eine Problemstellung ausschreibt und die Mitglieder der Plattform ihre Lösungen für dieses Problem anbieten können. Der Makler erhält für Ausschreibung und Vermittlung eine Provision, die für ihn den monetären Unternehmenszweck der Crowdsourcing-Plattform darstellt. Ein typisches Beispiel ist InnoCentive (www. innocentive.com) – ein Kunstwort aus den Begriffen „innovation" und „incentive". Dieser Crowdsourcing-Makler bringt auf seiner Plattform Lösungen suchende Unternehmen unterschiedlicher Branchen mit der Crowd-Community zusammen, um innovative und kreative Lösungen für die ausgeschriebenen Problemstellungen zu finden. Dabei kommen die Problemstellungen hauptsächlich – aber nicht nur – aus naturwissenschaftlich geprägten Branchen, wie z. B. der Chemiebranche. In der nachfolgenden Fallstudie wollen wir uns mit einem nicht minder erfolgreichen, jedoch etwas weniger bekannten Crowdsourcing-Makler befassen: TopCoder.

Crowdsourcing-Makler

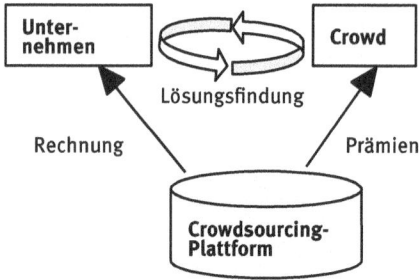

Direktes Crowdsourcing

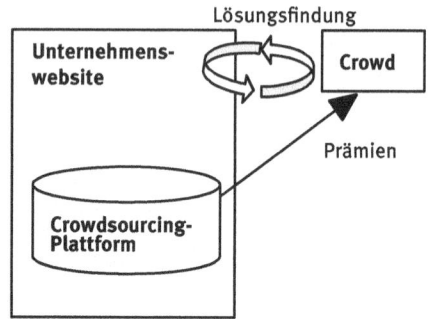

Verkauf von Crowdsourcing-Design

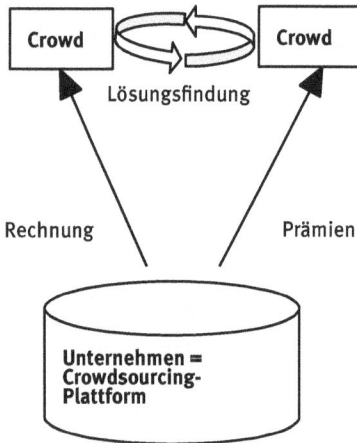

Unternehmensinternes Crowdsourcing

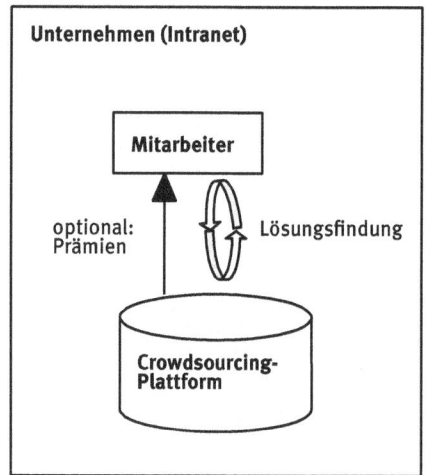

Abb. 5.3. Arten des Crowdsourcings (in Anlehnung an Walter 2012, S. 76).

Fallstudie „Crowdsourcing-Makler: TopCoder"   [i]
Der professionelle Crowdsourcing-Makler TopCoder (www.topcoder.com) wurde im Jahr 2011 in San
Francisco gegründet und gehört heute zur IT-Unternehmensberatung Appirio.
   TopCoder betreibt eine Crowdsourcing-Plattform, die sich auf die Vermittlung von IT-Entwicklern
und Unternehmen konzentriert, die eine IT-Lösung entwicklen lassen wollen. Die Plattform hat mittlerweile mehr als 800.000 registrierte Mitglieder in ihrer Crowd-Community. Davon nehmen nur ca.
8–10 % aktiv an den ausgeschriebenen Wettbewerben teil. Sein Geschäftsmodell beschreibt das Unternehmen wie folgt:
„Topcoder has three ‚tracks' of competition: Design, Development and Data Science. Within these
tracks, competitors work on real-world challenges and solve problems for our Global 2000 customers.
Real world complex systems are broken into a variety of competitions letting our topcoders work on
the areas they know best like graphic design, prototyping, architecting solutions, algorithms or de-
veloping code. In addition, we have regular competitions known as Single Round Matches (SRMs)
which are for fun and test your skills in various categories of data science and programming (dynamic
programming, machine learning, etc.)". (TopCoder 2015)

Direktes Crowdsourcing

Bei dieser Variante des Crowdsourcings betreibt ein Unternehmen selbst eine Crowdsourcing-Plattform. Insbesondere Unternehmen, die im Endkundengeschäft tätig
sind, betreiben solche Plattformen dauerhaft als Ansatz der Outside-In-Strategie von
Open Innovation: Auf diese Weise sollen neue Produktideen und Verbesserungsvor-
schläge gesammelt und durch die Kunden mittels Bewertungsfunktionen im Sinne
von kollektiver Intelligenz vorsortiert werden. Im Grunde handelt es sich dabei um
eine Art Marktforschung, bei der die kollektive Intelligenz der Kunden-Community
dazu genutzt werden soll, durch Social Filtering eine Vorauswahl Erfolg verspre-
chender Produktideen zu gewinnen, die dann unternehmensintern zur Produktreife
entwickelt werden können. Eine weitere Variante des direkten Crowdsourcings stellen
Ideenwettbewerbe dar, bei denen Unternehmen nur temporär eine thematisch sehr
spezifisch ausgerichtete Crowdsourcing-Plattform online stellen.

Fallstudie „Permanentes Crowdsourcing: Nestlé"   [i]
Nestlé ist der weltgrößte Nahrungsmittelkonzern mit Sitz in der Schweiz. Der Konzern erwirtschaftete
2013 einen Umsatz von 92,2 Milliarden CHF und einen Reingewinn von 10,0 Milliarden CHF. Nestlé
betreibt 447 Produktionsstätten, ist in 194 Ländern aktiv und beschäftigt insgesamt rund 335.000
Mitarbeiter.
   Nestlé betreibt unter https://www.nestle-marktplatz.de/view/Mitmachen/Ideenatelier eine
Crowdsourcing-Plattform für das Innovationsmanagement in seiner Kunden-Community, genannt
„Ideenatelier". Dort finden sich eine Reihe von Werkzeugen, welche die kollektive Intelligenz unter-
stützen sollen, wie z. B. die Möglichkeit zur Bewertung, zur Aggregation der Einzelbewertungen durch
Sterne sowie die Kommentarfunktion.

Die zweite Fallstudie zum direkten Crowdsourcing stammt von IBM, das bereits sehr früh und konsequent auf Enterprise 2.0 und Web 2.0 setzte, um Wissens- und Innovationsmanagement zu betreiben. Inhalt und Ergebnisse dieser Fallstudie sind detailliert in Bjelland und Wood (2008) erläutert.

ℹ **Fallstudie „Temporäres Crowdsourcing: IBM-Innovation-Jam"**

IBM ist eines der weltweit führenden Unternehmen für Hardware, Software und Dienstleistungen im IT-Bereich sowie eines der größten Beratungsunternehmen mit weltweit ca. 412.000 Mitarbeitern und einem Umsatz von knapp 95 Mrd. Dollar im Jahr 2014.

„Jamsession" bezeichnet im Jazz das zwanglose Zusammenspiel von Musikern, im übertragenen Sinne steht es für die freie, assoziationsgeleitete Improvisation. IBM bezeichnet mit diesem Begriff seine massiven Brainstorming-Sessions mit Mitarbeitern und Geschäftspartnern. Einer der vielleicht wichtigsten temporären Crowdsourcing-Sessions für IBM war die Jamsession „IBM Innovation Jam 2006". Hieraus leitete IBM zehn wichtige strategische Geschäftsziele des Unternehmens ab.

In ihrem Artikel „An Inside View of IBM's ‚Innovation Jam'" stellen Bjelland und Wood (2008, S. 32 ff) die Idee, den Ablauf und wichtige Erfahrungen des IBM-Innovation-Jam-2006 vor, in dem es heißt:

„The ‚Innovation Jam' took place in two three-day phases in 2006. We tracked the projects that received $100 million in funding based on the Jam's results — the data shows that the Jam was successful to a considerable degree. It uncovered and solved problems in and mobilized support for substantial new ways of using IBM technology. It involved 150,000 IBM employees, family members, business partners, clients (from 67 companies) and university researchers. Participants jammed from 104 countries, and conversations continued 24 hours a day. But the Innovation Jam experience is important for the difficulties it demonstrated (and for how IBM struggled to overcome them) as much as for its successes. Ideas didn't bubble up and get refined through continual, respectful dialogue. In fact, few contributors built constructively on each other's postings. The Innovation Jam was organized to capture a huge number of ideas from IBM's network, and it was purposely designed not to guide conversation artificially toward a quick focus on a few thoughts. But without organizers pushing toward an artificial consensus, conversations did not move toward consensus by themselves. Rather than emerging during the online conversations, new visions emerged afterward. IBM had developed a carefully thought-out process that it used after each phase of the Jam to harvest ideas. Senior executives and others spent weeks sifting through tens of thousands of postings — gigabytes of often aimless Jam conversation. Working through the static enabled leaders to extract ideas they thought were key, put them together into coherent business concepts and link them with people who could make them work. The Innovation Jam's important lessons are thus highly paradoxical: On one hand, it showed how many people throughout an organizational network may have important strategic ideas. It demonstrated that online conversations and sophisticated technology can bring those ideas to bear on important societal problems and make them worth millions to a company. But the Innovation Jam also revealed limitations in how most people recognize and build on others' ideas online. The result of these limitations is that analysts and managers near the top of the corporation were essential – together with sophisticated software for combing through vast amounts of verbiage – to making the rank and file's ideas useful. Leaders found themselves taking a different role than in the past. Their new role was about identifying and nurturing a good idea as it was built on by the organization. But they were still the drivers of progress."

Unternehmensinternes Crowdsourcing

Das unternehmensinterne Crowdsourcing beschränkt sich auf die Mitarbeiter im Unternehmen. Für Einfachstrukturen (siehe Kapitel 2.4.1) oder in Unternehmen kleiner oder mittlerer Betriebsgröße ist es nur wenig geeignet. Typischerweise findet man diese Art des Crowdsourcings in Großunternehmen, bei denen tatsächlich von einer Crowd und der Erfüllung der Voraussetzungen kollektiver Intelligenz, wie wir sie in Kapitel 4 besprochen haben, ausgegangen werden kann.

Fallstudie „Internes und externes Crowdsourcing in Kombination: IBM Liquid"   **i**

IBM Liquid wurde im Jahr 2012 von IBM initiiert, um die Potenziale des Crowdsourcings im Unternehmen und bei Geschäftspartnern zu nutzen. In einem Interview mit Rehm (2015) erläutert Monika Schäfer, Betriebsratsvorsitzende bei IBM in Deutschland, das Liquid-Programm näher:

„IBM-Liquid ist Teil eines Konzepts, das sich „Generation Open" nennt und im Zusammenhang einer grundlegenden Veränderung von Arbeitsverhältnissen und Arbeitsorganisation steht. Bei IBM Liquid werden Projektaufträge in so kleine Arbeitseinheiten aufgeteilt, dass sie über webbasierte Crowdsourcing-Plattformen weltweit als Wettbewerbe ausgeschrieben werden können. Und zwar sowohl an eine IBM-interne Crowd als auch an externe Freelancer auf Plattformen wie TopCoder." (Rehm 2015, S. 63f)

IBM Liquid verbindet also das unternehmensinterne Crowdsourcing über eine IBM-interne Plattform mit dem Einsatz von externen Crowd-Communitys mittels Crowdsourcing-Makler. Die Bewertung der „Crowdsourcees", wie die Auftragnehmer in der Crowd auch genannt werden, erfolgt mittels sogenannter „Blue Points", die sich laut Schäfer aus „den im Voraus geschätzten Faktoren Termintreue, Aufwand, eingesetzte Assets sowie Qualität der Arbeitsergebnisse" (Rehm 2015, S. 63 f) berechnen. Diese Blue Points fließen in die digitale Reputation des Crowdsourcees ein und haben Auswirkungen auf seine Auslastung und Beschäftigungsaussichten.

Verkauf von Crowdsourcing-Design

Verkaufsplattformen für Crowdsourcing-Design bieten den Web-Nutzern die Möglichkeit, nicht nur als Konsumenten in Webshops aktiv zu sein, sondern selbst als Produzenten von Gütern in Erscheinung zu treten. Man spricht hierbei auch davon, dass im Web 2.0 der Nutzer zum „Prosumer" wird – ein Kunstwort aus „Consumer" und „Producer". Derartige Plattformen gibt es fast so lange wie die Idee des Web 2.0. Es handelt sich dabei um typische Beispiele für Social Commerce, den wir bereits in Kapitel 3.2.3 kennengelernt haben. Diese Plattformen bieten jedem, wenn auch in eher begrenztem Umfang, die Möglichkeit, ein eigenes Produkt zu entwerfen, dessen Produktion, Verkauf und Vertrieb gegen Provision vom Plattformbetreiber übernommen wird. Im engeren Sinne haben wir es hier also nicht wirklich mit Crowdsourcing zu tun. Vielmehr handelt es sich um eine Web-2.0-Spielart des E-Commerce. Hier wird den Web-Nutzern eine Plattform angeboten, um ihre eigenen Produktideen – und dabei handelt es sich typischerweise um Design-Ideen zur Gestaltung vorgegebener Produktalternativen – zu vermarkten. Eine echte Problemlösung im Sinne von Open Innovation stellt dies nur bedingt dar.

i **Fallstudie „Crowdsourcing-Design: Cafepress"**
Cafepress wurde im Jahr 1999 in den USA gegründet. Cafepress ist ein Onlinehändler, der sich auf Crowdsourcing-Design spezialisiert hat. Das Unternehmen betreibt laut Auskunft auf seiner Homepage (www.cafepress.com/cp/info/about) ca. 2 Millionen Shops, in denen die Kunden aus insgesamt ca. 300 Millionen Artikeln auswählen können, die von anderen Kunden gestaltet wurden. Das Unternehmen sagt von sich, dass pro Jahr knapp 6 Millionen Artikel in den Shops verkauft werden und jeden Monat knapp 11 Millionen Besucher die Shops besuchen, sogenannte „Unique Visitors" also Personen, die diese Website mindestens einmal pro Monat besuchen.

5.4 Übungsaufgaben

i 1. Erläutern Sie die Strategien für Open Innovation.
2. Erläutern Sie, was man unter Crowdsourcing versteht.
3. Erläutern Sie die Arten des Crowdsourcings und geben Sie eigene Beispiele dafür.
4. Erläutern Sie, welche Rolle die kollektive Intelligenz für Open Innovation spielt.
5. Sehen Sie sich nochmals die Fallstudie „Internes und externes Crowdsourcing in Kombination: IBM Liquid" an: a) Wie beurteilen Sie dieses Modell aus arbeitsrechtlicher Sicht? Welche Herausforderungen gibt es hier b) für Arbeitnehmer und c) für das Management?

5.5 Zusammenfassung

§ Enterprise 2.0 ermöglicht eine effiziente und effektive Umsetzung von Open Innovation. Die Öffnung über Crowdsourcing-Plattformen setzt den Einsatz von Enterprise-Social-Software voraus. Dabei sind unterschiedliche Arten von Crowdsourcing möglich, um Wissen für Innovationsprozesse zu gewinnen. Die kollektive Intelligenz stellt dabei ein wichtiges, jedoch nicht zwingend notwendiges Kriterium für den Erfolg von Open Innovation dar. In jedem Fall zeigt Open Innovation, dass sich Social Software hervorragend für die Generierung, Verbreitung, Bewertung und Speicherung von Wissen eignet (siehe auch Abbildung 5.4).

Da Innovationsmanagement so sehr von der Ressource „Wissen" abhängt, werden wir uns im Folgenden mit den Grundlagen des Wissensmanagements befassen und Enterprise 2.0 mit seinen Ideen darauf anwenden.

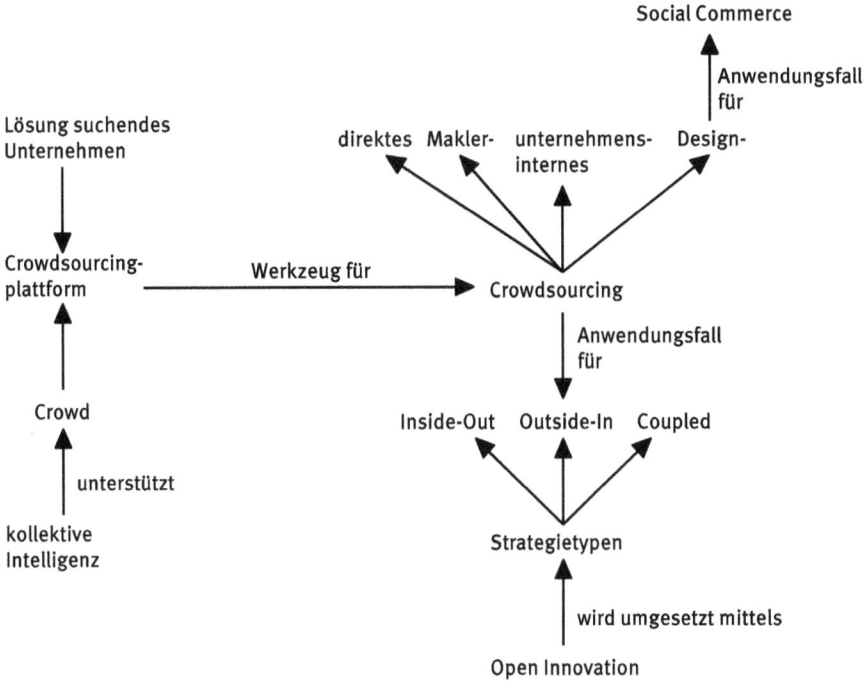

Abb. 5.4. Open Innovation und Crowdsourcing: Zusammenfassung (eigene Darstellung).

6 Wissensmanagement

Lernziele
- Sie wissen um die Bedeutung des Produktionsfaktors „Wissen".
- Sie können die Begriffe „Wissen" sowie „Wissensmanagement" definieren und erläutern.
- Sie können erläutern, welche Ansätze des Wissensmanagements es gibt.
- Sie können erläutern, welche Aufgaben das Wissensmanagement hat und welche Methoden des Wissensmanagements eingesetzt werden.

6.1 Merkmale einer Wissensgesellschaft

Wissen ist der vielleicht wichtigste „Rohstoff" der Zukunft. Innovation ist dabei der Motor der Wettbewerbsfähigkeit: Nur durch Innovationen lassen sich Marktanteile schaffen, erhalten oder ausbauen. Tabelle 6.1 zeigt, welche Merkmale die wissensorientierte Wirtschaft des 21. Jahrhunderts im Vergleich zur Industriegesellschaft der vergangenen 100 Jahre aufweist, mit denen zwar Weltkonzerne als Maschinenbürokratien und Spartenstrukturen (siehe die Konfigurationstypen in Kapitel 2.4.1) aufgebaut wurden, die aber immer stärker einem Wandel unterliegen, den wir im Folgenden etwas genauer beleuchten wollen.

Tab. 6.1. Industrie- versus Wissensgesellschaft (eigene Darstellung).

Merkmal	Industriegesellschaft	Wissensgesellschaft
Technologien	Werkzeugmaschinen vorherrschend, deshalb auch sehr kapitalintensiv	Informationstechnologie vorherrschend, die im Sinne von Industrie 4.0 genutzt wird
Nutzung von Wissen	Stark fragmentiertes Wissen durch Arbeitsspezialisierung; Wissen ist nur nachrangiger Produktionsfaktor, der zudem ungern geteilt wird („Herrschaftswissen")	Die meisten Arbeitsprozesse sind wissensintensiv und von Teamwork bzw. Projektarbeit geprägt. Wissen ist von zentraler Bedeutung und Allgemeingut.
Innovation	Closed Innovation, die periodisch stattfindet	Innovation findet ständig statt, deshalb auch Open Innovation als Ergänzung
Management	Scientific Management/Taylorismus: stark hierarchisch geprägte Weisungs- und Berichtsstrukturen; in seiner modernen Form: autoritär bis partizipativ, jedoch immer hierarchischer Führungsstil	Management begreift sich primär als Coach und Motivator, der Probleme im Arbeitsprozess für das Team löst; kollegialer Führungsstil
Konfiguration	vorherrschend Maschinenbürokratie	vorherrschend Adhokratie und Expertokratie

Tabelle 6.1 zeigt deutliche Parallelen zu den Tabellen 2.4 und 2.5 aus Kapitel 2. Tatsächlich geht es um die Unterschiede von Enterprise 1.0 und Enterprise 2.0, wenn die Merkmale von Industrie- und Wissensgesellschaft gegenübergestellt werden. Unternehmen der Wissensgesellschaft weisen deutlich mehr Merkmale von Enterprise 2.0 auf.

6.1.1 Industriegesellschaft

Typisch für das Industriezeitalter ist der Ansatz des Taylorismus, auch als „Scientific Management" bezeichnet. Dieser Ansatz wurde Anfang des 20. Jahrhunderts von Frederick Winslow Taylor (1856–1915) entwickelt. Ein für den Taylorismus typisches Merkmal wurde bereits 1936 im Film „Moderne Zeiten" (*Modern Times*) von Charlie Chaplin kritisiert: der am Fließband stehende Arbeiter, reduziert auf eine einzige Handbewegung. Tatsächlich hat der Taylorismus, bei dem Arbeit in kürzeste und monoton-repetitive Ablaufschritte zerlegt wurde, durch seine Arbeitsprozessstudien sehr zur Produktivitätssteigerung der Massenfertigung beigetragen. Taylors Grundgedanke war also die Spezialisierung der Arbeitsprozesse und deren Untergliederung in einzelne, einfach zu erlernende Teilprozesse, mithin die Komplexitätsreduktion der Arbeit des einzelnen Arbeiters, der diese Tätigkeiten auch ohne Qualifikation (und damit kostengünstig im Sinne niedriger Personalstückkosten) erledigen konnte. Taylor löste die traditionelle Einheit zwischen Planung und Durchführung der Arbeit zugunsten des von ihm eingeführten Funktionsmeisterprinzips auf. Das Management wurde nun Träger von Planung und Kontrolle.

Der Taylorismus hatte eine beträchtliche Ausweitung der Managementaufgaben mit entsprechender Erweiterung und Differenzierung der Managementhierarchien zur Folge. Die Kosten des Managements stiegen dadurch beachtlich. Dies schien aber vor dem Hintergrund der erwarteten Produktivitätssteigerungen durch Nutzung der Spezialisierungsvorteile durchaus gerechtfertigt.

Wissen ist in dieser Organisationsform industrieller Produktionsprozesse hierarchisch strukturiert: Der einzelne Aufgabenträger weiß nur das, was für seine konkrete Aufgabe auf seiner konkreten Hierarchieebene zu wissen erforderlich ist. Innovation und Wissenserwerb finden planmäßig und kontrolliert statt. Im Produktionsfaktorsystem des Unternehmens stellt Wissen lediglich ein Hilfsmittel dar.

6.1.2 Wissensgesellschaft

Moderne Volkswirtschaften sind dienstleistungsorientiert. Sie produzieren vermehrt immaterielle Güter, wie Kundenservices, Software oder Kreditpakete. Wissen wird dabei zum Rohstoff, der gebündelt, gehandelt und strategisch zur Nutzung von Wettbewerbsvorteilen verwendet wird. Nichtwissen kann ganze Volkswirtschaften an den

Rand des Abgrunds führen und große Konzerne in den Konkurs. Weitere Merkmale der Wissensgesellschaft sind:

1. Wissen wird zur strategischen Ressource bei Entwicklung und Nutzung von Produkten bzw. Dienstleistungen.
2. Das Wissen der Zukunft ist vernetzt, dezentral und interdisziplinär.
3. Die effektive Nutzung des Wissens ist ein entscheidender Wettbewerbsfaktor.
4. Wissen wird selbst zum Wirtschaftsgut.

Die nachfolgende Fallstudie zeigt sehr schön, dass die oben genannten Merkmale des Wissens zunehmend Bedeutung erlangen.

Fallstudie „Von der Industrie- zur Wissensgesellschaft: Internet der Dinge bzw. Industrie 4.0"

Das Bundesministerium für Bildung und Forschung hat ein „Zukunftsprojekt Industrie 4.0" aufgesetzt und schreibt dazu auf seiner Homepage unter www.bmbf.de/de/9072.php (zuletzt abgerufen am 10.08.2015):

„Die Wirtschaft steht an der Schwelle zur vierten industriellen Revolution. Durch das Internet getrieben, wachsen reale und virtuelle Welt zu einem Internet der Dinge zusammen. Mit dem Zukunftsprojekt Industrie 4.0 wollen wir diesen Prozess unterstützen.

Das Zukunftsprojekt Industrie 4.0 zielt darauf ab, die deutsche Industrie in die Lage zu versetzen, für die Zukunft der Produktion gerüstet zu sein. Sie ist gekennzeichnet durch eine starke Individualisierung der Produkte unter den Bedingungen einer hoch flexibilisierten (Großserien-) Produktion. Kunden und Geschäftspartner sind direkt in Geschäfts- und Wertschöpfungsprozesse eingebunden. Die Produktion wird mit hochwertigen Dienstleitungen verbunden. Mit intelligenteren Monitoring- und Entscheidungsprozessen sollen Unternehmen und ganze Wertschöpfungsnetzwerke in nahezu Echtzeit gesteuert und optimiert werden können."

Die Entwicklung hin zum Internet der Dinge zeigt eindringlich, wie sich der Wandel von der Industrie- zur Wissensgesellschaft in den nächsten Jahren vollziehen wird. Entscheidend dabei wird nicht sein, dass die Industrieproduktion durch Dienstleistungen ersetzt wird. Industrie- und Wissensgesellschaft stellen keine unvereinbaren Gegensätze dar (vgl. dazu auch Mattern und Flörkemeier 2010, S. 107 ff.). Vielmehr stellt die wissensintensive Verzahnung von Industrieproduktion und Dienstleistung den entscheidenden Schritt auf dem Weg in die Wissensgesellschaft dar. Betrachtet man zusätzlich das Potenzial, das sich durch die mittlerweile rasanten Fortschritte im Bereich der Künstlichen Intelligenz und Robotik eröffnet, wird klar, dass Wissen bereits zum zentralen Wettbewerbsfaktor in modernen Volkswirtschaften geworden ist.

In einer wissensintensiven Ökonomie (manche sprechen gar von einer Wissensökonomie, so z. B. die EU in ihrer Lissabon-Strategie aus dem Jahr 2000 – Ziel: Europa ist im Jahr 2010 die dynamischste und innovativste Volkswirtschaft) ändern sich mit dem Stellenwert des Wissens als strategisch wichtigem Produktionsfaktor auch die Organisationsformen (deshalb also mehr Projektformen in den Unternehmen), die Wertesysteme (der Mensch nicht mehr als Humanressource der Produktion sondern als Quelle und Träger der Innovation) etc. Damit sollte eine Änderung des Führungsstils einhergehen: weg vom autoritären, hin zum partizipativen Führungsstil. Ein Beispiel dafür ist der Ansatz der Agilen Softwareentwicklung mit Scrum.

---

i **Fallstudie „Agile Softwareentwicklung mit Scrum"**

Scrum (Gedränge) ist ein Ansatz der agilen Softwareentwicklung. Scrum in Produktionsumgebungen wurde erstmalig in Takeuchi und Nonaka (1986) erläutert und später in Nonaka (1991) sowie Nonaka (1994) weiter ausgeführt.

Bei Scrum wird grundsätzlich angenommen, dass Produktfertigungs- und Entwicklungsprozesse so komplex sind, dass sie sich im Voraus weder in große abgeschlossene Phasen noch in einzelne Arbeitsschritte mit der Granularität von Tagen oder Stunden pro Mitarbeiter zuverlässig planen lassen. Somit ist es produktiver, wenn sich ein Team in einem festen äußeren Rahmen mit sehr grober Granularität selbst organisiert. Dieses sich selbst organisierende Team übernimmt in diesem, mit dem Kunden (Product Owner) abgestimmten Rahmen die Verantwortung für die Fertigstellung der selbst gewählten Aufgabenpakete. Ein Management „von oben" sowie traditionelle Methoden zur Kommunikation oder Projektsteuerung, die die Zusammenarbeit im Team regeln sollen, werden abgelehnt. Stattdessen gibt es einen Scrum Master: Der Scrum Master hat die Aufgabe, die Aufteilung der Rollen und Rechte zu überwachen. Er hält die Transparenz während der gesamten Entwicklung aufrecht und unterstützt dabei, Verbesserungspotenziale zu erkennen und zu nutzen. Er ist nicht für die Kommunikation zwischen Team und Product Owner verantwortlich, da diese direkt miteinander kommunizieren. Er steht dem Team unterstützend zur Seite, ist aber weder Product Owner noch Teil des Teams. Der Scrum Master sorgt dafür, dass das Team produktiv ist, also die Arbeitsbedingungen stimmen und die Teammitglieder zufrieden sind. Er tritt somit für die ordnungsgemäße Durchführung und Implementierung von Scrum im Rahmen des Projekts ein. Er ist jedoch kein Projektleiter oder -manager. Diese Aufgaben werden vom Team in Selbstorganisation wahrgenommen.

Scrum ist ein Beispiel für modische Führungsstile, wie sie in Expertokratien und Adhokratien vorkommen (siehe Tabelle 2.3), aber nicht in Maschinenbürokratien und Spartenstrukturen. Maschinenbürokratien und Spartenstrukturen sind typische Konfigurationstypen für Enterprise 1.0, das traditionelle Führungsstile favorisiert. Expertokratien und Adhokratien hingegen sind typische Konfigurationstypen für Enterprise 2.0.

6.2 Grundbegriffe

Im Folgenden wollen wir die beiden zentralen Begriffe „Wissen" und „Wissensmanagement" etwas genauer betrachten und für unsere Zwecke definieren.

6.2.1 Wissen

Über das, was man unter Wissen versteht, herrscht keine einheitliche Auffassung. Im *European Guide to good Practice in Knowledge Management* (Europäischer Leitfaden zur erfolgreichen Praxis im Wissensmanagement) wurde durch das CEN (Comité Européen de Normalisation) versucht, eine vereinheitliche Definition zu formulieren:

„Knowledge is the combination of data and information, to which is added expert opinion, skills and experience, to result in a valuable asset which can be used to aid decision making. Knowledge may be explicit and/or tacit, individual and/or collective." (CEN 2004, S. 6) **!**

Wissen ist also eine Kombination aus Daten und Informationen, Expertenwissen, erworbenen Fähigkeiten und Erfahrungen. Bei dieser Kombination handelt es sich zudem nur dann um Wissen, wenn sie für Entscheidungen nützlich ist. Als Wissensarten werden explizites und implizites Wissen sowie individuelles und kollektives Wissen unterschieden. Wir sehen uns die Wissenarten im nächsten Abschnitt genauer an. An dieser Stelle zunächst noch eine kurze Erläuterung, was unter der Kombination aus Daten und Informationen zu verstehen ist (siehe Abbildung 6.1).

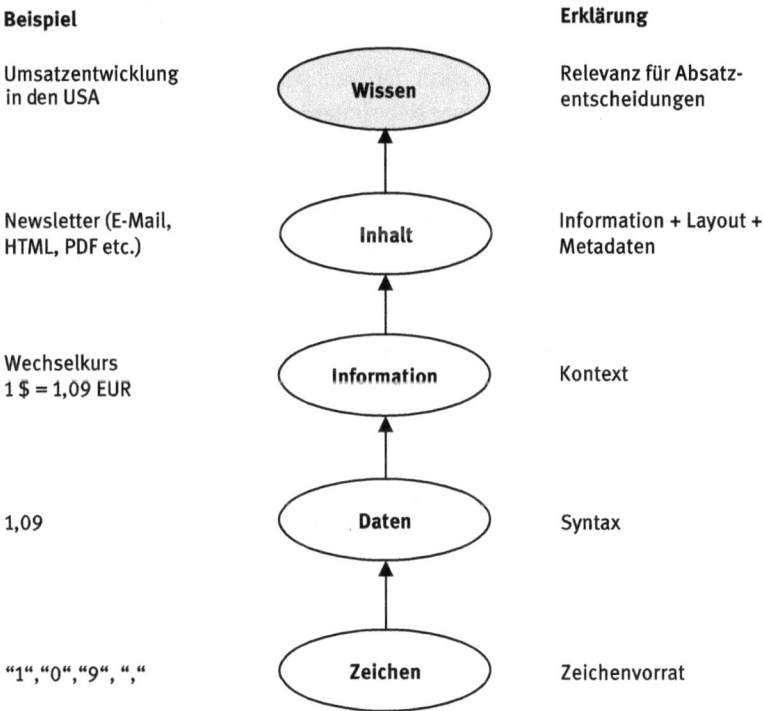

Beispiel		Erklärung
Umsatzentwicklung in den USA	**Wissen**	Relevanz für Absatzentscheidungen
Newsletter (E-Mail, HTML, PDF etc.)	**Inhalt**	Information + Layout + Metadaten
Wechselkurs 1 $ = 1,09 EUR	**Information**	Kontext
1,09	**Daten**	Syntax
"1","0","9", ","	**Zeichen**	Zeichenvorrat

Abb. 6.1. Vom Zeichenvorrat zum Wissen (eigene Darstellung).

- **Zeichen**: Grundsätzlich findet Kommunikation mittels Zeichen statt. Dafür ist ein klar definierter Zeichenvorrat notwendig. In unserem Beispiel kann dies der Zeichenvorrat eines Zeichensatzes wie Unicode sein.

- **Daten:** Für die Kommunikation müssen nicht nur Zeichen vereinbart werden, sondern auch Regeln (Syntax), wie diese sinnvoll zusammengesetzt werden können. Zeichen, die also zu Wörtern und Ausdrücken mittels Syntax zusammengesetzt werden, nennt man Daten. In unserem Beispiel in Abbildung 6.1 werden verschiedene Zeichen des Zeichenvorrats gemäß der syntaktischen Regeln zu einem Datum (Singular von Daten) zusammengesetzt. Wir wissen aber immer noch nicht, um welche Information es sich hierbei handelt.
- **Information:** Die Bedeutung (Semantik) von Daten ergibt sich aus einer Interpretation der Daten im jeweils konkreten Kontext. In unserem Beispiel ist die Information des Wechselkursverhältnisses zwischen Euro und Dollar gemeint.
- **Inhalt:** Der Inhalt besteht aus drei Teilen: 1) Der Information, 2) dem Layout (z. B. PDF, E-Mail, HTML) für das daraus zu erzeugende Dokument und 3) den Metadaten, wie z. B. Autor, Erstellungsdatum, Priorität etc. Diese drei Teile machen den Inhalt (*content*) aus. Die Konkretisierung des Inhalts findet mittels der Generierung eines Dokuments statt. Ein Dokument stellt also eine materialisierte Form des Inhalts dar. In unserem Beispiel kann der Wechselkurs als Information in einem Newsletter genannt werden. Dieser Newsletter kann technisch unterschiedlich aufbereitet sein.
- **Wissen:** Informationen sind nur dann Wissen, wenn sie für Entscheidungssituationen nutzbar sind, sie also dabei helfen, Entscheidungen zu treffen. In unserem Beispiel ist der Wechselkurs nur dann Wissen, wenn wir ihn für Absatzentscheidungen im US-Markt benötigen.

Hin und wieder stößt man in der Literatur zum Wissensmanagement auf den Begriff „Weisheit", was bei einer philosophischen Betrachtung des Themas durchaus interessant sein kann (das griechische „philosophía" bedeutet „Liebe zur Weisheit"). Für unsere pragmatisch ausgerichtete Darstellung der betrieblichen Bedeutung des Wissens ist dieser Begriff jedoch zu wenig konkretisierbar. Weisheit stellt keinen Erfahrungs- und Erkenntnisgegenstand des betrieblichen Wissensmanagements dar.

Arten des Wissens

Unsere Definition von Wissen unterscheidet explizites und implizites Wissen, sowie individuelles und kollektives Wissen. Wir wollen diese Begriffe nun genauer definieren:
- **Individuelles Wissen** kennzeichnet Wissen, über das der einzelne Mitarbeiter verfügt, jedoch nicht notwendigerweise die Gesamtorganisation.
- **Kollektives Wissen** steht in organisatorischen Einheiten – wie Arbeitsgruppen, Projektteams, Abteilungen, Business Units – zur Verfügung und ist damit „überindividuell".
- **Explizites Wissen** lässt sich formalisieren, z. B. durch Verschriftlichung. Es kann deshalb einfach gespeichert und weitergegeben werden.

- **Implizites Wissen** ist jener Teil des Wissens, der nicht vollständig kodifiziert werden kann (zur Kodifizierung siehe Kap. 6.2.1). Dieses Wissen lasst sich also nicht vollständig in Worten und Bildern zum Ausdruck bringen. Solches Wissen wird hin und wieder auch als „sticky" (klebrig) bezeichnet, weil es von Person A nicht an Person B vermittelt werden kann (siehe Fallbeispiel „Implizites Wissen in der Endkontrolle von Zahnbohrern").

Tabelle 6.2 fasst die Merkmale der beiden wichtigsten Wissensarten nochmals zusammen.

Tab. 6.2. Merkmale von implizitem und explizitem Wissen (nach Hislop 2013, S. 21).

implizites Wissen	explizites Wissen
nicht kodifizierbar	kodifizierbar
subjektiv	objektiv
persönlich – an eine Person gebunden	unpersönlich – an keine Person gebunden
kontextabhängig	kontextunabhängig
schwer teilbar mit Dritten	einfach an Dritte transferierbar

Fallstudie „Implizites Wissen in der Endkontrolle von Zahnbohrern"
Die Turbinen von Zahnbohrern erreichen eine Umdrehungszahl von 100.000 bis knapp 450.000 Umdrehungen pro Minute. Deshalb können kleinste Unwuchten nicht toleriert werden. Die Endkontrolle nach Fertigstellung der Zahnbohrer findet durch erfahrene Meister statt: Aufgrund ihres Erfahrungswissens können sie hören, ob ein Bohrer den notwendigen Qualitätsanforderungen entspricht.
   Dieses Wissen ist technisch nicht durch Messinstrumente explizierbar. Es kann auch nicht einfach erklärt werden. Außerdem lässt es sich nur durch Erfahrung erwerben. Es ist also „sticky" (klebrig) – es klebt an seinem Wissensträger und verlässt mit ihm das Unternehmen.

Tabelle 6.3 zeigt Beispiele für explizites und implizites Wissen auf individueller und kollektiver Ebene im Projektkontext.

Mögliche weitere Kategorisierungen
Diese vier Wissensarten werden häufig weiter kategorisiert, was wir angemessen knapp tun wollen:

- **Prozedurales Wissen** umfasst feste Vorgehensweisen oder Strategien und entspricht dem Know-how.
- **Erfahrungswissen** ist das durch die Sinneswahrnehmung gewonnene Wissen, welches in eine bestimmte Situation eingebettet ist; es ist resistenter gegen das Vergessen als reines Wortwissen.

Tab. 6.3. Beispiele für implizites und explizites Wissen in Projekten (nach Schindler 2001, S. 31).

	Individualebene	Teamebene	Organisationsebene	Interorganisationale Ebene
explizites Wissen	Fakten über Kunden, Schriftwechsel	kollektives Teamwissen, kodifiziert, z. B. in Projektdokumenten	Handbücher, z. B. zum Projektmanagement	Projektverträge, Absprachen mit Kunden im Projekt
implizites Wissen	persönliche Einstellung gegenüber den Teamkollegen oder der Projektleitung	gemeinsame Werte und Normen der Projektkultur	von teamfremden Organisationsmitgliedern wahrgenommener Projektauftritt	Formen des Umgangs in der Zusammenarbeit bei der Projektdurchführung

- **Deklaratives, faktisches Wissen** repräsentiert Kenntnisse über die Realität und hält feststehende Tatsachen, Gesetzmäßigkeiten sowie bestimmte Sachverhalte fest (Know-that).
- **Statistisches Wissen** entspricht dem Wissen, welches aus Fallsammlungen stammt.
- **Kausales Wissen** stellt Wissen dar, in welchem Beweggründe und Ursachen festgehalten werden (Know-why).
- **Heuristisches Wissen** schreibt bestimmte Sachverhalte in Form von Regeln fest.
- **Klassifizierungs- und Dispositionswissen** repräsentiert Wissen, welches dem Wissenden ermöglicht, komplexe Gegenstände aufzuschlüsseln und bestimmte Sachverhalte richtig einzuordnen.
- **Relationenwissen** stellt Wissen dar, welches es dem Wissenden ermöglicht, Strukturen und Zusammenhänge zu sehen.

Kodifizierung von Wissen

Wissen muss in irgendeiner Form kodifiziert werden, wenn es weitergegeben werden soll. Diese Kodifizierung findet zumeist in Form von Dokumentationen statt. Dabei kommen Sprache (Texte), Zahlen sowie Grafiken zum Einsatz. Der Vorteil der Kodifizierung von Wissen liegt darin, dass vorher lediglich implizit vorhandenes Wissen nun

- allgemein zugänglich gemacht wird,
- einfach (digital) gespeichert werden kann,
- leicht weiterzugeben ist und
- einfacher mit anderem Wissen kombinierbar ist.

Daraus ergeben sich die Speicherung, die Weitergabe und die Kombination von Wissen als wichtige Aufgaben, mit denen wir uns insbesondere in den Kapiteln 6.3.2 und 6.4 befassen werden.

Problematisch bei der Kodifizierung von Wissen ist, dass dabei Wissensbestandteile des impliziten Wissens verloren gehen, die insbesondere mit den Erfahrungen und dem Kontextwissen des jeweiligen Wissensträgers in Zusammenhang stehen. Zudem ist die Darstellung in Sprache, Zahlen und Grafiken immer auch eine Quelle für Fehler und Missverständnisse. Kodifiziertes Wissen ist also nicht mehr so reichhaltig wie das ursprüngliche, implizite Wissen. In Kasper u. a. (2010, S. 367 ff.) wird dies als „thinning knowledge" – also als Ausdünnung des Wissens – bezeichnet. Es wird zwischen drei Arten der Kodifizierung von Wissen unterschieden (siehe Tabelle 6.4).

Tab. 6.4. Arten der Kodifizierung von Wissen (in Anlehnung an Kasper u. a. 2010, S. 377).

	Methodisches Vorgehen	Beispiel	Mögliche Komponenten einer ESS
topografisch	Spezifikation, wo sich welches Wissen befindet, statt Dokumentation des Wissens	Mitarbeiterverzeichnisse mit Zusatzinformationen über Kenntnisse etc.	Profilseiten, sogenannte „Yellow Pages"
statistisch	Reduzierung des Wissens auf Zahlen	Balanced Scorecard	Integration eines Business-Intelligence-Systems
grafisch-visuell	Reduzierung des Wissens in Grafiken	Balkendiagramme etc.	Tag-Clouds

Im weiteren Verlauf werden wir ausschließlich individuelles und kollektives Wissen betrachten, das implizit oder explizit verfügbar ist. Dabei mag es sein, dass sich dieses Wissen einer der obigen Kategorien zusätzlich zuordnen lässt, was aber grundsätzlich nicht von Relevanz für das Wissensmanagement ist.

6.2.2 Wissensmanagement

Auch bezüglich der Definition von Wissensmanagement wollen wir auf den bereits erwähnten *European Guide to good Practice in Knowledge Management* zurückgreifen:

„Knowledge Management is the management of activities and processes for leveraging knowledge to enhance competitiveness through better use and creation of individual and collective knowledge resources." (CEN 2004, S. 6)

Die Definition für Wissensmanagement fokussiert auf ein wissensorientiertes Management von Aktivitäten und (Geschäfts-)Prozessen in Unternehmen, um die verschiedenen Wissensarten wirksam für die Verbesserung der Wettbewerbsfähigkeit einsetzen zu können.

Merkmale des Wissensmanagements sind nach Riempp (2004, S. 76):

1. Wissensmanagement ist ein systematisches Vorgehen zur Erreichung betrieblicher Ziele, wie Gewinnsteigerung, Kostensenkung, Erhöhung von Marktanteilen, durch die Optimierung der Nutzung von Wissen.
2. Dazu wird Wissen systematisch durch Mitarbeiter identifiziert, gespeichert, erzeugt, erworben, ausgetauscht und genutzt.
3. Die zugehörigen Maßnahmen werden systematisch geplant, gesteuert und kontrolliert.
4. Primäres Handlungsfeld von Wissensmanagement sind Menschen und deren Fähigkeiten/Kompetenzen, die Kommunikation und Zusammenarbeit dieser Menschen, die sie umgebende Kultur sowie unterstützende IT-Systeme.

6.3 Ansätze des Wissensmanagements

Mit Alvesson und Kärreman (2001, S. 995 ff.) wollen wir grundsätzlich zwei verschiedene Ansätze des Wissensmanagements unterscheiden: den verhaltensorientierten und den technologischen Ansatz, wie auch in Abbildung 6.2 dargestellt (vgl. dazu auch Hislop 2013, S. 62 ff. sowie Lehner 2014, S. 40 f.). Die Verbindung beider Ansätze führt zum integrierten bzw. integrativen Ansatz des Wissensmanagements.

– **Verhaltensorientierter Ansatz:** Dieser Ansatz stellt den Menschen als den eigentlichen Wissensträger in den Vordergrund: Wie entsteht Wissen und wie kann es zwischen Menschen weitergegeben werden?
– **Technologischer Ansatz:** Dieser Ansatz stellt technische Lösungen für das Wissensmanagement in den Vordergrund. Hier geht es v. a. um IT-Lösungen für das Wissensmanagement.
– **Integrativer Ansatz:** Integriert man verhaltens- und technologische Ansätze, ergibt sich ein ganzheitlicher, integrierter Ansatz, der darauf fokussiert, das Wissenspotenzial der Mitarbeiter durch Werkzeuge zu unterstützen und für das Unternehmen fruchtbar zu machen.

Betrachten wir Abbildung 6.2 genauer, dann sehen wir, dass wir es auch hier wieder mit den Unterschieden zwischen Enterprise 1.0 und Enterprise 2.0 zu tun haben: Die linke Spalte der Matrix zeigt den bei Enterprise 2.0 vorausgesetzten Managementstil. Die rechte Spalte hingegen zeigt den für Enterprise 1.0 typischen Managementstil.

Wir wollen nachfolgend die einzelnen Ansätze des Wissensmanagements etwas genauer betrachten.

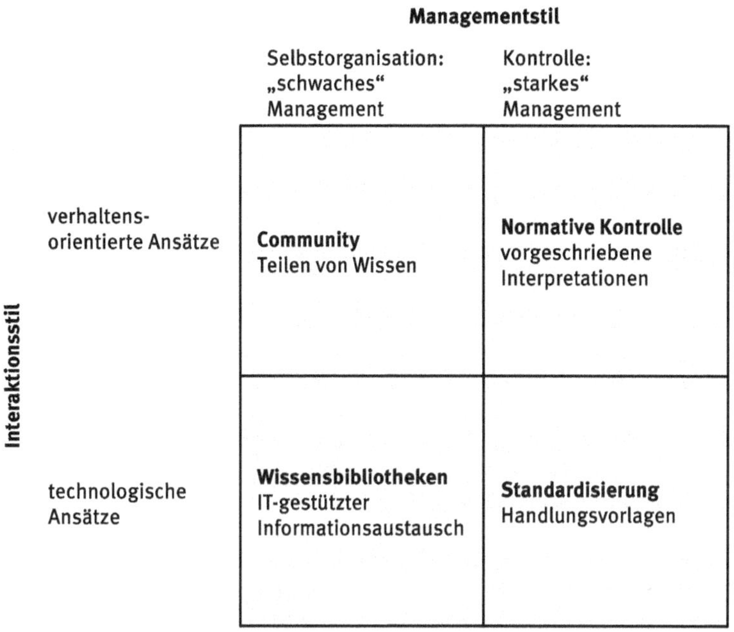

Managementstil

	Selbstorganisation: „schwaches" Management	Kontrolle: „starkes" Management
verhaltens-orientierte Ansätze	**Community** Teilen von Wissen	**Normative Kontrolle** vorgeschriebene Interpretationen
technologische Ansätze	**Wissensbibliotheken** IT-gestützter Informationsaustausch	**Standardisierung** Handlungsvorlagen

Interaktionsstil

Abb. 6.2. Arten des Wissensmanagements (in Anlehnung an Alvesson und Kärreman 2001, S. 995 ff. sowie Hislop 2013, S. 63).

6.3.1 Technologische Ansätze

Technologische Ansätze stellen nach Lehner (2014, S. 40) darauf ab, Konzepte für die technische Realisierung von Wissensmanagementsystemen im Sinne von Software-systemen zu entwickeln. Maier (2007) versteht Wissensmanagement beispielsweise hauptsächlich als ein technisches System, das mittels IT (ICT – Information and Communication Technology) die notwendigen Funktionalitäten für die technische Speicherung, Verteilung und Nutzung des Wissens zur Verfügung stellt.

> A knowlegde management system (KMS) is an ICT system in the sense of an application system or an ICT platform that combines and integrates functions for the contextualized handling of both, explicit and tacit knowledge, throughout the organization or that part of the organization that is targeted by a KM initiative. A KMS offers integrated services to deploy KM instruments for networks of participants, i.e. active knowledge workers, in knowledge-intensive business processes along the entire knowledge life cycle. Ultimate aim of KMS is to support the dynamics of organizational learning and organizational effectiveness. (Maier 2007, S. 86)

Technologische Ansätze vertreten auch Bodendorf (2003), Hüttenegger (2006), Meier (2015).

Wissenschaftshistorisch ist ein technologische Ansatz typisch für Vertreter der Informatik. Sie verstehen unter Wissensmanagement hauptsächlich die Anwendung von Informationstechniken wie Data-Mining, Text-Mining, Künstliche Intelligenz, Semantic Web etc. Für sie ist Wissen etwas, das in Form von Daten digital erzeugt, gespeichert, gelöscht, verändert und weitergegeben werden kann. Diese technologische Sichtweise war typisch für die 1990er-Jahre, als beispielsweise die Groupware „Lotus Notes" als Wissensmanagementsystem vertrieben wurde. Die Erfahrung zeigte aber, dass derartige Datenbanklösungen lediglich als Wissenssilos fungieren, die kaum genutzt werden. Werden sie nicht durch verhaltensorientierte Maßnahmen ergänzt, sind sie nur von geringem Wert für die Mitarbeiter. Ein Beispiel dafür findet sich bei Schütt (2000).

! **Fallstudie „Wissensmanagement bei IBM: von der Datenbank zur ganzheitlichen Lösung"**
Schütt schildert, wie in den 1990er-Jahren bei IBM mit dem Aufbau des Wissensmanagements begonnen wurde. Ausgangspunkt des Wissensmanagements bei IBM war damals ein stark technologisch ausgerichteter Ansatz auf Basis einer Wissensdatenbank. Diese Wissensdatenbank wurde mit der Groupware „Lotus Notes" entwickelt und unternehmensintern als „ICM Tool" bezeichnet. „ICM" steht dabei für „Intellectual Capital Management", ein etwas aus der Mode gekommener Begriff für Wissensmanagement, der darauf abzielt, dass es sich bei Wissen um ökonomisch relevantes (und weitgehend bewertbares) geistiges Unternehmenskapital handelt.

Schütt (2000, S. 8 ff.) schildert, wie dieser erste Ansatz aufgrund mangelnder Akzeptanz schon nach kurzer Zeit in der Erkenntnis mündete, dass er durch organisatorische und verhaltensorientierte Maßnahmen ergänzt werden musste:

„[…] Nun machte man erst einmal Hausaufgaben. Mit einer detaillierten Studie wurden die wirklichen Bedürfnisse des Unternehmens und der Mitarbeiter im Hinblick auf eine Verbesserung des Wissensaustausches herausgearbeitet und die Wirtschaftlichkeit eines möglichen Wissensmanagement-Programms abgeschätzt.
[…]
    Die einzelnen Bausteine des ICM-Programmes sind:
–   die Organisation mit der Definition von Aufgaben, Rollen und Verantwortungen
–   der Prozess, der die Qualität des auszutauschenden Wissens gewährleisten muss und betont innovationsfördernd aufgesetzt ist
–   die Technologie, die eine unterstützende Funktion hat und zur Kommunikation und Bereitstellung dient

Darüber hinaus wurden Anreizsysteme zum systematischen Austausch von Wissen und natürlich Messgrößen für den Erfolg des Programms definiert. Wichtig ist auch die gegenseitige Vorbildfunktion: Zum einen ist das (höhere) Management gefordert, nicht nur als Sponsor im finanziellen Sinne aufzutreten, sondern auch als wesentlicher Eckpfeiler der Mitarbeitermotivation. Zum anderen gilt für die Mitarbeiter, gegenüber den Kollegen als Vorbild zu agieren und wichtige Wissensbeiträge zu leisten.

Der zweite Start auf der Basis dieses Rahmenwerks begann mit dem Aufbau von zunächst drei Wissensnetzwerken – mittlerweile sind es fünfzig. Ein zentrales Team sorgte von Anfang an für eine einheitliche Lösung innerhalb von IBM Global Services, indem es die weltweite Einführung des Rahmenwerks organisierte und die IT-Werkzeuge zentral entwickelte."

Einen integrierenden Ansatz im Spannungsfeld zwischen menschlichen Wissensträgern, ihren wissensintensiven betrieblichen Aufgaben sowie der dabei verwendeten

IT vertritt die Fachdisziplin der Wirtschaftsinformatik, wie wir in Kapitel 6.3.3 sehen werden. Erst dieser Sichtweise gelingt es, den technologischen Ansatz mit dem nachfolgend erläuterten verhaltensorientierten Ansatz zu einem Gesamtmodell zu vereinen.

6.3.2 Verhaltensorientierter Ansatz – SECI-Modell nach Nonaka und Takeuchi

Explizites Wissen ist in Form von Produktimitaten leicht zu kopieren. Dennoch sind die Kopien am Anfang vielfach schlechter als das Original. Das hat mit dem mangelnden impliziten Wissen über Verfahrens- und Geschäftsprozesse, Materialeigenschaften etc. zu tun. Dieses implizite Wissen ist nicht einfach kopierbar. Dennoch muss ein Unternehmen sicherstellen, dass es durch Mitarbeiterfluktuation nicht gezwungen wird, Dinge, die es bereits beherrschte, ständig neu erlernen zu müssen. Hierfür stellt das SECI-Modell von Nonaka und Takeuchi (1997) einen verhaltensorientierten Ansatz dar. Anhand von Abbildung 6.3 wollen wir dieses Modell genauer betrachten. Tabelle 6.5 fasst das SECI-Modell nochmals zusammen.

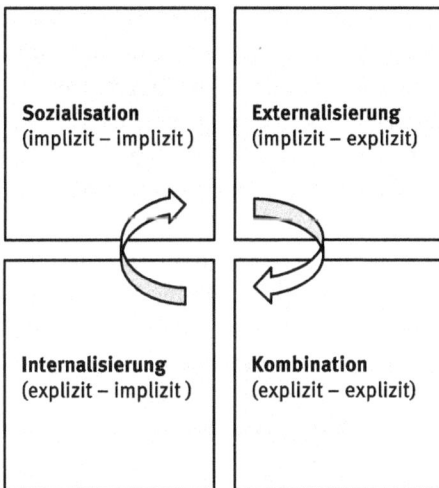

Abb. 6.3. SECI-Modell (nach Nonaka und Takeuchi 1997, S. 84).

– **Sozialisation: implizit → implizit:** Den Schlüssel zum Erwerb von implizitem Wissen bildet die Erfahrung. Dies bedeutet, dass ein Mensch auch ohne Sprache unmittelbar implizites Wissen von anderen Menschen erwerben kann. Wichtig ist hierbei der Erfahrungsaustausch, wie das folgende Beispiel aus Nonaka (1991, S. 96 ff.) zur Erfindung des Brotbackautomaten zeigt: Ein zentrales Problem bei der Entwicklung des Brotbackautomaten in den späten 1980er-Jahren stellte die

Mechanisierung des Teigknetens dar. Da der Knetprozess zum implizierten Wissensvorrat des Bäckermeisters gehörte, beschloss man, den gekneteten Teig eines Bäckermeisters mit dem eines Automaten mittels Röntgenaufnahmen zu vergleichen. Man stellte große Unterschiede in den beiden Teigen fest und so gingen die Ingenieure des Brotbackautomaten in die Lehre bei einem Bäckermeister. Beim Beobachten des Bäckermeisters bemerkten sie, dass dieser den Teig nicht nur dehnte, sondern ihn auch drehte. Durch Beobachtung, Nachahmung und Übung konnte eine Lösung für das Problem gefunden werden. Zusammenfassend lässt sich sagen, dass sich implizites Wissen durch den Erfahrungsaustausch in ein verändertes implizites Wissen verwandelt.

– **Externalisierung: implizit → explizit**: Implizites Wissen, das bereits durch Sozialisation erworben wurde, wird hier in explizites Wissen umgewandelt. Die bildliche Sprache (wie etwa Metaphern, Hypothesen oder Konzepte) spielt hier die entscheidende Rolle. Es werden Metaphern gesucht und anschließend mit dem bereits bekannten Wissen verglichen. Dies kann zu einer Doppeldeutigkeit führen, die wiederum Reflexion und Interaktion fördern kann. Somit besteht die Möglichkeit, neues Wissen entstehen zu lassen.

– **Kombination: explizit → explizit**: Verschiedene Bereiche von explizitem Wissen sollen miteinander verbunden werden, um so neues explizites Wissen zu schaffen. Wissen wird innerhalb und außerhalb eines Unternehmens gesammelt und anschließend kombiniert, editiert oder verarbeitet. Durch diesen Prozess kann eine komplexe und systemische Form von Wissen erzeugt werden. Als Beispiel können hier bestimmte Technologien genannt werden, die erfolgreich auf neue Anwendungsbereiche transferiert werden. Wichtig ist hier, dass diese Technologien auch dokumentiert sind.

– **Internalisierung: explizit → implizit**: Explizites Wissen wird in implizites Wissen umgewandelt. Die individuellen Erfahrungen, die bereits im Zuge der drei vorigen Arten der Wissensumwandlung gemacht wurden, werden hier nochmals durch eine intensive Auseinandersetzung verarbeitet. Durch eine ständige Anwendung des expliziten Wissens geht dieses sozusagen in tägliche Handlungen ein und wird so zur Gewohnheit. Am Ende des Prozesses steht somit wieder implizites Wissen, diesmal jedoch in einer neuen, verbesserten Form. Der Wissensgenerierungsprozess beginnt von Neuem.

Um dieses Modell richtig zu verstehen, muss man sich klar machen, dass für ein Unternehmen nur dann innovatives Wissen geschaffen werden kann, wenn das im SECI-Modell entstehende Wissen in die unterschiedlichen Organisationsebenen des Unternehmens kommuniziert und damit zum Wissen der Organisation (organisatorisches Wissen) gemacht wird. Dieses Wissen kann gegebenenfalls auch mit Geschäftspartnern im Rahmen unternehmensübergreifender Wertschöpfungsaktivitäten geteilt werden, wie Abbildung 6.4 zeigt. Dabei werden zwei Dimensionen unterschieden:

Tab. 6.5. SECI-Modell: Übersicht des Wissenstransfers (in Anlehnung an Hislop 2013, S. 109).

	Sozialisation	Externalisierung	Kombination	Internalisierung
Art des Transfers	implizit → implizit	implizit → explizit	explizit → explizit	explizit → implizit
Ebene des Transfers	Individuum → Individuum	Individuum → Gruppe	Gruppe → Organisation	Organisation → Individuum
Beispiel	Ein neues Teammitglied erwirbt implizites Wissen von anderen Teammitgliedern durch Gespräche, Beobachtungen etc.	Ein Mitarbeiter kann sein implizites Wissen explizieren, indem er z. B. anderen Kollegen etwas erklärt oder mit ihnen diskutiert.	Teammitglieder verschiedener Fachrichtungen erarbeiten gemeinsam eine Lösung, indem sie ihre unterschiedlichen Wissensdomänen miteinander kombinieren.	Mitarbeiter wenden ihr erlerntes Wissen bei ihrer Aufgabenerfüllung an und gewinnen dadurch Routine.

- **Epistemologische Dimension**: Die Epistemologie – auch Erkenntnistheorie – beschreibt die verschiedenen Arten von Wissen. Das SECI-Modell (siehe Abbildung 6.3) erklärt den Prozess der Umwandlung zwischen implizitem und explizitem Wissen.
- **Ontologische Dimension**: Die Ontologie ist die Lehre vom Sein. Sie befasst sich mit den Ordnungs-, Begriffs- und Wesensbestimmungen des Seienden und charakterisiert die Schichten der Wissensentstehung, vom Individuum über Projekte und Abteilungen bis hin zur Zusammenarbeit zwischen Unternehmen.

Abbildung 6.4 zeigt die Verknüpfung des Wissensentstehungsprozesses (epistomologische Dimension) mit den unterschiedlichen Organisationsebenen (ontologische Dimension), auf denen Wissen transferiert werden kann. Wir können daraus folgern, dass nach Nonaka und Takeuchi (1997) zuerst das implizite Wissen der Mitarbeiter im Sinne des SECI-Modells in Abbildung 6.3 aktiviert werden muss. Das Wissen wird auf diese Art und Weise zunächst gefestigt und anschließend auf verschiedenen Organisationsebenen verbreitet (ontologische Dimension), wie Abbildung 6.4 zeigt. Letztlich kann es auch die Unternehmensgrenzen überschreiten.

Betrachtet man Abbildung 6.3 und Tabelle 6.5 dahingehend, wo bei den einzelnen Schritten des Wissenstransfers eine Unterstützung durch ESS möglich ist, stellt man schnell fest, dass dies fast ausschließlich auf die rechte Seite des SECI-Modells zutrifft: Es sind insbesondere die beiden Schritte der Externalisierung und Kombination, die durch Social Software sinnvoll unterstützt werden können (siehe Tabelle 6.6). Nonaka und Takeuchi (1997) bezeichnen dies als **Ba** und meinen damit den Ort, an dem der Wissenstransfer stattfindet.

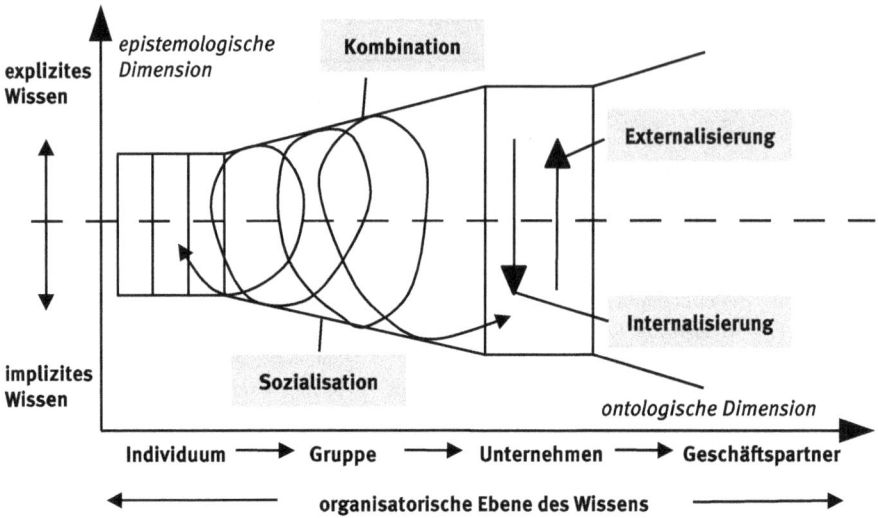

Abb. 6.4. Wissensspirale im und zwischen Unternehmen (in Anlehnung an Nonaka und Takeuchi 1997, S. 87).

Das verhaltensorientierte Wissensmanagementmodell von Nonaka und Takeuchi (1997) zeigt die Bedeutung der wissensorientierten Kommunikation und der Unternehmenskultur für intra- und interorganisationale Innovationsprozesse. Weniger bedeutend ist in diesem Modell die technologische Umsetzung. Tatsächlich aber ist die Betrachtung der technologischen Perspektive genauso wichtig, denn hierbei geht es um Fragen der konkreten Umsetzung des Wissensmanagements. Wir wollen uns deshalb im nächsten Abschnitt damit befassen, wie verhaltensorientierte und technologische Ansätze in einem integrativen Gesamtmodell zusammengeführt werden können.

Tab. 6.6. Eignung von Enterprise-Social-Software (ESS) für das SECI-Modell (eigene Darstellung).

	Sozialisation	Externalisierung	Kombination	Internalisierung
mögliche Unterstützung des Ba durch ESS	ein physischer Ort, z. B. ein Schulungsraum; kann durch ESS nur indirekt unterstützt werden	ein physischer oder virtueller Ort; kann durch ESS sehr gut unterstützt werden Beispiel: Blogs	ein physischer oder virtueller Ort; kann durch ESS sehr gut unterstützt werden Beispiel: Wikis	ein physischer Ort, z. B. der Arbeitsplatz oder eine Schulungswerkstatt; kann durch ESS nur indirekt unterstützt werden

6.3.3 Integrativer Ansatz nach Riempp

Riempp fasst die Ansätze des verhaltensorientierten und technologischen Wissensmanagements in einem integrativen Modell zum Wissenmanagement anschaulich zusammen (siehe Abbildung 6.5). Er orientiert sich dabei am PROMET-Ansatz des Business Engineerings nach Österle (1995). PROMET unterscheidet zwischen drei Modellierungsebenen im Unternehmen:

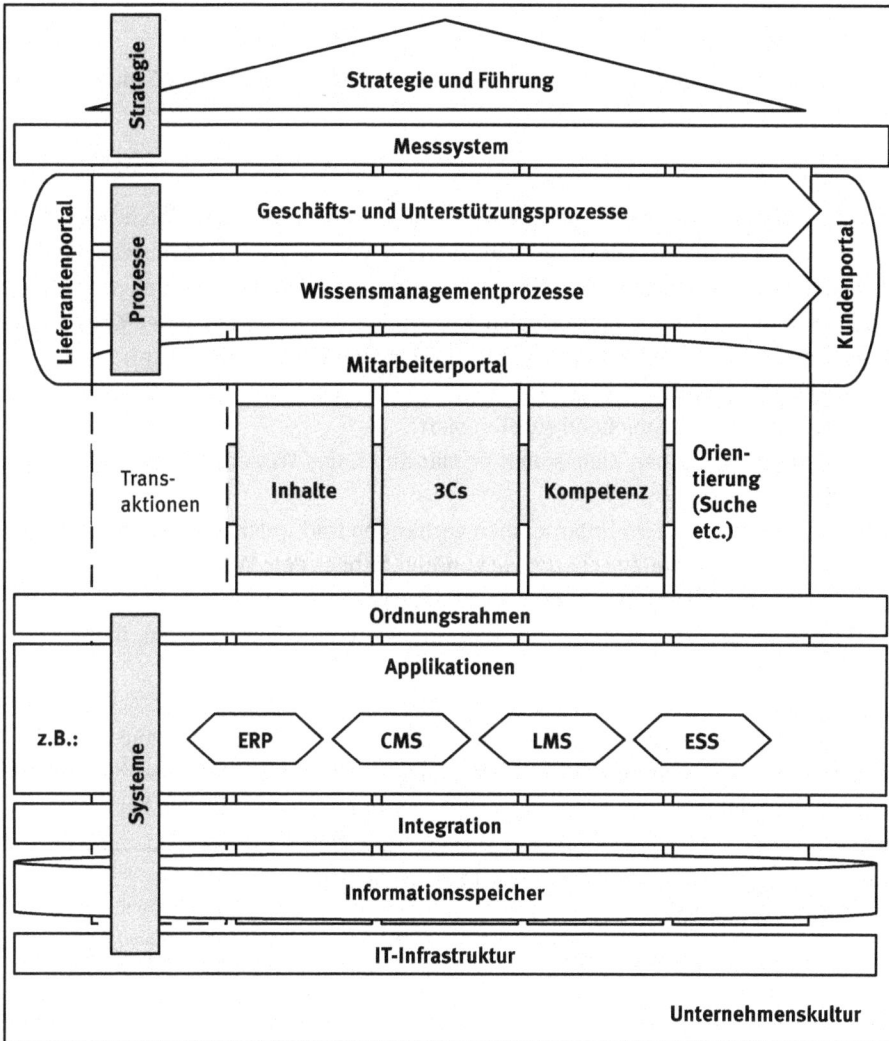

Strategie

Strategie und Führung

Messsystem

Lieferantenportal

Prozesse

Geschäfts- und Unterstützungsprozesse

Wissensmanagementprozesse

Mitarbeiterportal

Kundenportal

Trans-aktionen | Inhalte | 3Cs | Kompetenz | Orien-tierung (Suche etc.)

Ordnungsrahmen

Applikationen

z.B.: | **Systeme** | ERP | CMS | LMS | ESS

Integration

Informationsspeicher

IT-Infrastruktur

Unternehmenskultur

Abb. 6.5. Integratives Wissensmanagement (in Anlehnung an Riempp 2004, S. 126).

–   **Strategie:** Die Ebene der Geschäftsstrategie definiert unternehmenspolitische Entscheidungen von grundsätzlichem Charakter für das Unternehmen, wie strategische Allianzen, Geschäftsfelder.
–   **Prozesse:** Die Prozessebene bestimmt die organisatorischen Einheiten (Abteilungen, Teams etc.), die Prozessleistungen, die Tätigkeiten, Inputs, Outputs etc. Diese Ebene spiegelt die Idee von Geschäftsprozessen und ihrer Modellierung in (erweiterten) ereignisgesteuerten Prozessketten wider.
–   **Systeme:** Auf dieser Ebene befinden sich alle IT-Systeme, die der Umsetzung bzw. Unterstützung von Prozessen und Strategien dienen.

Alle drei Ebenen finden sich in Abb. 6.5 und werden nachfolgend eingehend erläutert:

Strategie

Auf der strategischen Ebene wird zum einen die Wissensmanagementstrategie festgelegt. Zum anderen wird sichergestellt, dass die Wissensmanagementstrategie dem Erreichen der Geschäftsstrategie dient. Eine Strategie definiert Maßnahmen zur langfristigen Erfolgssicherung eines Unternehmens. Für die Erstellung einer Wissensmanagementstrategie sind nach North (2005, S. 253) vier Leitfragen relevant:

1.   Sind die Stakeholder bzgl. der Bedeutung der Ressource Wissen für den Unternehmenserfolg ausreichend sensibilisiert?
2.   Welche strategischen Ziele sollen primär durch das Wissensmanagement unterstützt werden?
3.   Welches Wissen ist im Unternehmen vorhanden und welches Wissen wird für die Umsetzung der strategischen Ziele benötigt (gibt es eine Wissensbilanz)?
4.   Wie wird mit Wissen im Unternehmen umgegangen?
5.   Wie sollte das Unternehmen gestaltet und weiterentwickelt werden, damit es im Wissenswettbewerb besteht?

Strategien ohne Erfolgskontrolle sind nicht sinnvoll. Auf der Strategiebene findet deshalb durch das Wissenscontrolling die Messung des Erfolgs statt. Wir werden uns für den Fall der Wissenscommunitys in Kapitel 7.4 damit noch ausführlich befassen.

ℹ **Fallstudie „Integratives Wissensmanagement: Ebene der Strategie"**
Wie schafft es ein deutsches Unternehmen am Rande der strukturschwachen Schwäbischen Alb, auf dem Markt der Industriewaagen Marktführer zu sein? Die Antwort lautet: Waagen sind nicht gleich Waagen. Tatsächlich bietet der schwäbische Marktführer intelligente Waagen an, die z. B. den Verkäufer hinter der Fleischtheke darüber informieren können, welche Nährwerte das gewogene Produkt aufweist oder welche Kochrezepte es dazu gibt. Das ist nur ein kleines Beispiel für die „intelligenten" Waagen des schwäbischen Herstellers. Diese Unternehmensstrategie spiegelt sich in der Wissensstrategie wider: Da die Mitarbeiter – gerade auch die weltweit tätigen Servicetechniker – immer mehr Wissen über die immer komplexeren Produkte besitzen müssen, hat sich das Unternehmen dazu ent-

schieden, große Teile der Schulung zukünftig in Form von E-Learning durchzuführen, um eine aktuelle, qualitativ hochwertige und standardisierte Weiterbildung sicherzustellen.

Prozesse

Auf der Geschäftsprozessebene werden die Prozesse des Wissensmanagements definiert und in die (Kern-)Geschäftsprozesse des Unternehmens integriert. Hier geht es zum einen um die Festlegung von Kenngrößen zur Erfolgsmessung des Wissensmanagements. Zum anderen werden organisatorische Rollen definiert, die für eine erfolgreiche Umsetzung der Wissensmanagementstrategie notwendig sind.

Fallstudie „Integratives Wissensmanagement: Ebene der Prozesse"
Die Umsetzung der E-Learning-Strategie erfolgt durch eine Einbettung von E-Learning-Schulungsmaßnahmen in die Geschäftsprozesse des Weiterbildungs- und Trainingsbereichs. Dazu gehören unterstützende Maßnahmen wie Entwicklung des E-Learning-Materials, Sicherstellung der Rechnerressourcen für die Mitarbeiter etc.

Systeme

Die Ebene der Informationssysteme modelliert, welche IT-Systeme grundsätzlich zur Umsetzung der Maßnahmen der zu implementierenden Wissensmanagementstrategie notwendig sind. Dabei unterscheidet Riempp (2004, S. 126 ff) fünf Säulen:

1. **Transaktionen:** Diese Säule fasst die Funktionen zusammen, die bei der Aufgabenerfüllung typischerweise benötigt werden, wie Buchungen, Zahlungen etc. Typische IT-Systeme sind hier geschäftsprozessübergreifende Enterprise-Resource-Planing-Systeme (ERP-Systeme). Da diese Funktionen nicht Teil des Wissensmanagementansatzes sind, ist die Säule in Abbildung 6.5 gestrichelt dargestellt.
2. **Inhalte:** Hier werden Content-Management-Systeme (CMS) eingesetzt.
3. **3-C-Modell:** Hier kommen Gropuware-Lösungen, wie Social Software zum Einsatz.
4. **Kompetenz:** Für den Erwerb und Erhalt von Kompetenzen bei den Mitarbeitern können Learning-Management-Systeme (LMS) eingesetzt werden.
5. **Orientierung:** Hier bieten sich ESS-Lösungen als integrierende Portale an.

Verschiedene **Applikationen** stellen die Anwendungssoftware der einzelnen Säulen bereit (siehe Abbildung 6.5). Darunter liegen Datenbanken, die als **integrierte Informationsspeicher** dienen.

„Im Falle von vielen Mitarbeitern, umfänglichen Inhalten und zahlreichen Räumen der Zusammenarbeit ist ein Ordnungssystem notwendig, um Übersichtlichkeit und Benutzungskomfort erhalten zu können" (Riempp 2004, S. 126). Damit wird ein gemeinsames begriffliches Ordnungssystem zur Klassifizierung und Interpretation des Wissens geschaffen. Einen solchen **Ordnungsrahmen** ermöglichen ESS-

Lösungen durch die bereits erläuterte Funktionseigenschaft der „Tags" im Sinne der SLATES-Prinzipien (siehe Kapitel 2.3).

Die Bedeutung der **Kultur** eines Unternehmens für den Erfolg des Wissensmanagements wurde bereits bei der Betrachtung der sozioökonomischen Merkmale von Enterprise 2.0 behandelt (siehe Tabelle 2.4).

---

i **Fallstudie „Integratives Wissensmanagement: Ebene der Systeme"**
Zur Umsetzung der neuen Wissensprozesse wird ein Learning Management System (LMS) eingeführt. Weitere Aufgaben auf dieser Ebene sind die Auswahl und Einführung von Autorenwerkzeugen zur Erstellung von E-Learning-Inhalten, die Analyse und die Anpassung der Bandbreite der Kommunikationsnetzwerke im Unternehmen für multimediale Inhalte etc.

6.4 Aufgaben des Wissensmanagements

Betrachten wir die drei Ebenen im integrierten Wissensmanagementmodell (siehe Abbildung 6.5), dann können wir verschiedene Aufgaben identifizieren, die sich nach Probst u. a. (2012, S. 29 ff.) wie folgt darstellen lassen:

1. **Aufgaben auf der strategischen Ebene**: Auf der strategischen Ebene des integrierten Wissensmanagementmodells geht es zunächst um die Definition der Wissensziele. Der Zielbeitrag des Wissensmanagements für den strategischen Unternehmenserfolg muss außerdem laufend bewertet werden. Aus der Bewertung ergeben sich möglicherweise Anpassungen bei den Wissenszielen und/oder auf der Prozess- bzw. Systemebene.

2. **Aufgaben auf der Prozessebene**: Auf der Prozessebene des integrierten Wissensmanagementmodells geht es um die eigentlichen Kernaufgaben, die wir anhand von Abbildung 6.6 (Probst u. a. 2012, S. 34) betrachten wollen.
   - Die **Wissensidentifikation** soll Klarheit darüber verschaffen, welches Wissen im Unternehmen vorhanden ist und welches Wissen möglicherweise noch fehlt.
   - Der **Wissenserwerb** dient der Erschließung von Wissensquellen zur Schließung der relevanten Wissenslücken.
   - Die **Wissensentwicklung** hat die Aufgabe, neues Wissen im Unternehmen gezielt zu entwickeln, das für die Zielerreichung relevant ist. Hier sehen wir einen deutlichen Bezug zum Innovationsmanagement, wie wir es in Kapitel 5 besprochen haben.
   - Aufgabe der **Wissensverteilung** ist es, das Wissen zielgerichtet den Mitarbeitern für ihre Aufgabenerfüllung zur Verfügung zu stellen.
   - Die **Wissensnutzung** soll sicherstellen, dass die Mitarbeiter ausreichend motiviert sind, um die zur Verfügung gestellten Wissensquellen auch tatsächlich zu nutzen.

- Die **Wissensbewahrung** beschäftigt sich mit dem Problem, dass Wissen auch unbeabsichtigt verlernt oder vergessen werden kann. Dies ist z. B. ein typisches Problem bei Projekterfahrungswissen, da meistens nach Abschluss eines Projekts keine systematische Identifikation und Bewahrung des gelernten Wissens stattfindet.
3. **Aufgaben auf der Systemebene**: Die Aufgaben auf der Systemebene sind nicht wissensspezifisch. Vielmehr handelt es sich hierbei um die typischen operativen Tätigkeiten des Informationsmanagements, wie z. B. Systemauswahl etc.

Probst u. a. (2012, S. 30 ff.) sprechen bei diesen Aufgaben auch von den **Kernprozessen bzw. Bausteinen des Wissensmanagements**, die sie grafisch entsprechend Abbildung 6.6 zueinander in Beziehung setzen. Die gestrichelten Linien stellen dabei mögliche Querbezüge zwischen den Aufgaben dar, die typischerweise in einer logischen Ablaufreihenfolge stehen, die durch die Richtungspfeile dargestellt ist.

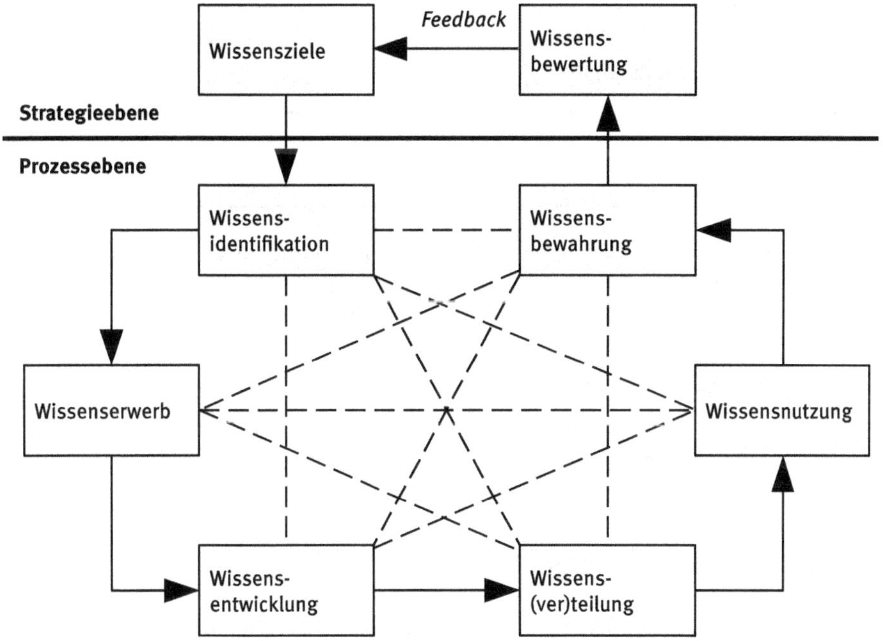

Abb. 6.6. Aufgaben des Wissensmanagements (in Anlehnung an Probst u. a. 2012, S. 34).

6.5 Methoden und Werkzeuge des Wissensmanagements

Die Aufgaben auf den einzelnen Ebenen des integrierten Wissensmanagementmodells müssen mithilfe von Methoden geplant, organisiert und kontrolliert werden. Wie in Kapitel 6.2.1 erläutert, gibt es verschiedene Arten von Wissen. Einen wichtigen Aspekt stellt dabei die Externalisierung des impliziten Wissens dar, wie wir sie in Kapitel 6.3.2 anhand des SECI-Modells diskutiert haben. Wissen muss dazu kodifiziert werden. In Tabelle 6.4 hatten wir drei mögliche Arten kennengelernt. In diesem Abschnitt wollen wir uns mit der Frage befassen, welche Methoden sich für Externalisierung und Kodifizierung eignen.

! Als **Methoden** bezeichnet man gemeinhin strukturierte Handlungsanweisungen, die es ermöglichen, ein komplexes Problem planmäßig und zielgerichtet zu lösen.

Dabei sind Methoden immer auf eine oder mehrere Problemklassen anwendbar. Für die Zuordnung einer Methode des Wissensmanagements zu einer Problemklasse bietet sich die Systematik der Aufgaben auf den einzelnen Ebenen des integrierten Wissensmanagementmodells an.

! Wird die Umsetzung von Methoden durch Hilfsmittel gestützt, bezeichnet man diese Hilfsmittel als **Werkzeuge**.

Werkzeuge finden sich im integrierten Wissensmanagement v. a. auf der Systemebene. Hier kommen IT-Systeme als Werkzeuge zur Umsetzung der Methoden des Wissensmanagements zum Einsatz.

Die nachfolgend vorgestellte Sammlung von Methoden des Wissensmanagements ist nicht erschöpfend. Tatsächlich ist es unmöglich, eine vollständige Aufstellung aller Methoden anzufertigen, die im Zusammenhang von Wissensmanagement in der Fachliteratur thematisiert werden.

6.5.1 Methoden auf der Strategieebene

Die Methoden auf der Strategieebene unterscheiden sich dahingehend, ob sie für die Formulierung oder die Bewertung von Wissenszielen genutzt werden können.

Methoden für die Formulierung von Wissenszielen
Nach Lehner (2014, S. 201 ff.) lassen sich folgende Methoden für die **strategische Planung** ausmachen:

- **Wissensintensitätsportfolio**: Nach North (2005, S. 21 ff.) spiegelt die Wissensintensität „den Wissensanteil im Wertschöpfungsprozess wider". Dies lässt sich in einer Wissensintensitätsmatrix darstellen, aus der sich grob ableiten lässt, wo das Unternehmen möglichen Handlungsbedarf im Bereich Wissensmanagement hat.
- **Wissensmanagementportfolio**: Ein Wissensmanagementprofil stellt den Umgang des Unternehmens mit Wissen dar. Dazu können semantische Profile als Werkzeuge verwendet werden, die visualisieren, wie stark oder schwach das Unternehmen auf den drei Ebenen des integrierten Wissensmanagementmodells ist.
- **Knowledge-Asset-Road-Map**: In einer Knowledge-Asset-Road-Map werden die Ziele des Wissensmanagements sowie die dafür relevanten Umsetzungsmaßnahmen auf Prozess- und Systemebene entlang einer Zeitachse geplant. Eine solche Road-Map zeigt damit grafisch auf, welche strategischen Ziele wann und mithilfe welcher Methoden und Werkzeuge realisiert werden sollen.

Neben diesen speziellen Methoden – deren Verbreitung wohl eher als gering betrachtet werden muss – können natürlich auch die bekannten Methoden der strategischen Unternehmensplanung für die Ableitung einer Wissensstrategie eingesetzt werden.

Methoden für die Bewertung des Wissensmanagements

Die Messung des Erfolgs von Wissensmanagement ist naturgemäß schwierig, weil es kaum direkt zuordenbare Nutzenfaktoren gibt. Kosten des Wissensmanagements sind hingegen verhältnismäßig einfach zu erfassen und direkt zuzuordnen. Dennoch gibt es einige Methoden, die eine mehr oder weniger plausible Bewertung zulassen (vgl. hierzu v. a. Lehner 2014, S. 233). Dabei muss man unterscheiden zwischen

- Methoden, die das Wissen bewerten und
- Methoden, die den Erfolg der Aufgaben des Wissensmanagements bewerten.

Methoden zur **Wissensbewertung** versuchen, der Wissensbasis eines Unternehmens im Sinne eines intellektuellen Kapitals einen ökonomisch messbaren Wert zuzuordnen.

- Ein Beispiel sind die möglichen Einnahmen durch **Lizenzgebühren** für eine Produktinnovation.
- Eine weitere Methode sind **Wissensbilanzen** (siehe Fallstudie „Wissensbilanz – Made in Germany").

Eine typische Methode für die **Erfolgsmessung der Aufgaben des Wissensmanagements** sind **Balanced Scorecards** mit aufgabenspezifischen Perspektiven und Kennzahlen. Auf diese Weise lässt sich der Beitrag einer Wissensmanagementaufgabe zu den Geschäftszielen eines Unternehmens anhand individueller Kennzahlen kontrollieren. Wir werden in Kapitel 7.4 zudem Ansätze zur Erfolgsmessung für den wichtigen Fall der Wissenscommunitys behandeln.

i **Fallstudie „Wissensbilanz – Made in Germany"**

Wie der strategische Wert des Wissens in einem Unternehmen planmäßig und intersubjektiv nachvollziehbar erfasst, dokumentiert und bewertet werden kann, wollen wir uns anhand der Methode der Wissensbilanz verdeutlichen. Wir sehen uns dazu das Vorgehen des „Arbeitskreises Wissensbilanz" an, der u. a. vom Bundesministerium für Wirtschaft und Energie (BMWi) gefördert wird. Auf der Website des Arbeitskreises finden sich darüber hinaus weitere Fallstudien zur praktischen Anwendung der Methode.

Der Arbeitskreis stellt die Methode auf seiner Website www.akwissensbilanz.org (zuletzt abgerufen am 01.10.2015) wie folgt vor:

„Das im Pilotprojekt ‚Wissensbilanz – Made in Germany' entwickelte Verfahren zur Wissensbilanzierung konnte bisher in über 50 kleinen und mittelständischen Unternehmen (KMU) erfolgreich angewendet werden Aufbauend auf dieser erprobten Methode soll das Verfahren für mittelständische Wissensbilanz-Anwender mithilfe einer unterstützenden Software noch effizienter und nutzerfreundlicher gestaltet werden. Dazu gehören neben der verständlichen Erläuterung der Methodik und dem strukturierten Führen des Nutzers durch den unternehmensspezifischen Bilanzierungsprozess auch die einfache Datenerfassung, die Sicherstellung der Datenkonsistenz und die automatisierte Auswertung.

Die Wissensbilanz ist ein Instrument zur strukturierten Darstellung und Entwicklung des intellektuellen Kapitals eines Unternehmens. Sie zeigt die Zusammenhänge zwischen den Unternehmenszielen, den Geschäftsprozessen, dem intellektuellen Kapital sowie dem Geschäftserfolg eines Unternehmens auf. Sie entspricht dabei keiner Bilanz im finanziellen Sinne, sondern dokumentiert die Verwendung des intellektuellen Kapitals und bilanziert Zielerreichungen. Das intellektuelle Kapital, das im Mittelpunkt der Wissensbilanz steht, wird für eine bessere Strukturierung häufig in die Dimensionen Humankapital, Strukturkapital und Beziehungskapital gegliedert.

Die Wissensbilanz kann zwei Funktionen erfüllen. Zum einen kann sie zur Kommunikation gegenüber externen Bezugsgruppen, wie Kunden, Partnern und Geldgebern, eingesetzt werden, um die Leistungsfähigkeit der Organisation mit besonderem Blick auf die immateriellen Werte darzustellen. Zum anderen kann sie als Entscheidungsgrundlage für das Management zur gezielten Entwicklung des intellektuellen Kapitals fungieren. In dieser internen Funktion dient die Wissensbilanz einmal der Herstellung von Transparenz über die Stärken und Schwächen des erfolgskritischen intellektuellen Kapitals und andererseits zur systematischen Ableitung von Maßnahmen zur gezielten Organisationsentwicklung."

Die zugehörige „Wissensbilanz-Toolbox" ist ein Softwarewerkzeug, das Wissensbilanz-Anwender strukturiert durch den Prozess der Wissensbilanzierung führt und Hilfestellungen für die einzelnen Arbeitsschritte anbietet. Es kann auf der Website des Arbeitskreises heruntergeladen werden.

6.5.2 Methoden auf der Prozessebene

Für die Aufgaben des Wissensmanagements auf der Prozessebene wollen wir uns im Folgenden auf einige wenige, aber relevante Methodenbeispiele aus Kilian u. a. (2007, S. 1 ff.) sowie Davenport und Prusak (2000, S. 68 ff.) anhand der Zuordnung in Lehner (2014, S. 201) konzentrieren.

Eine einheitliche Klassifikation der Methoden des Wissensmanagements gibt es nicht. Zudem lassen sich die Methoden nicht trennscharf ausschließlich den Aufgaben des Wissensmanagements zuordnen. Viele Methoden gehören beispielsweise auch in den normalen „Methodenkoffer" eines Workshop-Moderators.

– **Lessons Learned:** Diese Methode dient dazu, anhand eines strukturierten Prozesses wesentliches Erfahrungswissen zu identifizieren, zu dokumentieren und weiterzugeben. Um „Lessons Learned" als Methode nutzen zu können, muss im Unternehmen eine positive Fehlerkultur etabliert sein, denn gerade die Betrachtung von Fehlern stellt eine wichtige Quelle für individuelles und kollektives Erfahrungswissen dar.

– **Best Practices:** Diese Methode funktioniert analog zu „Lessons Learned", konzentriert sich aber ausschließlich auf erfolgreiche Erfahrungen, mit dem Ziel der Standardisierung für das gesamte Unternehmen bzw. für die relevanten Organisationseinheiten des Unternehmens. Wichtig bei der Dokumentation ist die Sicherstellung der Übertragbarkeit der Best Practices auf andere Situationen.

– **Storytelling:** Diese Methode dient dazu, eine komplexe Situation aus verschiedenen Perspektiven aufzuarbeiten. Frenzel u. a. (2006, S. 44) bezeichnen Storytelling als eine Methode, „um Wissen auszutauschen, Möglichkeiten wahrzunehmen, Veränderungen und Entwicklungen zu fördern und Verständnis zu erzielen". Die Methode eignet sich insbesondere zur aktiven, bewussten Gestaltung der Unternehmenskultur, da viele funktionale und hierarchische Ebenen einbezogen sind.

– **Mindmapping:** Mindmaps sind eine Kombination aus Begriffen und, optional, zugehörigen Symbolen, die die visuelle Darstellung von Querbezügen zwischen einzelnen Begriffen zulassen. Sie werden in einer Baumstruktur mit Ästen und Zweigen über mehrere Ebenen dargestellt.

– **Semantische Netze:** Eng mit der Methode des Mindmappings verwandt sind semantische Netze. Während Mindmaps jedoch informale Wissensmodelle erzeugen, sind semantische Netze formale Modelle mit festgelegten Begriffen und Beziehungen. Arten von möglichen Beziehungen (auch: Relationen) sind z. B. Vererbungsbeziehungen zwischen Ober- und Unterbegriffen sowie Kausationen, die Ursache-Wirkungs-Zusammenhänge visualisieren.

– **Wissenskarten:** Wissenskarten sind grafisch aufbereitete Verzeichnisse von Wissensquellen, wie etwa Wissensträgern und -beständen (vgl. Kilian u. a. 2007, S. 235). Dafür typisch sind Wissenträgerkarten (z. B. Yellow Pages), Wissensbestandskarten (z. B. Verzeichnisse, wo welches Wissen zu finden ist), Wissenstrukturkarten (z. B. Mindmaps) und Wissensanwendungskarten (z. B. Geschäftsprozessmodelle mit den dazugehörigen Wissensbedarfen, -trägern und -beständen).

– **Community-of-Practice:** Eine Community-of-Practice (CoP) ist eine informelle soziale Gruppe im Unternehmen, aber auch unternehmensübergreifend. Die Teilnahme an der CoP ist freiwillig und interessengeleitet. Sie dient v. a. dem Austausch von Erfahrungswissen sowie der Entwicklung von Lösungen (neues Wissen) zu spezifischen Fachthemen.

In Tabelle 6.7 werden die Methoden auf der Prozessebene den einzelnen Aufgaben des Wissensmanagements zugeordnet.

Tab. 6.7. Zuordnung der Methoden zu den Wissensmanagementaufgaben (in Anlehnung an Lehner 2014, S. 201).

Wissen…	identifizieren	erwerben	entwickeln	(ver-)teilen	nutzen	bewahren
Lessons Learned	+	+	+		++	+
Best Practices	+	+	+	++	+	
Storytelling	++	+	++	++	++	+
Mindmapping	++			++	+	+
Semantische Netze	++			++	+	+
Wissenskarten	++	+	+	++	+	+
CoP	+	++	+	++	+	++

6.5.3 Werkzeuge auf der Systemebene

Werkzeuge auf der Systemebene werden v. a. von Vertretern technologischer Ansätze des Wissensmanagements thematisiert. Auch hier wollen wir uns nur einen groben Überblick verschaffen.

– **Dokumentenmanagementsystem**: Ein Dokumentenmanagementsystem (DMS) ermöglicht das Einfügen, Aktualisieren und Archivieren von nicht strukturierten Dokumenten in einer Datenbank.
– **Content-Management-System**: Ein Content-Management-System (CMS) ermöglicht die gemeinschaftliche Erstellung und Bearbeitung von sogenanntem „Content". Der Begriff des Contents umfasst neben Dokumenten (Content in Textform) auch alle anderen Arten möglicher Datenformate für multimediale Informationen im Unternehmen, also auch Bilder, Filme, Audio-Dateien, Grafiken.
– **Learning-Management-System**: Ein Learning-Management-System (LMS) dient der Verwaltung und Bereitstellung von digitalem Lernmaterial. Es ermöglicht E-Learning, also die digitale, elektronische Bereitstellung und Nutzung von Lerninhalten zur Wissensverteilung.
– **Business-Intelligence-Systeme**: Allgemein umfasst der Begriff die analytischen Konzepte, Prozesse und Werkzeuge, um Unternehmens- und Wettbewerbsdaten in konkretes Wissen für strategische Entscheidungen umzuwandeln. Es werden unternehmensinterne und -externe Daten als Quellen herangezogen. Ein BI-System umfasst dazu ein Data Warehouse. Ein Data Warehouse ist eine Da-

tenbank, die in aggregierter Form aktuelle und historische Daten speichert, die für Managemententscheidungen potenziell von Interesse sind. Teilbereiche oder deren Kopien eines Data Warehouse werden als Data Mart bezeichnet.

Neben diesen Systemen gehören zu den Werkzeugen auf der Systemebene natürlich auch die bereits in Kapitel 3 erläuterten Arten der Enterprise-Social-Software.

6.6 Übungsaufgaben

1. Grenzen Sie Wissen von Information ab.
2. Erläutern Sie die Merkmale des Wissensmanagements.
3. Erläutern Sie die unterschiedlichen Ansätze des Wissensmanagements.
4. Erläutern Sie das SECI-Modell und nennen Sie Beispiele.
5. Erläutern Sie ein praktisches Beispiel für das integrative Wissensmanagement.

6.7 Zusammenfassung

Es gibt kein einheitliches Verständnis der zwei zentralen Begriffe „Wissen" und „Wissensmanagement". Wir haben uns deshalb in diesem Kapitel darauf verständigt, dass wir unter „Wissen" grundsätzlich die für einen Aufgabenträger entscheidungsrelevanten Informationen verstehen. Zudem unterscheiden wir nur zwischen implizitem und explizitem Wissen auf individueller und kollektiver Ebene. Wissensmanagement lässt sich in verhaltensorientierte, technologische und integrative Ansätze unterteilen (siehe Abbildung 6.7).

Im weiteren Verlauf wollen wir uns auf integrative Ansätze konzentrieren. Durch Enterprise 2.0 gewinnt diese Perspektive zunehmend an Bedeutung, da durch Web 2.0, Social Software und ESS die Integration mittlerweile eine durchaus realistische Chance auf Erfolg in der betrieblichen Praxis hat. Dabei spielen Wissenscommunitys eine wichtige Rolle. Im nächsten Kapitel werden wir uns deshalb ausführlich mit den Möglichkeiten von Wissensmanagement aus der Perspektive von Enterprise 2.0 für Wissenscommunitys beschäftigen.

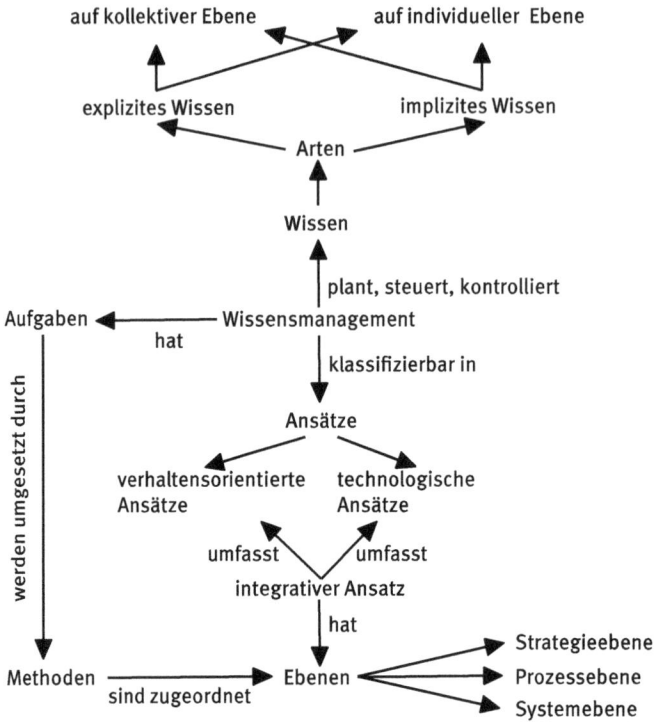

Abb. 6.7. Wissensmanagement: Zusammenfassung (eigene Darstellung).

7 Wissenscommunitys

Lernziele
- Sie lernen die Merkmale und Voraussetzungen für Wissenscommunitys kennen.
- Sie können erläutern, welche Faktoren den Erfolg einer Wissenscommunity beeinflussen.
- Sie können erläutern, welche Entwicklungsphasen eine Wissenscommunity durchläuft.
- Sie lernen drei Verfahren zur Erfolgsmessung einer Wissenscommunity kennen.

7.1 Arten und Merkmale von Gruppen

Die Zusammenarbeit in Gruppen kommt in Unternehmen auf unterschiedliche Art und Weise vor. Für uns von besonderem Interesse ist die Form der Community-of-Practice (CoP), die wir wie folgt definieren:

Eine **Community-of-Practice** ist eine Gemeinschaft von Personen, die aufgrund eines gemeinsamen Interesses oder Aufgabengebiets über formale Organisationsgrenzen hinweg miteinander interagieren (virtuell und/oder Face to Face) mit dem Ziel, Wissen in einem für das Unternehmen relevanten Themengebiet gemeinsam zu entwickeln, zu (ver-)teilen, anzuwenden und zu bewahren. (Zboralski 2007, S. 30)

CoPs sind Ziel des Wissensmanagements mit ESS. Wir werden dafür als Synonym den Begriff der Wissenscommunity verwenden und Wissenscommunitys in diesem Kapitel genauer betrachten.

Tabelle 7.1 aus Wenger und Snyder (2000, S. 142) gibt einen Überblick über die Merkmale einer CoP und darüber, wie CoP von anderen Arten der Gruppenbildung abgegrenzt werden kann.

7.2 Zum Begriff der Kollaboration in Communitys

In Kapitel 3.3 wurde der Begriff der Zusammenarbeit als Merkmal zur Klassifikation von Social Software verwendet, ohne jedoch genauer erläutert zu werden. Im Kontext von Communitys holen wir dies nach und grenzen die Begriffe „Zusammenarbeit", „Kooperation", „Koordination" und „Kollaboration" im Folgenden genauer voneinander ab.

Der Begriff „Kollaboration" ist im Deutschen negativ konnotiert. Im Angelsächsischen handelt es sich um den gängigen Fachbegriff für eine spezifische Form der Zusammenarbeit. Dort wird Kollaboration wie folgt beschrieben:

Tab. 7.1. Merkmale unterschiedlicher Formen von Gruppen (Wenger und Snyder 2000, S. 142).

Art	Zweck	Mitgliedschaft	Zusammenhalt	Lebensdauer
Community-of-Practice	Erfahrungsaustausch zur Wissensentwicklung	freiwillig	Interesse, Pflichtgefühl, Identifikation mit der Expertise der CoP	solange, wie sich Mitglieder engagieren
Arbeitsgruppe	Produktion von Produkt/Dienstleistung in einem standardisierten Prozess	fremdbestimmt; jeder, der an den Gruppenleiter berichtet	Stellenbeschreibung und Zielvorgaben	bis zur nächsten Reorganisation
Projektteam	Erreichung eines Projektziels	durch Abordnung	Projektmanagement	bis zum offiziellen Projektende
Netzwerk	Sammlung und Austausch betrieblicher Informationen	Freunde und Geschäftskollegen	bilaterale Information	solange, wie man einen Grund zur Vernetzung sieht

> [...] collaboration is the degree to which people in the group actively support and help one another in their work. (Hurley und Hult 1998, S. 47)

Kollaboration bezeichnet also das Ausmaß, in dem Menschen sich in einer Gruppe bei ihrer Arbeit aktiv unterstützen und sich gegenseitig helfen. Wir definieren den Begriff „Kollaboration" daher wie folgt:

! **Kollaboration** ist die „weniger oder gar nicht koordinierte Zusammenarbeit, im Vergleich zur Kooperation, die wir als stärker koordinierte Zusammenarbeit verstehen" (Illik 2014, S. 126). Demnach ist Kooperation also als wesentlich strukturierter zu verstehen als Kollaboration: **Kooperation = Kollaboration + Koordination**

Wenn wir über Kollaboration sprechen, geht es immer um eine emergent koordinierte Zusammenarbeit, die nicht explizit durch Koordinationsmaßnahmen unterstützt wird. Für diese Form der Zusammenarbeit eignet sich Social Software sehr gut, da deren Zweck die Unterstützung des Aufbaus und der Pflege selbstorganisierter, virtueller Gruppen ist (siehe dazu die Definition in Kapitel 3.3).

Abbildung 7.1 zeigt, dass die Anwendbarkeit von Kollaboration in Communitys sich auf einem Kontinuum bewegt. Als Kriterien verwenden wir dabei einige der bereits in den vorherigen Kapiteln diskutierten Merkmale, von denen wir wissen, dass sie für den Einsatz von Social Software relevant sind.

Kollaboration weniger sinnvoll		Kollaboration sinnvoll
	Problemkomplexität	
komplex	←——————→	wenig komplex
	Meinungsbildung	
abhängig, beeinflusst	←——————→	unabhängig
	Information	
widersprüchlich	←——————→	ergänzend
	Zugang zur Information	
kontrolliert	←——————→	offen
	Kommunikation	
indirekt	←——————→	direkt
	Wissensquelle	
Spezialistenwissen	←——————→	kollektive Intelligenz
	Ergebnis	
Faktenklärung	←——————→	Meinungen, Stimmungsbild
	Lösungsprozess	
Konsens	←——————→	Diversität
	Zielsetzung	
graduelle Verbesserungen	←——————→	Innovationen

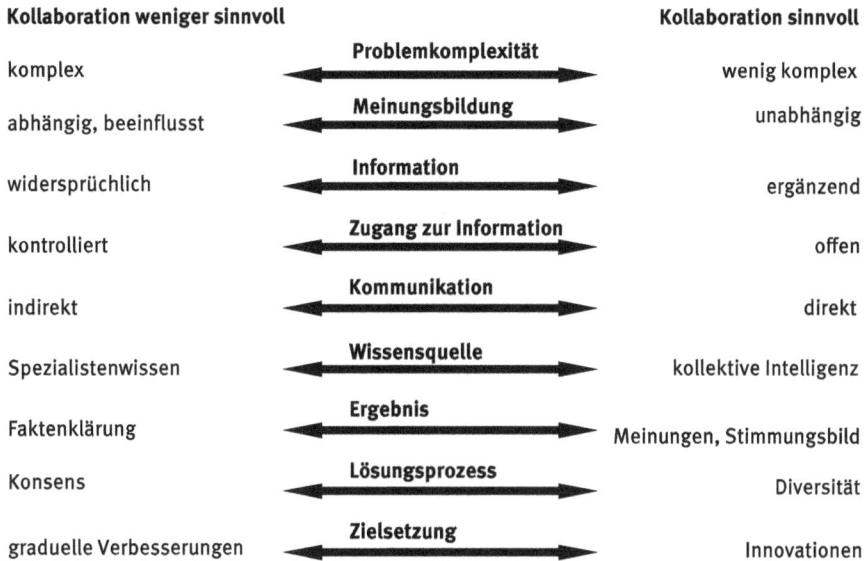

Abb. 7.1. Kriterien für die Kollaboration in Wissenscommunitys
(in Anlehnung an Bradley und McDonald 2011, S. 42).

7.3 Aufbauen von Communitys

Das Aufbauen von Communitys ist kein Selbstläufer: „Build it and they will come"
wird nicht zum Erfolg einer Community führen. Erinnern wir uns an das Fallbeispiel
von IBM aus Kapitel 6.3.1: Ursprünglich von einem technologischen Ansatz ausgehend, wurde nach kurzer Zeit auf einen integrierten Ansatz des Wissensmanagements
umgeschwenkt, da man feststellen musste, dass sich die Bildung von Wissenscommunitys nicht in der einfachen Bereitstellung von Softwarewerkzeugen erschöpft. Daran
ändert auch der Einsatz modernster Enterprise-Social-Software nichts. Communitys
verwenden Software zur Erleichterung der Cs (Communication, Collaboration, Coordination), sind dabei aber in der Arbeitswelt immer ziel- und problemlösungsorien-
tiert (was übrigens oftmals geäußerten Managementängsten widerspricht, die Mitarbeiter würden durch die Möglichkeit der Nutzung von Social Software unproduktiver
Kommunikation untereinander nachgehen). Bei der Vielzahl an möglichen Kommunikationsmedien ist es mehr denn je wichtig, darauf Rücksicht zu nehmen, dass jedes
neue Softwarewerkzeug des Wissensmanagements den Aufwand für die drei Cs nicht
erhöht, sonst fehlt es an Akzeptanz.

7.3.1 Rollen und Erfolgsfaktoren von Communitys

Die Gründe für Erfolg und Misserfolg von Communitys wurden vielfach und umfassend untersucht. Aus der Vielzahl von Studien zu möglichen Erfolgsfaktoren für Communitys wollen wir uns exemplarisch mit der Caterpillar-Studie von (Ardichvili u. a. 2003, S. 64 ff.) befassen. Diese empirische Studie identifiziert die relevanten Erfolgs- und Misserfolgsfaktoren (vgl. hierzu auch die Synopse empirischer Studien bei Zboralski 2007, S. 67).

ℹ️ Fallstudie „Caterpillar-Studie"

Die Caterpillar-Studie ist eine empirische Untersuchung von drei internen CoPs bei Caterpillar: eine erfolgreiche CoP mit mehr als 1.000 Mitgliedern (Caterpillar-Mitarbeiter) und hoher, erfolgreicher Kollaboration und zwei weitere CoPs, die weniger erfolgreich waren und Schwierigkeiten hatten, sich im Unternehmen zu etablieren. Die letzten beiden hatten nur wenige Mitglieder (einige Dutzend) und eine deutlich geringere Kollaboration als die große, erfolgreiche CoP. Als Forschungsmethoden kamen zum Einsatz: semi-strukturierte Interviews (mit mehr als 30 Teilnehmern, die durch eine Zufallsstichprobe ermittelt wurden), Analyse der Logdateien der CoPs, Dokumentenanalyse und Analyse der eingesetzten Groupware (wobei die Studie nichts darüber aussagt, welche Software zum Einsatz kam. Es handelte sich wahrscheinlich um eine Forenlösung). Die Studie untersucht und beantwortet vier Forschungsfragen:

1. Was sind die Gründe dafür, dass Mitarbeiter dazu bereit sind, in einer CoP ihr Wissen zu teilen?
2. Was sind Gründe dafür, dass Mitarbeiter nicht dazu bereit sind, in einer CoP ihr Wissen zu teilen?
3. Was sind die Gründe dafür, dass Mitarbeiter eine (auf Social Software basierende) CoP als Wissensquelle nutzen?
4. Was sind die Gründe dafür, dass Mitarbeiter eine (auf Social Software basierende) CoP nicht als Wissensquelle nutzen?

Die Studie beantwortet außerdem die Frage, welche organisatorischen Rollen in einer Community typischerweise anzutreffen sind (vgl. Ardichvili u. a. 2003, S. 67):

- **Community-Manager:** Der Community-Manager wird typischerweise von der Community selbst bestimmt. Es handelt sich dabei üblicherweise um einen erfahrenen, langjährigen Mitarbeiter des Unternehmens mit hoher Reputation, auch innerhalb der Community.
- **Stellvertreter:** Der oder die Stellvertreter betreuen die CoP in Zeiten der Abwesenheit des Community-Managers. Davon unabhängig kann er/können sie für Teilaufgaben des Community-Managements verantwortlich sein.
- **Fachexperten:** Hierbei handelt es sich um Mitarbeiter, die in der CoP und im Unternehmen für ihr Fachwissen bekannt sind und dafür respektiert werden. Sie sind es v. a., die ihr Wissen mit der CoP teilen, indem sie aktiv auf Fragen aus der CoP eingehen oder proaktiv Wissen, z. B. im Sinne von Storytelling oder Lessons Learned, in der CoP weitergeben. Hier kommen also v. a. die Methoden aus Kapitel 6.5 zum Einsatz.
- **Einfache Mitglieder:** Die einfachen Mitglieder einer CoP stellen hauptsächlich Fragen und gehen nur sehr selten aktiv auf Fragen aus der CoP ein.

1. Was sind die Gründe dafür, dass Mitarbeiter dazu bereit sind, in einer CoP ihr Wissen zu teilen?

Hiefür lassen sich in der Caterpillar-Studie zwei wichtige Gruppen von Gründen ausmachen:

- Die Mitarbeiter sehen ihr Wissen als öffentliches Gut an und fühlen sich moralisch zur Wissensweitergabe
  - dem Unternehmen gegenüber verpflichtet sowie
  - aus ihrem Selbstverständnis den anderen Fachleuten ihrer Berufsdisziplin gegenüber.
- Persönlichkeitsbezogene Gründe können zudem sein:
  - Mitarbeiter wollen sich als Fachleute durch die CoP im Unternehmen einen Namen verschaffen. Hier geht es also um den Aufbau von Reputation zur eigenen Karriereförderung.
  - Einige Community-Manager und Fachexperten nannten als Grund für ihr Engagement in der CoP, dass sie aufgrund ihrer erreichten Lebensphase nun etwas zurückgeben möchten, indem sie in der Community ihr Wissen teilen und neue Mitarbeiter unterstützen.

2. Was sind Gründe dafür, dass Mitarbeiter nicht dazu bereit sind, in einer CoP ihr Wissen zu teilen?

Vier Gründe wurden in der Studie identifiziert:

- Angst, das Gesicht zu verlieren oder eine schlechte Antwort zu geben
- Unsicherheit darüber, welche Arten von Fragen und Antworten in einer Community akzeptiert sind
- Neue Mitarbeiter trauen sich oft nicht, in einer Community zu kommunizieren. Sie glauben, dass sie nicht das Recht dazu haben.
- Viele Mitarbeiter befürchten, dass sie in der Community für ihre Beiträge bzw. Fragen kritisiert werden. So äußerten einige Mitarbeiter in der Studie die Befürchtung, dass sie bei Fragen in der Community dafür gerügt werden, die Antwort in ihrer Position doch eigentlich selbst wissen zu müssen.

3. Was sind die Gründe dafür, dass Mitarbeiter eine (auf Social Software basierende) CoP als Wissensquelle nutzen?

Um diese Forschungsfrage zu untersuchen, wurden zwei miteinander verbundene Fragen untersucht: 1) Nutzung der Social Software sowie 2) der dabei wahrgenommene Nutzen.

- Gründe für die Nutzung:
  - Enzyklopädie des Wissens
  - Problemlösung durch die Community
  - direkte Ansprachemöglichkeit von ausgewiesenen Fachexperten

- eigenständige Weiterbildung (Lernen) durch aktuelles Wissen in der Community

    - Unterstützung der Kollaboration in Teams und anderen Arten von Gruppen
- Wahrgenommener Nutzen:
    - schnelle Einarbeitung neuer Mitarbeiter
    - leichtere Zusammenarbeit räumlich verteilter Gruppen
    - Zugang zu Best Practices, Lessons Learned etc.
    - hohe Aktualität des Wissens
    - Kombination von Wissen, um neues Wissen zu erzeugen (siehe dazu das SECI-Modell in Kapitel 6.3.2)

4. Was sind die Gründe dafür, dass Mitarbeiter eine (auf Social Software basierende) CoP nicht als Wissensquelle nutzen?
Die letzte Forschungsfrage führte zu folgenden Ergebnissen:

- Ist man bereits Mitglied einer eng verbundenen Gruppe, die sich problemlos Face to Face treffen kann, ist eine (virtuelle) CoP überflüssig. Dies ist z. B. dann der Fall, wenn ein Projektteam räumlich nicht an unterschiedlichen Orten tätig ist und sich zu täglichen Statusmeetings treffen kann.
- Die Art des zu lösenden Problems bzw. Wissens ist für eine CoP ungeeignet. Dies ist z. B. bei sehr speziellen Problemstellungen der Fall, für die keine geeigneten Ansprechpartner im Unternehmen zu finden sind. Wir haben dies bereits in Abbildung 7.1 gesehen: Auf dem Kontinuum der Eignung für Kollaboration in einer Community befinden sich komplexe, spezifische Problemstellungen auf der Seite „Kollaboration weniger sinnvoll". Ebenso kann das Risiko falschen oder unvollständigen Wissens davon abhalten, sich in einer CoP zu informieren.

7.3.2 Vertrauen – die „Währung" einer Community

Erinnern wir uns an den Vergleich der soziotechnischen Systeme von Enterprise 1.0 und Enterprise 2.0 in Abbildung 2.4: Während bei Enterprise 1.0 die Planung und Kontrolle im Vordergrund steht, setzt Enterprise 2.0 auf Vertrauen und Autonomie der Mitarbeiter.

Tatsächlich stellt Vertrauen das vielleicht wichtigste und schwierigste Merkmal beim Aufbau von Wissenscommunitys dar. Salopp formuliert können wir sagen: „Vertrauen ist die Währung einer Community". Wie soll z. B. ein Unternehmen aus seinen Fehlern lernen können, wenn es keine vertrauensvolle Fehlerkultur pflegt und nicht sichergestellt ist, dass dieses wertvolle Erfahrungswissen nicht gegen seinen Wissensträger verwendet wird?

Betrachten wir deshalb nachfolgend, was im betrieblichen Kontext unter Vertrauen zu verstehen ist. Wir grenzen den betrieblichen Vertrauensbegriff also gegen das Alltagsverständnis von Vertrauen ab und bestimmen seine Parameter. Mit Mayer, Davis und Schoorman wollen wir den Begriff des Vertrauens im betrieblichen Kontext wie folgt definieren:

„[…] the willingness of a party to be vulnerable to the actions of another party based on the expectation that the other will perform a particular action important to the trustor, irrespective of the ability to monitor or control that other party." (Mayer u. a. 1995, S. 712)

Hierbei sind folgende Aspekte von Interesse:
1. Vertrauen in dieser grundlegenden Definition ist personales Vertrauen und dient nach Luhmann (2014, S. 27) „der Überbrückung eines Unsicherheitsmoments im Verhalten anderer Menschen, das wie die Unvorhersehbarkeit der Änderungen eines Gegenstandes erlebt wird". Davon abzugrenzen ist Vertrauen in Institutionen, das institutionelle Vertrauen, mit dem wir uns im Folgenden noch befassen werden.
2. Der Vertrauensgeber (*trustor*) ist bewusst dazu bereit (*willingness*), von einem Dritten, dem Vertrauensnehmer (*trustee*), eine Handlung zu erwarten, die für ihn wichtig ist.
3. Der Vertrauensgeber setzt sich dabei dem Risiko aus, dass der Vertrauensnehmer diese Handlung nicht so ausführt, wie er es erwartet, und ihn somit schädigt.
4. Dabei spielt es keine Rolle, ob der Vertrauensgeber die Handlung des Vertrauensnehmers kontrollieren oder beeinflussen kann.
5. Der Vertrauensnehmer hingegen kann sehr wohl sein Handeln bewusst steuern und kontrollieren. Er entscheidet also autonom (zumindest aus Sicht des Vertrauensgebers) darüber, ob er sich so verhalten will, wie es der Vertrauensgeber von ihm erwartet.

Dieses Verständnis von Vertrauen muss von einigen damit eng verwandten Begriffen abgegrenzt werden (vgl. dazu insbesondere Mayer u. a. 1995, S. 709 ff.).
- **Zusammenarbeit bzw. Kooperation:** Vertrauen ist zu unterscheiden von Zusammenarbeit. Vertrauen ist eine freiwillig getroffene Entscheidung und kann im positiven Fall zur Zusammenarbeit führen. Eine Zusammenarbeit kommt aber nicht in jedem Fall auf Basis von Vertrauen oder Freiwilligkeit zustande. Zwei Parteien, die miteinander einen Werk- oder Dienstleistungsvertrag schließen, tun dies eben gerade deshalb, weil sie die Notwendigkeit, einander vertrauen zu müssen, ausschließen wollen. Die Frage des Vertrauens und der Kooperation wird u. a. mittels entscheidungstheoretischer Modelle analysiert. Ein bekanntes Modell in der Entscheidungstheorie ist das „Gefangenendilemma" (vgl. Bamberg u. a. 2012, S. 178):

Zwei Mordverdächtige wurden festgenommen und getrennt voneinander inhaftiert. Sie können nicht mehr miteinander kommunizieren. Die für beide Gefangenen jeweils zur Verfügung stehenden Strategien sind: Nicht gestehen oder Gestehen. Gestehen beide nicht, bekommen beide wegen unerlaubten Waffenbesitzes etc. nur eine geringfügige Strafe. Gestehen beide, liegen wegen des Geständnisses zwar mildernde Umstände vor, jeder erhält dennoch eine Haftstrafe von zehn Jahren. Gesteht nur einer, dann wird dieser zum Kronzeugen, erhält nur sechs Monate Haftstrafe, während der Nichtgeständige zu 20 Jahren Haft verurteilt wird.

Dabei muss man beachten, dass es in diesem Modell nicht um die Frage des Vertrauens geht, sondern um die entscheidungstheoretisch analysierbare Vorhersagbarkeit von kooperativem bzw. nicht kooperativem Verhalten. Anhand des Gefangenendilemmas kommt man entscheidungstheoretisch zu keiner optimalen Lösung. Vielmehr handelt es sich um eine Situation, die lediglich eine persönlichkeitsbestimmte Lösung zuläßt, die letztlich von der Frage nach der Vertrauensbereitschaft abhängt: Vertrauen sich die beiden Gefangenen, dann kooperieren sie und keiner von beiden wird die Tat gestehen. Dieses Modell zeigt, dass es Fälle gibt, in denen Vertrauen die Voraussetzung für Kooperation ist. Umgekehrt kann sich aus Kooperation auch Vertrauen entwickeln.

– **Zuversicht**: Vertrauen ist von Zuversicht zu unterscheiden. Bevor man einem anderen vertraut, schätzt man vorab bewusst das mit einem möglichen Vertrauensmissbrauchs verbundene Risiko ab. Zuversicht hingegen ist unabhängig vom möglichen Risiko. Zuversicht basiert auf Vertrautheit im Sinne von Luhmann (2014, S. 22) und reflektiert nicht das Risiko einer Handlung. So setzt sich jeder in ein Auto, zuversichtlich, dass er das Ziel erreichen wird. Zuversicht und Vertrauen basieren also beide auf der positiven Erwartung der Zielerreichung. Bei Zuversicht wird jedoch ein anderes Ergebnis als das erwartete als eine große Ausnahme empfunden – beispielsweise eine Katastrophe, wie ein tödlicher Unfall bei der Autofahrt.

– **Hoffnung**: Vertrauen liegt nach Luhmann (2014, S. 28) nur dann vor, wenn die vertrauensvolle, aber risikobehaftete Erwartung den Ausschlag für eine Entscheidung gibt. Ist das nicht der Fall, spricht man von Hoffnung. „Vertrauen bezieht sich also stets auf eine kritische Alternative, in der der Schaden beim Vertrauensbruch größer sein kann als der Vorteil, der aus dem Vertrauenserweis gezogen wird. Der Vertrauende macht sich mithin an der Möglichkeit übergroßen Schadens die Selektivität des Handelns anderer bewußt und stellt sich ihr. Der Hoffende faßt trotz Unsicherheit einfach Zuversicht. Vertrauen reflektiert Kontingenz, Hoffnung eliminiert Kontingenz" (Luhmann 2014, S. 28f). Mit „Kontingenz" meint Luhmann die situativen Umweltbedingungen, denen sich der Vertrauende gegenübersieht.

– **Vorhersehbarkeit**: Schlussendlich ist Vertrauen nicht mit Vorhersehbarkeit zu verwechseln. Das Verhalten einer Person mag vorhersehbar (im Sinne von „sehr wahrscheinlich" auf Basis von Beobachtung und Erfahrung) sein, dies bedeutet aber nicht unbedingt, dass man der Person deshalb vertraut. Die Vorhersehbarkeit der Handlungsweise des anderen kann das eigene Vertrauen jedoch beeinflussen: Verhält sich die Person beispielsweise vorhersehbar egoistisch, dann beeinflusst diese Vorhersehbarkeit die Vertrauensbereitschaft negativ. Im Gefangenendilemma ist die Vorhersehbarkeit möglicherweise das entscheidende Kriterium für die Bereitschaft zur Kooperation unter den beiden Verdächtigen.

Insgesamt betrachtet haben wir es hier also mit einem etwas anderen Verständnis von Vertrauen zu tun, als wir es gemeinhin aus dem Alltag kennen. Bei personalem, betrieblichem Vertrauen geht es nicht um „blindes Vertrauen", wie man es vielleicht als Kind seinen Eltern entgegenbringt. Vielmehr basiert dieses Vertrauen auf einer sehr bewussten und zielgerichteten Entscheidung des Vertrauensgebers. Luhmann (2014, S. 27) nennt es eine **riskante Vorleistung zum Zweck der Komplexitätsreduktion** und führt aus:

> Der vertrauensvoll Handelnde engagiert sich so, als ob es in der Zukunft nur bestimmte Möglichkeiten gäbe. Er legt seine gegenwärtige Zukunft auf eine künftige Gegenwart fest. Er macht damit den anderen Menschen das Angebot einer bestimmten Zukunft, einer gemeinsamen Zukunft, die sich nicht ohne weiteres aus der gemeinsamen Vergangenheit ergibt, sondern ihr gegenüber etwas Neues enthält. (Luhmann 2014, S. 24)

Betrachten wir nun, welche Parameter dieses Vertrauen bestimmen.

Modell der betrieblichen Vertrauensentwicklung

Das Vertrauen in eine Person hängt von ihrer Vertrauenswürdigkeit ab. Mayer u. a. (1995, S. 709 ff.) identifizieren drei Attribute, anhand derer die Vertrauenswürdigkeit des Vertrauensnehmers durch den Vertrauensgeber eingeschätzt werden kann:

- **Kompetenz:** Fähigkeiten, über die die Person, der vertraut werden soll, in der spezifischen Vertrauensdomäne verfügt; Vertrauenswürdigkeit bezieht sich immer auf einen spezifischen Sachverhalt im betrieblichen Kontext, ist nie unspezifisch-verallgemeinernd
- **Wohlwollen:** Wohlwollen, auch als Benevolenz bezeichnet, bringt die Einschätzung des guten Willens des Vertrauensnehmers dem Vertrauensgeber gegenüber zum Ausdruck.
- **Integrität:** Bei der Integrität sind zwei Aspekte von Bedeutung: a) Selbst wenn der mögliche Vertrauensnehmer über die notwendige Kompetenz verfügt und eine wohlwollende Haltung gegenüber dem potenziell Vertrauenden einnimmt, kann sich möglicherweise kein Vertrauen einstellen, weil keine gemeinsame ethisch-moralische Basis vorhanden ist. In diesem Fall zollt man vielleicht dem Können des anderen großen Respekt, vertraut ihm aber nicht, weil er zu Mitteln und Maßnahmen greift, die man selbst für (zumindest hin und wieder) fragwürdig bis nicht akzeptabel hält. b) Als integer nimmt man jemanden dann wahr, wenn er sein

Wort hält und er erfüllt, was er versprochen hat. Umso öfter sich ein Vertrauensnehmer integer verhält, umso leichter und häufiger wird ihm vertraut.

Abbildung 7.2 zeigt das Modell von Mayer u. a. zur Entwicklung von Vertrauen im betrieblichen Umfeld.

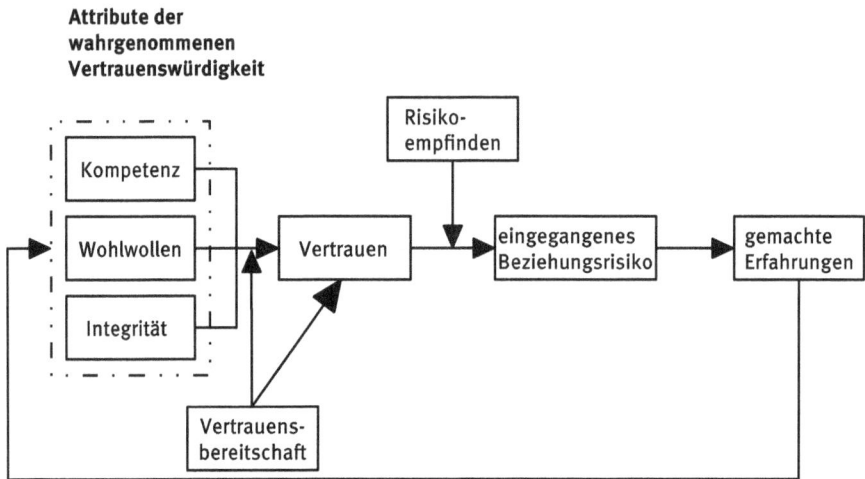

Abb. 7.2. Modell der betrieblichen Vertrauensentwicklung (Mayer u. a. 1995, S. 715).

Wie wir bereits wissen, geht mit Vertrauen die Bereitschaft einher, ein Risiko einzugehen. Dabei haben nicht alle Menschen die gleiche Veranlagung dazu, einem anderen
zu vertrauen. Diese sogenannte **Vertrauensbereitschaft** ist eine subjektive Einstellung, die sich zum einen darauf auswirkt, wie wir die Vertrauenswürdigkeit einer Person wahrnehmen. Zum anderen hat sie Auswirkungen auf das daraus resultierende
Vertrauen. Ergänzt um das **subjektive Empfinden des Risikos**, einem anderen in einer bestimmten Situation zu vertrauen, ergibt sich daraus das **eingegangene Risiko
der Vertrauensbeziehung** zwischen dem Vertrauensgeber und dem Vertrauensnehmer. Die mit diesem Vertrauen **gemachten Erfahrungen** gehen als Erfahrungen in
die Einschätzung der Vertrauenswürdigkeit des Vertrauensnehmers durch den Vertrauensgeber für zukünftige Vertrauenssituationen ein. Vertrauen verändert sich also, sprich: Es entwickelt sich in Abhängigkeit von den gemachten Erfahrungen und
ist keine statische Größe.

Erweiterung des Modells
Das Modell von Mayer, Davis und Schoorman erklärt, wie sich Vertrauen im betrieblichen Kontext dynamisch entwickeln kann. Es erklärt aber nicht, warum zu Beginn

einer (Arbeits-)Beziehung bei den meisten Menschen eine positive Vertrauensbereitschaft ex ante besteht. Luhmann (2014, S. 94) weist hier darauf hin, dass Misstrau-
ensstrategien eine deutlich anstrengendere Form der Komplexitätsreduktion sind als
Vertrauensstrategien: „Sie absorbieren die Kräfte dessen, der mißtraut, nicht selten
in einem Maße, das wenig Raum läßt für unvoreingenommene, objektive Umwelter-
forschung und Anpassung, also auch weniger Möglichkeiten des Lernens bietet".

Das **initiale Vertrauen**, das zu Beginn einer (Arbeits-)Beziehung besteht, ist also eine rationale Verhaltensstrategie. McKnight u. a. (1998) haben dieses anfängliche
Vertrauen – wir können es auch etwas salopp als Vertrauensvorschuss bezeichnen –
in Abbildung 7.3 mit dem Modell von Mayer u. a. (1995) kombiniert.

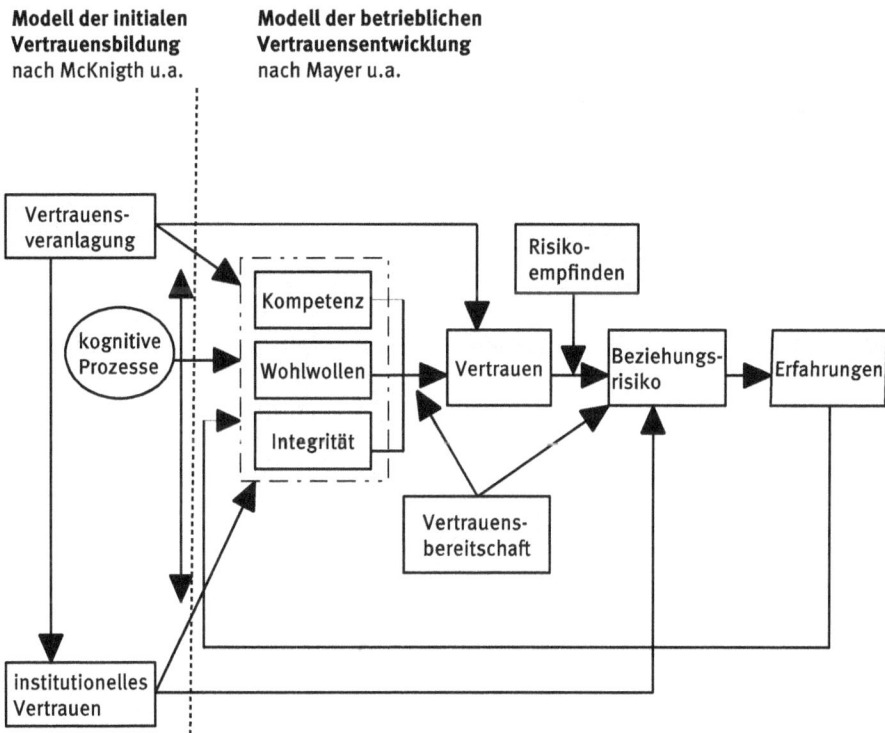

Abb. 7.3. Erweiterung des Modells der betrieblichen Vertrauensentwicklung (McKnight u. a. 1998,
S. 475).

Auch hier sind einige Parameter zu erläutern:

– Die **Vertrauensveranlagung** ist die allgemeine Disposition einer Person, Problemlagen in Zweifelsfällen eher durch Vertrauen als durch Misstrauen aufzulösen (Luhmann 2014, S. 94).

– Das **institutionelle Vertrauen** beschreibt überpersonelles Vertrauen, das mit der betrieblichen Organisationseinheit (gesamtes Unternehmen, Abteilung, Team etc.) verbunden wird. Eine Person vertraut also darauf, dass die Konfiguration der Organisationseinheit (siehe Kapitel 2.4.1 zu den Parametern der Konfigurationstypen in der Mintzberg-Struktur) die Erfüllung der eigenen Erwartungshaltung unterstützend ermöglicht (vgl. McKnight u. a. 1998, S. 474).

– Da in der Ausgangssituation einer (Arbeits-)Beziehung keine eigenen Erfahrungen über die Vertrauenswürdigkeit eines potenziellen Vertrauensnehmers vorliegen, versucht man mittels „erster Eindrücke", ein absicherndes Urteil zu fällen. Dies wird von McKnight u. a. als **kognitive Prozesse** bezeichnet.

7.3.3 Entwicklungsphasen von Wissenscommunitys

In der aktuellen Fachliteratur zu Social Media, Wissensmanagement oder Wirtschaftsinformatik wird im Kontext des Aufbaus von Communitys gerne, dem Zeitgeist folgend, von Prozessmodellen, Vorgehensmodellen etc. gesprochen. Solche Begriffe suggerieren, dass es ein klares Erfolgsrezept gibt, dem man nur gewissenhaft beim Aufbau einer Community folgen muss. Wie nicht anders zu erwarten, ist dies eine eher technokratische Sicht auf das komplexe soziale Geschehen in Gruppen, wie es Wissenscommunitys nun einmal sind. Dennoch kann man verschiedene Phasen ausmachen, die eine erfolgreiche Wissenscommunity typischerweise durchläuft, ohne dass eine dieser Phasen übersprungen werden kann. Die Phasen sind in Abbildung 7.4 dargestellt. Die Abbildung zeigt, wie sich eine erfolgreiche Community im Zeitablauf idealtypisch entwickelt.

7.3.4 Regeln für die Entwicklung von Wissenscommunitys

Das Community-Management sollte einige grundlegende Regeln beachten, um fatale Fehler zu vermeiden, die insbesondere das Vertrauen nachhaltig (zer-)stören können. Mit Bächle (2005, S. 76 ff.) sowie Bradley und McDonald (2011, S. 140) können diese Regeln wie folgt systematisiert werden:

1. **Die Community braucht einen prägnanten Namen**: Eine Community ohne Hauptthema wird schnell unübersichtlich und nimmt die Form eines Bierzelts an, mit lauter Blasmusik und vielen Menschen, die laut schreien müssen, um vom Nachbarn verstanden zu werden. Eine Community dient jedoch nicht

Potenzielle Phase	Aufbauende Phase	Beschäftigte Phase	Aktive Phase	Adaptive Phase
Vernetzung	*Aufbau von Erinnerung und Kontext*	*Zugang zu Wissen und Lernen*	*Zusammenarbeit*	*Innovation und Entwicklung*
Interessierte eines Themenbereichs finden sich	Die Kernmitglieder lernen sich kennen und entwickeln ein geteiltes Normen- und Rollensystem	Die Mitglieder entwickeln Vertrauen und Loyalität, werben neue Mitglieder	Die Mitglieder kooperieren bei Lösung ihrer Primäraufgaben	Die Mitglieder erweitern ihr Wissen
Informelle CoP oder durch das Unternehmen unterstützt	Das Unternehmen nimmt die CoP wahr	Intensivierung des Wissensaustauschs	CoP vernetzt sich mit anderen CoPs	Die CoP beeinflusst ihre Umwelt durch die Entdeckung bzw. Entwicklung neuer Produkte, Märkte, Geschäfte
		Das Unternehmen interagiert mit der CoP und lernt das Potenzial der CoP kennen	Das Unternehmen unterstützt die CoP und stützt sich auf deren Beiträge	Das Unternehmen nutzt die CoP gezielt zur Entwicklung neuer Kompetenzen

Zeit

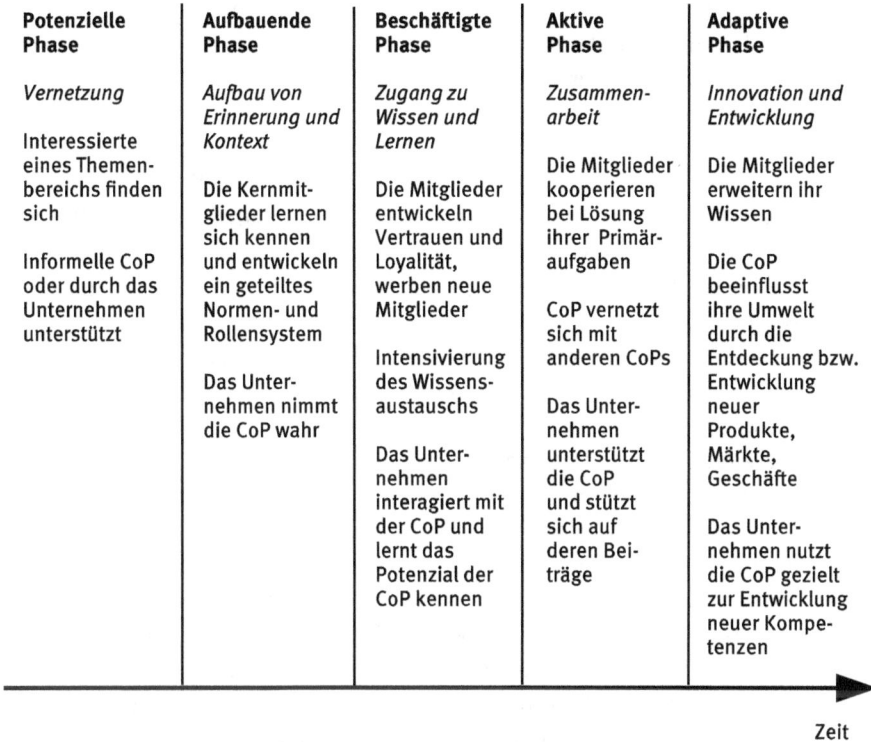

Abb. 7.4. Entwicklungsphasen einer Wissenscommunity (Zboralski 2007, S. 38).

dem Vergnügen, sondern hat einen bestimmten Zweck. Der beste Weg, dies den Community-Mitgliedern zu vermitteln, besteht darin, der Community einen Namen zu geben. Welchen Namen man letztlich wählt, ist eine Frage der Zweckmäßigkeit: Die Community-Mitglieder müssen ohne Aufwand verstehen können, worum es geht.

2. **Verbindlichkeit durch Personalisierung**: Anonymität entfremdet nicht nur in der realen, sondern auch in der virtuellen Welt. Community-Mitglieder mit Namen und Gesicht erhöhen den emotionalen Bezug und schaffen damit die gewünschte soziale Selbstkontrolle. Pseudonyme und Avatare widersprechen der erläuterten Notwendigkeit zur Vertrauensbildung.

3. **Keine Zensur**: Ein gute Community besitzt eine Kommunikationskultur, die Zensur nur dann erforderlich macht, wenn z. B. versehentlich Datenschutzrichtlinien missachtet wurden. Sogenannte „Flamings", also beleidigende oder denunzierende Beiträge, müssen nicht zensiert werden. Es ist besser, als Moderator ruhig zu reagieren und reflektierte Empathie für die Emotionalität des Beitrags zum Ausdruck zu bringen. Der Moderator muss aber klarmachen, dass dieses Verhalten ein einmaliger Ausrutscher bleiben muss. Beim ersten Fehlverhalten sollte man dem

Community-Mitglied deshalb nicht mit Konsequenzen drohen. Bei einem zweiten Fehlverhalten muss der Verfasser durch den Moderator öffentlich über die Konsequenzen im Fall weiterer Fehlverhaltens informiert werden. Bei einem dritten Fehlverhalten muss diese Konsequenz umgesetzt werden. Es ist nicht Aufgabe der Moderation, zu zensieren. Der Moderator sollte diese Schritte alle öffentlich als Beiträge an der entsprechenden Stelle in der Community ausführen. Damit wird die notwendige Ernsthaftigkeit und Versachlichung deutlich gemacht. Der Moderator darf eine „Parallelkommunikation" zwischen sich und dem betreffenden Community-Mitglied „im Hintergrund" nicht zulassen, z. B. per E-Mail. Eine Community ist ein öffentlicher Raum: Alles, was hier geschieht, muss für alle transparent sein. Der Moderator verliert ansonsten möglicherweise das Vertrauen der Community-Mitglieder. Noch schlimmer: Die Community verliert das Vertrauen in sich selbst.

4. **Präsenzregel für alle**: Diese Regel umfasst drei Teilaspekte:
   (a) **Community-Manager/-Moderatoren** sollten in der Community sichtbar und regelmäßig anwesend sein. Das bedeutet nicht, als Moderator dauernd einen Beitrag in der Community leisten müssen. Zu sehen, dass Moderatoren regelmäßig in der Community anwesend sind, bestätigt den Community-Mitgliedern, dass die Community lebt. Moderatoren sollten möglichst jeden Arbeitstag für längere Zeit in der Community zugegen sein.
   (b) Für **Community-Mitglieder** sollte eine tägliche Präsenzpflicht bestehen. Durch Aktualität und Exklusivität der in der Community zur Verfügung gestellten Information kann erreicht werden, dass Mitglieder sich regelmäßig einbringen und partizipieren.
   (c) Eine wichtige Erkenntnis aus der Fallstudie „Temporäres Crowdsourcing: IBM-Innovation-Jam" in Kapitel 5.3.2 ist, dass eine Community, gerade dann, wenn sie sehr groß ist, die Aufmerksamkeit seitens des Managements benötigt. Das **Management** darf die Community nicht sich selbst überlassen. Das schafft kein Vertrauen. Wer eine Community als Führungskraft genehmigt, muss sie auch verantworten. Dazu gehört, dass man sich einbringt und mit gutem Beispiel vorangeht. Dies fördert den wichtigen Vertrauensaspekt der Integrität.

5. **Aktualität und Exklusivität**: Der Wert einer Commmunity bemisst sich am Wert der Informationen, die in ihr kommuniziert werden. Insbesondere das Management sollte deshalb für Aktualität und Konsistenz der Informationen sorgen, die in der Community kommuniziert werden. Inkonsistenz entsteht durch die Nutzung verschiedener Informationsmedien für den gleichen Zweck. Schwarze Bretter im Flur sollte man deshalb nach Möglichkeit abmontieren. Wenn das nicht geht, muss man klarmachen, welche Informationen an einem Schwarzen Brett angeschlagen und welche Informationen exklusiv über die Community kommuniziert werden.

6. **Hohe Qualität der Information**: Moderatoren und Führungskräfte sollten einen Mehrwert der Mitgliedschaft in der Community schaffen, indem sie wichtige Informationen als Beiträge liefern. Dabei hat die Nutzung einer Community-Software den Vorteil, dass man sich den Text, den man posten möchte, vorab überlegen und an den Formulierungen feilen kann. Man kann nachträglich weitere Informationen posten. Bilder sowie Links auf weitere Informationsquellen im Intranet oder Internet können helfen, den Community-Mitgliedern wichtige Informationen verständlich zu vermitteln. Durch die Textform haben die Community-Mitglieder außerdem die Möglichkeit, sich dabei Zeit zu lassen, die Information zu verarbeiten.

7. **Ehrlichkeit und Humor sind wichtig:** In einer Community werden auch kritische und dennoch konstruktive Beiträge kommuniziert. Moderation und Führungskräfte müssen sich darauf einlassen. Insbesondere für Führungskräfte sind diese Beiträge eine Chance, „das Gras wachsen zu hören" – natürlich muss man das auch wollen. Führungskräfte, die das wollen, nehmen die Community-Mitglieder auch mit Beiträgen ernst, die sie für kindisch, ungerechtfertigt oder unsachlich halten. Man sollte dabei unbedingt eigene negative Feedbackbeiträge vermeiden – wobei einem der virtuelle Charakter der Community durchaus hilfreich ist. Von der Führungskraft dürfen aber sehr wohl positive Beiträge kommen. Auch als Führungskraft kann man seine Beiträge in Form einer humorvollen und wertschätzenden Formulierung zum Ausdruck bringen. Dies fördert das wahrgenommene Wohlwollen und damit die Vertrauensbereitschaft durch die Mitglieder der Community.

8. **Entwicklung einer Community-Ethik:** Die Ethik einer Community setzt sich aus zwei Bestandteilen zusammen. Dies ist zum einen die bereits vorherrschende Kultur des persönlichen Umgangs im Unternehmen miteinander. Zum anderen entwickelt sich die Community-Ethik teilweise auch selbstständig, da alle Beteiligten einen gemeinsamen Erfahrungsprozess durchlaufen. Die Moderatoren und die Führungskräfte müssen deshalb auf Toleranz in der Community achten. Alle Mitglieder der Community müssen abweichende Meinungen ertragen können. Sie sollten auch dazu bereit sein, selbst etwas in der Community zu lernen. Dazu muss man bereit sein, von anderen etwas anzunehmen. Die dafür notwendige Akzeptanz muss notfalls aktiv eingefordert werden. Ohne Toleranz und Akzeptanz kann eine Community nicht überleben.

9. **Minimaler Technologieeinsatz:** Der große Erfolg von Social Software lag ursprünglich u. a. an der einfachen Nutzbarkeit. Dies darf auch beim Einsatz von Enterprise-Social-Software nicht vergessen werden. Eigentlich ist diese Regel eine Selbstverständlichkeit, die aber nicht immer eingehalten wird. In solchen Fällen kann eine Community kaum erfolgreich etabliert werden.

10. **Geduld:** Von Frederick Brooks soll bezüglich Softwareprojektteams der Spruch stammen: „Nine women can't make a baby in one month". Das gilt auch für Communitys: Es braucht eine gewisse Zeit, bis sich eine Community entwickelt, und

diese Zeit kann man nicht beliebig verkürzen. Eine aktive Gemeinschaft zu schaffen, kann nicht verordnet, sondern nur vorgelebt werden.

ℹ️ Daumenregel 1–9–90
Beachten Sie die **Daumenregel 1–9–90**. Sie besagt, dass
- knapp 1 % der Community-Mitglieder aktiv neues Wissen generieren, indem sie Beiträge verfassen,
- knapp 9 % der Community-Mitglieder sich an der Weiterentwicklung dieses Wissens beteiligen, indem sie Ergänzungen vornehmen, Fragen stellen und beantworten usw. sowie
- knapp 90 % – der große Rest also – passiv verharrt und „nur" mitliest.

Wichtig ist dabei, zu beachten, dass diese Daumenregel die Community in ihrer Gesamtheit, nicht aber ein einzelnes Community-Mitglied kennzeichnet. Das einzelne Mitglied der Community wird sich, je nach Themenstellung oder Frage, unterschiedlich aktiv an der Diskussion beteiligen.

7.4 Wissenscontrolling – Erfolgsmessung von Communitys

Wie erfolgreich eine Community ist, lässt sich nur schwer bestimmen. Insbesondere die Frage nach dem Zielbeitrag zum Unternehmenserfolg ist im Regelfall nicht direkt ermittelbar, wenn es sich nicht gerade um eine Produktinnovation handelt, die in der Community entstanden ist. Dennoch kann der Erfolg von Communitys indirekt ermittelt werden, indem die Auswirkungen von ESS-gestützten Communitys auf die Geschäftsprozesse analysiert wird. Als Rahmenmodell eignet sich das **APQC-Input-Outcome-Modell**, wie es in Abbildung 7.5 skizziert ist. In dieses Rahmenmodell lassen sich drei Ansätze zur Erfolgsmessung integrieren, die wir uns im Folgenden genauer ansehen wollen.

7.4.1 Messung anhand des ROI

Im Allgemeinen stellt der ROI eine betriebswirtschaftliche Kennzahl dar, hinter der sich ein Modell zur Berechnung der Rendite verbirgt. Diese wird berechnet aus dem eingesetzten Kapital und dem Gewinn, also der Investition und dem dadurch ausgelösten Return. Im APQC-Input-Outcome-Modell (siehe Abbildung 7.5) fokussiert die Messung des Return-on-Investment (ROI) auf die beiden Bereiche „Output" und „Erfolg".
In Anlehnung an Wöhe und Döring (2013, S. 202) ist die Methode den klassischen Investitionsrechnungsverfahren zuzuordnen und dann erforderlich, wenn Investitionsgewinne mit Kapitaleinsatz erwirtschaftet werden und kein unbeschränktes Kapital zur Verfügung steht. Primär wird das Verfahren zur Beurteilung von Einzelinvestitio-

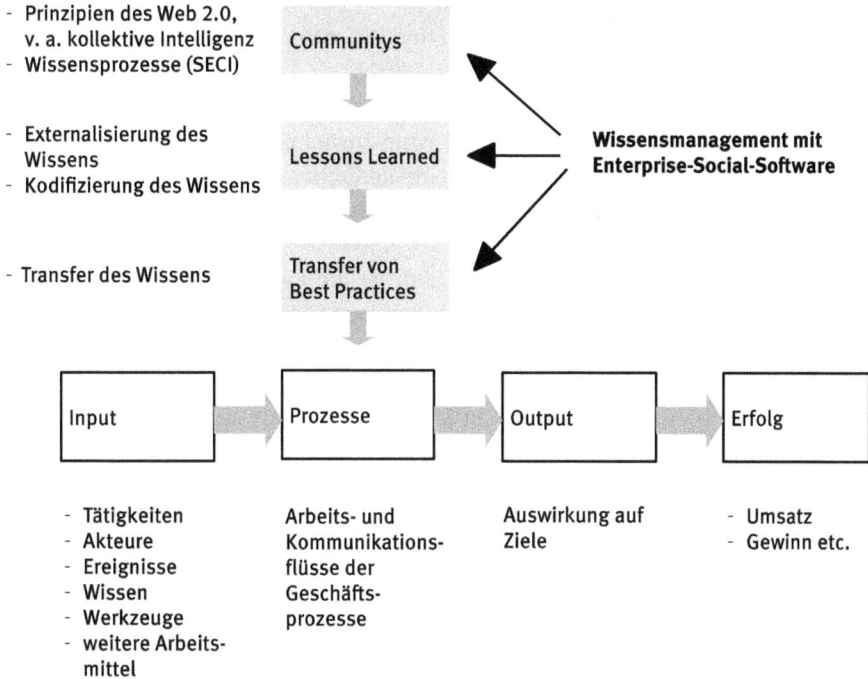

- Prinzipien des Web 2.0,
  v. a. kollektive Intelligenz
- Wissensprozesse (SECI)

Communitys

- Externalisierung des
  Wissens
- Kodifizierung des Wissens

Lessons Learned

**Wissensmanagement mit
Enterprise-Social-Software**

- Transfer des Wissens

Transfer von
Best Practices

Input	Prozesse	Output	Erfolg

- Tätigkeiten
- Akteure
- Ereignisse
- Wissen
- Werkzeuge
- weitere Arbeits-
  mittel

Arbeits- und
Kommunikations-
flüsse der
Geschäfts-
prozesse

Auswirkung auf
Ziele

- Umsatz
- Gewinn etc.

Abb. 7.5. Modifiziertes APQC-Input-Outcome-Modell (in Anlehnung an O'Dell und Hubert 2011, S. 149).

nen angewandt. In der Regel wird eine solche Rentabilitätsrechnung vor einer getätigten Investition durchgeführt, um einen Kapitaleinsatz zu rechtfertigen bzw. um die Vorteilhaftigkeit unterschiedlicher Investitionsalternativen abzuschätzen. Die vorteilhafteste Alternative ist jene, die in einer Abrechnungsperiode den höchsten Gesamtrückfluss, die größte Rentabilität oder auch die beste Verzinsung, gemessen am Kapitaleinsatz, aufweisen kann.

Bevor eine ROI-Berechnung durchgeführt werden kann, sollten alle Kostenpunkte bzw. das gesamte für eine Investition eingesetzte Kapital aufgestellt werden. Dies umfasst nach Newman und Thomas (2009, S. 28 ff.) im IT-Bereich im Allgemeinen und in Bezug auf Enterprise 2.0 im Speziellen u. a. folgende Aspekte:

– Entwicklungs- und Implementierungskosten des Investitionsgegenstands (inklusive Projektkosten)
– Software- und Hardwarekosten
– Bereitstellungskosten inklusive Vorbereitungskosten (bspw. vorbereitendes Projekt)
– Instandhaltungs- und Betreuungskosten
– nachfolgende Schulungskosten für Mitarbeiter

- administrative Kosten, soweit möglich
- sonstige Kosten, die in besonderer Art und Weise mit der Investition korrelieren

Ferner müssen alle quantifizierbaren Nutzenpotenziale in Geldeinheiten überführt und zum (kalkulatorischen) Investitionsgewinn zusammengefasst werden. Beispiele sind hierfür in Verbindung mit ESS u. a. eine Reduktion der E-Mail-Nutzung, Zeitersparnis bei der Informationssuche oder Kostenersparnis im Vergleich zur Vorgängerversion.

Grundlage für den Return-on-Investment ist die Kennzahl **Benefit-Cost-Ratio** (BCR), die den Investitionsgewinn und das investierte Kapital zueinander ins Verhältnis setzt:

$$BCR = \frac{G}{I}$$

Der ROI nutzt im Gegensatz zur BCR-Formel den Netto-Investitionsgewinn (also den Investitionsgewinn abzüglich dem investierten Kapitel). Ferner wird der ROI häufig mit 100 multipliziert, damit ein aussagekräftiger Prozentwert erzielt wird (vgl. Hirschmeier 2005, S. 30):

$$ROI = \frac{G - I}{I} \times 100$$

Ein positiver ROI bedeutet, dass der Kapitaleinsatz wieder erwirtschaftet und eine Rendite erzielt wird. Der ROI kann dabei häufig auch über 100 % betragen. Gemeinhin wird eine gewünschte Mindestrendite festgelegt, mit der der ROI verglichen wird. Die Investition wird demnach ausschließlich getätigt, wenn diese Mindestrendite übertroffen wird (vgl. Heesen 2012, S. 10f).

Niemeier (2011, S. 84) ergänzt den theoretischen Ansatz der Berechnung des ROIs um die Handlungsempfehlung, eine konservative Betrachtungsweise bzw. Haltung gegenüber Schätzungen einzunehmen, wenn es nicht möglich ist, den Investitionsgewinn eindeutig und mit Sicherheit zu beziffern. Sobald Schätzungen erfolgen, sollte man den identifizierten Betrag lediglich anteilig in den Gesamtinvestitionsgewinn einfließen lassen. Dieser Anteil sollte je nach Sicherheit der Schätzung oder Vorgabe des Unternehmens bestimmt werden. Darüber hinaus sollte der ROI nicht für sich alleine stehen, denn eine qualifizierte Aussage über den Nutzen oder den Mehrwert einer ESS-Lösung sollte sowohl durch weiche, als auch durch harte Faktoren evaluiert werden. Geeignete Methoden stellen hier die Nutzwertanalyse zur Evaluation nicht quantifizierbarer Werte und die ROI-Rechnung für das Aufzeigen der konkreten monetären Rentabilität dar. Außerdem ist es hilfreich, diese Methoden zu verknüpfen, um ein gesamtheitliches Bild des Wissensmanagements mit ESS zu bekommen. Hierfür kann es sinnvoll sein Fallbeispiele zu untersuchen, um anschließend die so gewonnenen Erkenntnisse auf das gesamte Wissensmanagement mit ESS übertragen zu können.

7.4.2 Messung anhand von Kommunikationsflüssen

Die Geschäftsprozessorientierung vieler Unternehmen hat zu – mehr oder weniger – optimierten Geschäftsprozessen geführt. Dabei liegt der Fokus immer auf der Effizienz- und Effektivitätssteigerung von Workflows. Während diese Optimierungsaufgabe durchaus gut gelingt, werden die Kommunikationsflüsse vernachlässigt, obwohl hier ein deutliches Potenzial zur Produktivitätsverbesserung vorhanden ist. Denken wir nur an das Beispiel aus Kapitel 2 zu E-Mails, das uns gezeigt hat, welches Potenzial sich durch eine Veränderung der Kommunikationsmittel durch den Einsatz von ESS erschließen lässt. Tatsächlich ist der übermäßige Einsatz von E-Mails oftmals ein Zeichen dafür, dass am Reissbrett optimierte Geschäftsprozesse anders gelebt werden und deshalb Verbesserungspotenzial hinsichtlich der Prozessabläufe und/oder des Kommunikationsflusses besteht. Houy u. a. (2010, S. 17 ff.) thematisieren die Potenziale von Enterprise 2.0 für das Geschäftsprozessmanagement.

Um den Erfolg eines ESS-Einsatzes ausmachen zu können, hat es sich als sinnvoll erwiesen, Geschäftsprozesse mit hohem E-Mail-Aufkommen zu analysieren. Wir wollen uns diesen Ansatz (vgl. auch Bächle 2014, S. 111 ff.) im Folgenden genauer ansehen.

Die Erfolgsmessung des ESS-Einsatzes anhand des Kommunikationsflusses setzt gemäß Input-Outcome-Modell im Bereich der Geschäftsprozesse an und identifiziert den dafür erforderlichen Kommunikationsaufwand. Die Vorgehensweise lässt sich in folgende Schritte unterteilen:

1. **Identifikation eines Geschäftsprozesses** mit hohem E-Mail-Aufkommen
2. **Analyse der E-Mail-Kommunikation:** Wo findet warum Kommunikation statt?
3. **Schätzung des Ist-Aufwands** der Kommunikation in Minuten
4. **Entwurf** eines alternativen Kommunikationsmodells durch den Einsatz von Enterprise-2.0-Social-Software
5. **Schätzung des neuen Plan-Aufwands** der Kommunikation anhand des neuen Kommunikationsmodells in Minuten
6. **Kostenschätzung** durch Umrechnung des Kommunikationsaufwands Ist und Plan mittels durchschnittlicher Stundensätze in geschätzte Ist- und Plan-Kosten

Bächle zeigt anhand von Fallstudien, dass dieses Vorgehen grundsätzlich zu einer signifikanten Aufwands- und Kostenreduktion führt. Das Einsparpotenzial ist dabei unabhängig davon, wie gut oder schlecht der betrachtete Geschäftsprozess bereits optimiert ist. Dies liegt daran, dass die E-Mail-Kommunikation für das Einsparpotenzial verantwortlich ist. Eine Verbesserung des Geschäftsprozesses mag sich aus der Analyse der Kommunikation zwar ergeben, ist aber nicht ausschlaggebend für die Messung des Erfolgs.

ℹ️ **Fallstudie „Verbesserung der Kommunikationsflüsse durch ESS"**

Die Fallstudie stammt aus Bächle (2014, S. 111 ff.). Dabei handelt es sich um einen echten Fall, bei dem mithilfe der Kommunikationsflussanalyse ein Geschäftsprozess mit hohem E-Mail-Aufkommen identifiziert wurde.

Zweck des Geschäftsprozesses ist die Mitarbeiterinformation durch die Geschäftsführung mittels Newsletter. Abbildung 7.6 zeigt den Ist-Prozess. Nach Erstellung des Newsletters durch die Geschäftsleitung wird dieser per E-Mail an alle Abteilungsleiter geschickt. Die Abteilungsleiter wiederum schicken die E-Mail an alle Mitarbeiter ihrer jeweiligen Abteilung, die einen E-Mail-Zugang haben. Für einige Mitarbeiter muss der Newsletter ausgedruckt und ausgehängt werden. Dies ist dann der Fall, wenn Informationen direkt in Produktionshallen verfügbar sein sollen. Die Produktionsbereiche der meisten Unternehmen entsprechen Enterprise 1.0. Wie wir aus Kapitel 2 wissen, liegt dabei zumeist der Konfigurationstyp „Maschinenbürokratie" vor, der sich nicht für ESS und Enterprise 2.0 eignet.

Interessanterweise gab es bei dem betrachteten Unternehmen schon vor Durchführung der Analyse eine ESS-Lösung auf Basis von IBM Connections. Diese wurde jedoch nicht genutzt, weil die Vorteile bislang nicht gesehen wurden. Nach Durchführung der Kommunikationsflussanalyse wurde die in Abbildung 7.7 dargestellte Veränderung des Geschäftsprozesses vorgeschlagen. Diese Veränderung war durch den Einsatz der ESS-Lösung möglich und erschien zumindest für diejenigen Bereiche des Unternehmens sinnvoll, die den Merkmalen von Enterprise 2.0 am ehesten entsprachen.

Der Geschäftsprozessablauf wurde dadurch nur leicht verändert, der Kommmunikationsfluss hingegen veränderte sich deutlich: Ein Großteil der E-Mail-Kommunikation wurde nun durch eine zentrale ESS-Plattform ersetzt, die den Mitarbeitern die aufwändige Speicherung und Verwaltung der Newsletter abnahm. Für diejenigen organisatorischen Bereiche, die eher Merkmale von Enterprise 1.0 aufwiesen, blieb es beim Ausdrucken und Aushängen des Newsletters.

Die Wirtschaftlichkeitsanalyse für den Einsatz von ESS in diesem Fall sah wie folgt aus:

Die 800 Mitarbeiter erhielten im Durchschnitt dreimal pro Woche einen Newsletter. Bei einer erfahrungsbasierten Durchschnittskalkulation von ca. 5 Minuten Aufwand für Lesen und Archivierung des Newsletters machte dies für alle Mitarbeiter in der Summe 200 Stunden/Woche aus. Das entsprach 9.200 Arbeitsstunden/Jahr.

Der neue Geschäftsprozess mit ESS hingegen benötigte nur ca. 3.067 Arbeitsstunden/Jahr. Dies entspricht einem Einsparpotenzial von ca. 6.122 Arbeitsstunden im Jahr oder 306.605 Euro pro Jahr, legte man den kalkulatorischen Stundensatz des Unternehmens von 50 Euro zugrunde.

7.4.3 Integrative Messmodelle

Die Ansätze zur Messung des Erfolgs von ESS und Wissenscommunitys mittels ROI und Kommunikationsfluss haben den Vorteil, dass sie hinsichtlich der Erfassung der Kennzahlen komplexitäts- und damit aufwandsreduzierend sind. Der Nachteil der Messmethoden ist ihre jeweils eindimensionale Fokussierung auf nur einen Teilaspekt des integrativen Wissensmanagements, wie wir es in Kapitel 6.3.3 kennengelernt haben. Während ROI auf die strategische Ebene abzielt und den Beitrag zur Erreichung der Geschäftsziele misst, stellt die Analyse des Kommunikationsflusses primär auf die Prozessebene ab und misst dort mögliche Verbesserungen von Effektivität und Effizienz.

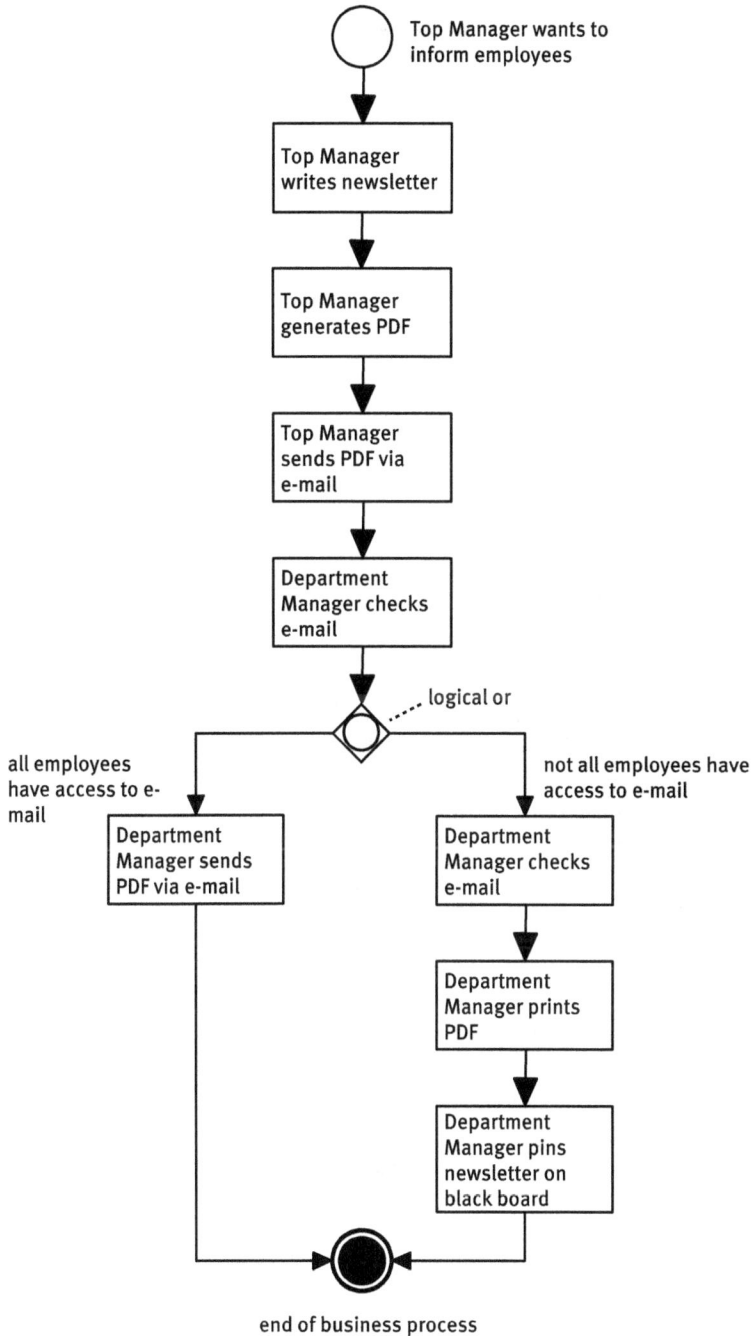

Abb. 7.6. Alter Geschäftsprozess ohne ESS-Lösung (Bächle 2014, S. 112).

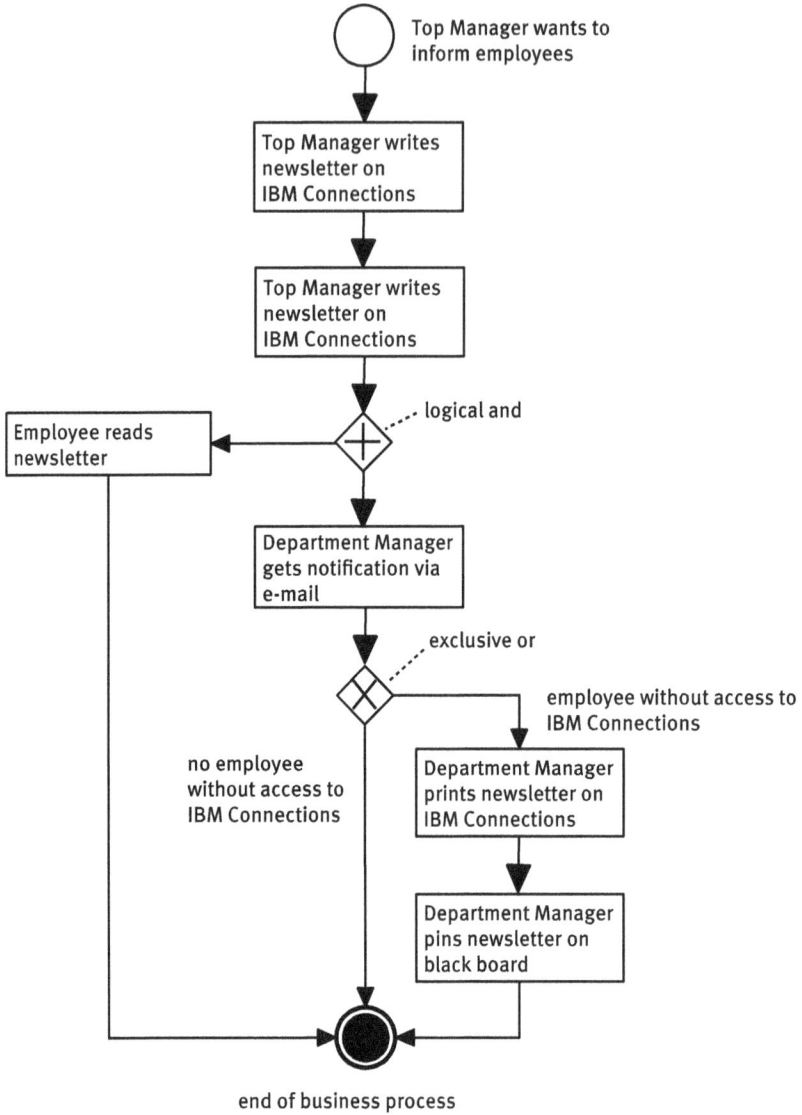

Abb. 7.7. Neuer Geschäftsprozess mit ESS-Lösung (Bächle 2014, S. 113).

Für eine Gesamtbetrachtung aller Ebenen sollte man deshalb schrittweise und langfristig ein integratives Messmodell aufbauen.

Ein integratives Modell zur Messung mittels Kennzahlen stellen beispielsweise Richter u. a. (2012, S. 21 ff.) in ihrem Rahmenwerk „aperto" vor. Dieses Modell steht in enger Verwandtschaft zum etwas älteren Modell von Cooper u. a. (2010), das wir hier behandeln wollen. Das Modell von Cooper u. a. ist umfassender und orientiert sich stärker an der Idee des integrativen Wissensmanagements.

Der Ansatz von Cooper u. a. unterscheidet zwischen Messebenen und Messobjekten, welche sich den drei Bereichen „Prozesse", „Output" und „Erfolg" des Input-Outcome-Modells aus Abbildung 7.5 zuordnen lassen.

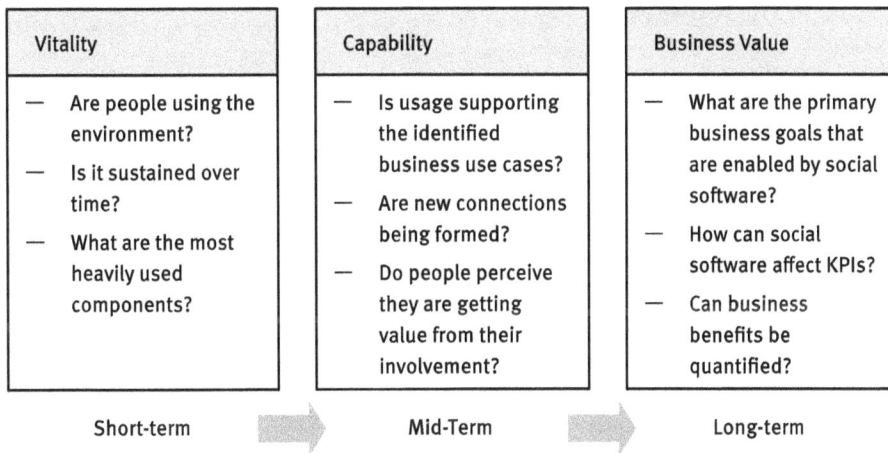

Vitality	Capability	Business Value
— Are people using the environment? — Is it sustained over time? — What are the most heavily used components?	— Is usage supporting the identified business use cases? — Are new connections being formed? — Do people perceive they are getting value from their involvement?	— What are the primary business goals that are enabled by social software? — How can social software affect KPIs? — Can business benefits be quantified?
Short-term	Mid-Term	Long-term

Abb. 7.8. Messobjekte (Cooper u. a. 2010, S. 4).

Messobjekte

Es werden drei Arten von Messobjekten unterschieden (siehe auch Abbildung 7.8):

- Die **Vitalität/Aktivität** (*vitality*) misst die Benutzeraktivitäten einer Community und ist dem Bereich „Prozesse" in Abbildung 7.5 zuzuordnen. Dies können beim Einsatz von ESS die Anzahl von geschriebenen und gelesenen Beiträgen in Blogs, Wikis etc. sein. Die Kennzahlen der Vitalität sind also das aktive und passive Verhalten einer Community. Nach Cooper u. a. (2010, S. 4) liefern diese Kennzahlen einen Überblick über die kurzfristige Vitalität einer Community. Allerdings sagt die Vitalität nicht unbedingt etwas über den Nutzen einer Wissenscommunity aus.

- Das **Nutzenpotenzial** (*capability*) für den Einzelnen bzw. die organisatorische Einheit (Team, Abteilung etc.) wird anhand von Potenzialkennzahlen gemessen, wie z. B. die Verkürzung von Suchzeiten zur Lösungsfindung. Der Nutzen von ESS für Communitys stellt sich nahezu nie kurz-, meist aber mittelfristig ein. Dieser Messtyp ist dem Bereich „Output" in Abbildung 7.5 zuzuordnen.
- Der langfristige Beitrag zum **Geschäftserfolg** (*business value*), der durch die Community und den Einsatz von ESS geleistet wird, kann anhand der Veränderung der unternehmensindividuell definierten Key-Performance-Indicators (KPIs) und Key-Value-Indicators (KVIs) gemessen werden. Ein Beispiel ist die Erhöhung der jährlich angemeldeten Patente durch Verbesserung der Innovationsfähigkeit seit Einführung von Communitys auf Basis von ESS. Dieser Messtyp ist dem Bereich „Erfolg" in Abbildung 7.5 zuzuordnen.

Messebenen

Messebenen legen die organisatorischen Ebenen fest, auf der die Erfolgsmessung stattfindet (siehe Abbildung 7.9):
- Auf der **Ebene des Individuums** wird der Erfolg der Wissenscommunity mit ESS für das einzelne Mitglied gemessen.
- Auf der **Gruppenebene** wird der Erfolg der Wissenscommunity mit ESS für die Gruppe (Projektteam etc.) gemessen.
- Auf der **Unternehmensebene** wird der Erfolg der Wissenscommunity mit ESS für das gesamte Unternehmen gemessen.

Cooper u. a. schlagen die Messung der unterschiedlichen Kennzahlentypen auf den drei Ebenen anhand von Anwendungsszenarien (*use cases*) vor. Anwendungsszenarien sind Einsatzfelder von ESS-basierten Communitys, die von speziellem Interesse für das Unternehmen sind. Die Betrachtung ausgewählter Anwendungsszenarien reduziert den Aufwand und die Komplexität bei der Analyse der Kennzahlen. Cooper u. a. (2010, S. 10) gehen dabei in drei Schritten vor:
1. Identifizieren eines **Anwendungsszenarios** sowie der erwarteten Ziele durch den Aufbau von Communitys mittels ESS.
2. Ausgehend von den Zielen des Anwendungsszenarios wird bestimmt, welche **Messtypen und -ebenen** aus Unternehmenssicht relevant sind.
3. Für die als relevant erachteten Messtypen und -ebenen werden geeignete **Kennzahlen** definiert und schließlich gemessen.

Abbildung 7.10 zeigt ein konkretes Messmodell für das Anwendungsszenario „Customer Support", das sich aus dem Ansatz von Cooper u. a. ableiten lässt.

Die meisten Kennzahlen bzw. Metriken des Messmodells in Abbildung 7.10 sind leicht verständlich und meist auch mit vertretbarem Aufwand zu erfassen. Schwieriger

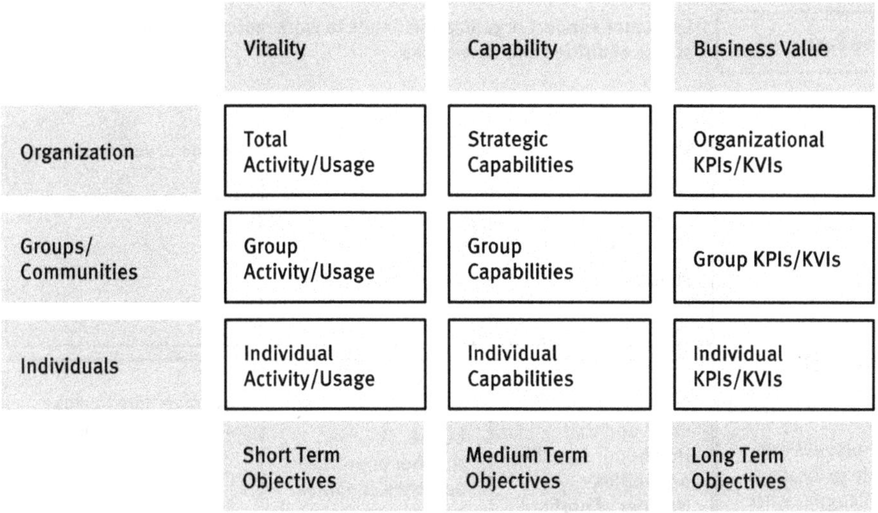

	Vitality	Capability	Business Value
Organization	Total Activity/Usage	Strategic Capabilities	Organizational KPIs/KVIs
Groups/ Communities	Group Activity/Usage	Group Capabilities	Group KPIs/KVIs
Individuals	Individual Activity/Usage	Individual Capabilities	Individual KPIs/KVIs
	Short Term Objectives	Medium Term Objectives	Long Term Objectives

Abb. 7.9. Messebenen (Cooper u. a. 2010, S. 4).

ist ihre konkrete Interpretation: Eine einzelne Kennzahl, wie z. B. die Anzahl gelesener Wiki-Beiträge, ist wenig aussagekräftig. Erst im Kontext des Gesamtmodells, also über mehrere Ebenen und Messobjekte hinweg, lassen sich Rückschlüsse ziehen.

Die in Abbildung 7.10 aufgeführten „Social Network Metrics" werden wir im nächsten Kapitel genauer betrachten, da sie auf gruppendynamische Effekte innerhalb einer ESS-basierten Community verweisen.

7.5 Übungsaufgaben

1. Erläutern Sie die unterschiedlichen Arten von Gruppen.
2. Geben Sie einen Überblick über das erweiterte Modell betrieblicher Vertrauensentwicklung.
3. Ordnen Sie die unterschiedlichen Modelle zur Erfolgsmessung in das Input-Outcome-Modell ein.
4. Erläutern Sie die Forschungsfragen und Ergebnisse der Caterpillar-Studie.
5. Grenzen Sie die Begriffe „Kooperation", „Kollaboration" und „Koordination" voneinander ab.
6. Grenzen Sie den Begriff des Vertrauens von verwandten Begriffen wie Hoffnung ab.

Use Case	Customer support organization needs to work more effectively across countries and time zones

Use Case Elements ↓	Vitality	Capabilty	Business Value
	Simple Metrics	Composite Metrics	KPIs
Employees are able to locate colleagues with needed skills irrespective of their location	- % of profiles with skills updated - Number of searches on profiles - Number of profile reads	- Number of book-marks used / contributed - Number of profiles searches /updates	- Average time to close a customer request is reduced by x % - Customer satisfaction survey shows an improvement of y % - Staff satisfaction survey shows improvement in job satisfaction
Subject matter coordinators blog regularly to share latest updates in their area	- Number of blog entries added - Number of blog authors - Number of blog entry comments - Number of blog entry reads	**Social Network Metrics** - Reduction of bottle-necks - Number of knowledge brokers	**KVIs**
„How to" wikis are regularly updated by team members and are heavily used to find information	- Number of wiki edits made - Number of wiki authors - Number of wiki entry comments - Number of wiki reads	**User Surveys** User surveys that show perception of value in: - locating colleagues/experts - staying aware of current knowledge	- Average handling costs per customer request is reduced by x % - Annual customer support recruitment costs are reduced by y %
	Short-term	Mid-term	Long-term

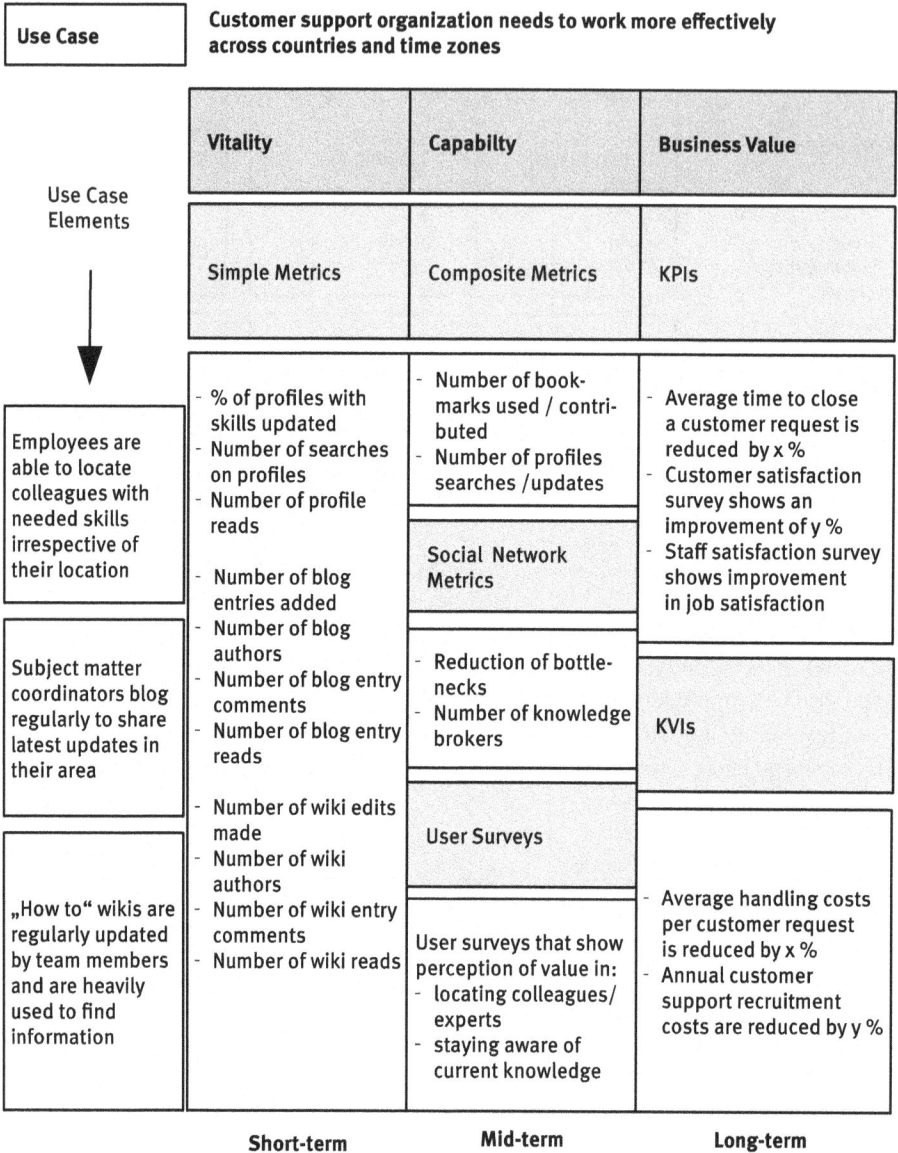

Abb. 7.10. Beispiel für eine Erfolgsmessung (Cooper u. a. 2010, S. 10).

7.6 Zusammenfassung

In diesem Kapitel haben wir den Stellenwert von Wissenscommunitys mit ESS für das Wissensmanagement besprochen. Dabei wurde erläutert, dass Communitys bestimmte Merkmale aufweisen, verschiedene Entwicklungsphasen durchlaufen und Regeln unterliegen. Wir haben außerdem verschiedene Modelle des Wissenscontrollings für die Messung des Erfolgs einer Wissenscommunity mit ESS betrachtet. Abbildung 7.11 fasst die Ergebnisse nochmals grafisch zusammen.

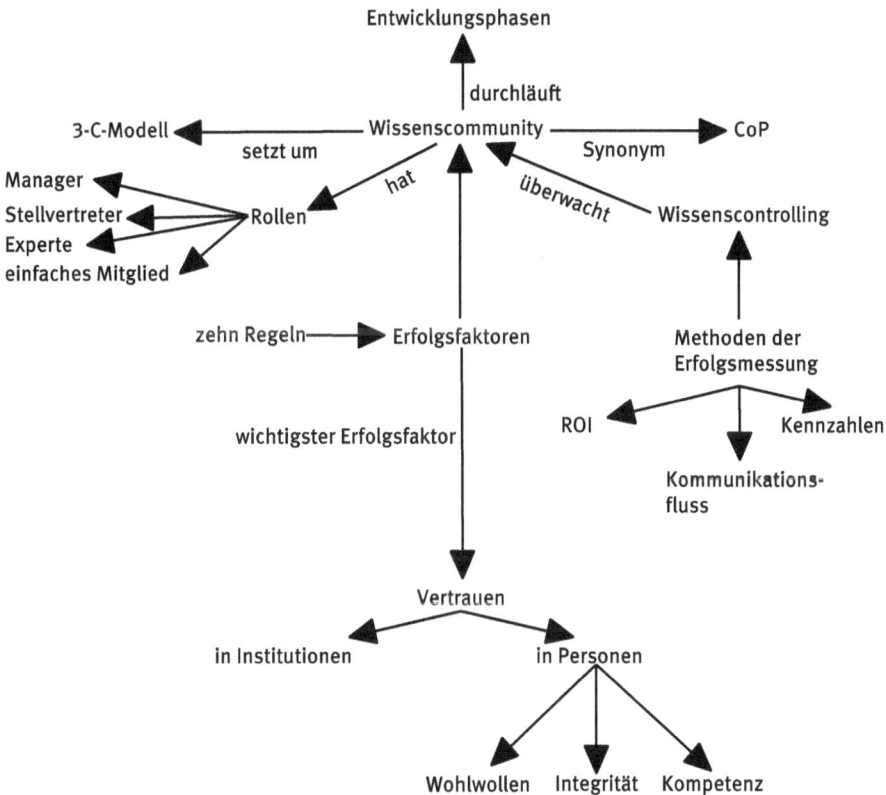

Abb. 7.11. Wissenscommunitys: Zusammenfassung (eigene Darstellung).

Wissenscommunitys sind soziale Gebilde, in denen Menschen zusammenarbeiten. Das bedeutet, dass sie Beziehungen zueinander aufbauen. Wir werden deshalb im letzten Kapitel einen Blick auf die Möglichkeiten der sozialen Netzwerkanalyse werfen und untersuchen, was sich daraus für Wissenscommunitys ableiten lässt.

8 Soziale Netzwerkanalyse

Lernziele
- Sie lernen den Matthäus-Effekt kennen und können ihn erklären.
- Sie können erläutern, welche Maße es zur Messung der Zentralität von Mitgliedern einer Community gibt.
- Sie können wichtige Merkmale von Community-Netzwerken erläutern.
- Sie sind in der Lage, die Bedeutung dieser Maße und Merkmale zu interpretieren.

Im letzten Kapitel haben wir uns eingehend mit Wissenscommunitys als Ansatzpunkt der Nutzung von Enterprise 2.0 für das Wissensmanagement befasst. Dazu wurden Wissenscommunitys als CoPs definiert, also als Gemeinschaft von Personen, die aufgrund eines gemeinsamen Interesses oder Aufgabengebiets über formale Organisationsgrenzen hinweg interagieren. In einer solchen Community, so hatten wir festgestellt, gibt es verschiedene Mitgliederrollen. Außerdem hatten wir die Daumenregel 1–9–90 aufgestellt.

Wie kommt es zu dieser Daumenregel? Sind in einer Community alle Mitglieder als gleichwertig zu betrachten? Solchen Fragen wollen wir in diesem Kapitel nachgehen.

8.1 Eigenschaften von Netzwerken

Die Interaktion in Wissenscommunitys bedingt, dass Beziehungen zwischen den Mitgliedern bestehen. Mitglieder und ihre Beziehungen formen damit ein soziales Netzwerk, das wir wie folgt definieren wollen:

Ein **soziales Netzwerk** ist eine spezifische Menge von sozialen Akteuren und den zwischen ihnen bestehenden Verbindungen.

Die Verbindungen zwischen den Akteuren können gerichtet oder ungerichtet sein. **Ungerichtete Verbindungen** sind z. B. Freundschaftsbeziehungen. Freundschaften sind immer **symmetrisch**, da derartige Beziehungen nur wechselseitig möglich sind. **Gerichtete Verbindungen**, so z. B. die Vorgesetzter-Mitarbeiter-Beziehung, sind hingegen **asymmetrisch** (spätestens, wenn es um Anweisungen geht). Für die Betrachtung der Merkmale von Communitys konzentrieren wir uns in diesem Kapitel auf **ungerichtete, d. h. symmetrische Beziehungen**.

Bezüglich des Aufbaus von Wissensmanagement mit ESS ist es interessant, die sozialen Strukturen von Beziehungsnetzwerken im Unternehmen genauer zu analysieren. Dies ermöglicht es, die Potenziale sozialer Netzwerke bestmöglich nutzen zu können, wie beispielsweise die organisationssoziologischen Arbeiten von Cross u. a. (2002), Cross und Parker (2004) sowie Cross und Thomas (2009) anschaulich zeigen.

> **!** Die **soziale Netzwerkanalyse** (*Social Network Analysis*; SNA) ist ein Instrument der empirischen Sozialforschung, „das soziale Ressourcen oder soziales Kapital erfassen kann. Unter sozialem Kapital versteht man einen Aspekt der Sozialstruktur, der individuellen oder korporativen Akteuren breitere Handlungsmöglichkeiten eröffnet." (Jansen 2006, S. 27)

Das im Personalmanagement wohlbekannte Konzept des Humankapitals wird also in der SNA genauer in den Blick genommen, indem die Merkmale menschlicher Beziehungsmuster betrachtet werden. „Das Ganze ist mehr als seine Teile" ist dabei durchaus wörtlich zu nehmen und zeigt im sozialen Kapital von Wissenscommunitys sein Potenzial für das Wissensmanagement.

Das Fallbeispiel „Identifikation einer informellen Wissenscommunity mittels SNA" vermittelt einen Eindruck davon, wie mittels einer SNA im Rahmen einer Organisationsuntersuchung eine CoP identifiziert und für das Wissensmanagement nutzbar gemacht werden konnte.

> **i** **Fallstudie „Identifikation einer informellen Wissenscommunity mittels SNA"**
> Falkowski und Krebs (2005) berichten von der zufälligen Identifikation einer informellen Wissenscommunity von Softwaretestern bei IBM, die sich über viele Jahre und mehrere organisatorische Veränderungsprozesse hinweg als stabil erwies.
>
> Ausgangspunkt war eine SNA, um Verbesserungspotenziale in der Kollaboration räumlich verteilter Teams innerhalb der weltweiten Organisation von IBM zu identifizieren. Dabei stießen Falkowski und Krebs auf eine informelle Wissenscommunity aus Fachleuten, die sich weltweit innerhalb einer Community-of-Practice zum Themengebiet „Softwaretests" zusammengefunden hatten. Dass es diese CoP gab, war dem Management bis zur Durchführung der SNA nicht bekannt gewesen. Diese Wissenscommunity bestand erfolgreich seit den späten 1980er-Jahren.
>
> Die zufällige Entdeckung führte zu einer Formalisierung der informellen CoP als offiziell unterstützte Wissenscommunity, wie Falkowski und Krebs (2005, S. 4) ausführen:
>
> „What happend next is a consultant's dream. Our unexpected discovery of a cluster of software testers resulted in a sizable chunk of follow-on work with the client. We designed and implemented what we believe one of the first formal communities of practice within IBM! But we did not start with a clean sheet of paper – we built upon the community that had already emerged! After all these people had already shown their dedication to the topic and trust with each other." [im Original hervorgehoben]

Betrachten wir die Kommunikationsziehungen einer Community, stellen wir fest, dass bei der Häufigkeitsverteilung der Beziehungen die Daumenregel 1–9–90 greift. Man kann dies sehr schön an den Freundschaftsbeziehungen in einer Community festmachen. Eine solche Verteilung ist empirisch häufig zu beobachten und wird als **Paretoverteilung** bezeichnet. Das heißt, dass ca. 80 % bis 90 % aller Beziehungen in einer Community sich auf ca. 10 % bis 20 % aller Mitglieder konzentrieren. Die restlichen 80 % bis 90 % der Mitglieder einer Community sind nur für 10 % bis 20 % der Vernetzungsbeziehungen verantwortlich. Diese Aussage trifft übrigens nicht nur auf soziale Netzwerke zu. Vielmehr lässt sich diese Verteilung in vielen anderen realen Netzwerken feststellen. Die grundlegenden Arbeiten der zugehörigen Netzwerktheorie stammen von Barabasi (2002) sowie Newman (2010).

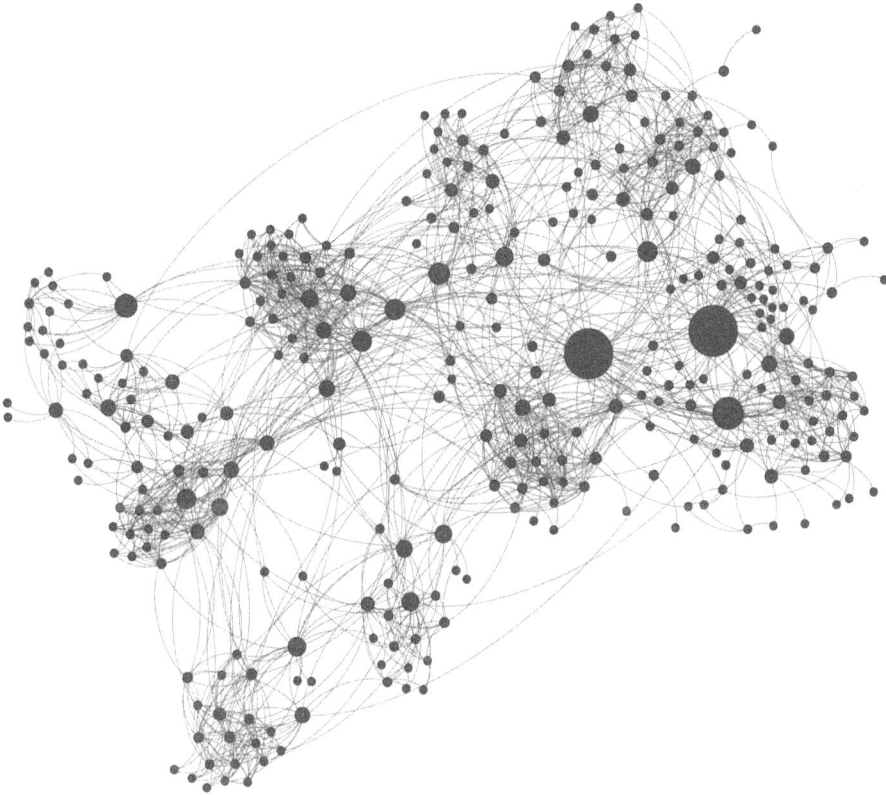

Abb. 8.1. Netzwerk der Freundschaftsbeziehungen in einer Alumni-Community (eigene Darstellung).

Abbildung 8.1 zeigt ein empirisches Netzwerk der Freundschaftsbeziehungen in einer Community von Alumni eines Studiengangs. Leicht zu erkennen ist, dass es Cluster von Alumni gibt, die besonders gut miteinander vernetzt sind. Eine genauere Analyse ergab, dass es sich dabei um Studienjahrgänge handelt, die untereinander besonders gut befreundet sind. Die Größe der Kreise gibt an, wie stark der jeweilige Alumnus die Kommunikation in der Community dadurch kontrolliert, indem über ihn der jeweils kürzeste Kommunikationsweg zwischen zwei anderen Alumni verläuft. Diese Eigenschaft eines Community-Mitglieds wird als „Betweenness" bezeichnet. Je größer der Kreisradius, umso höher die Betweenness, also die Anzahl der kürzesten Kommunika-

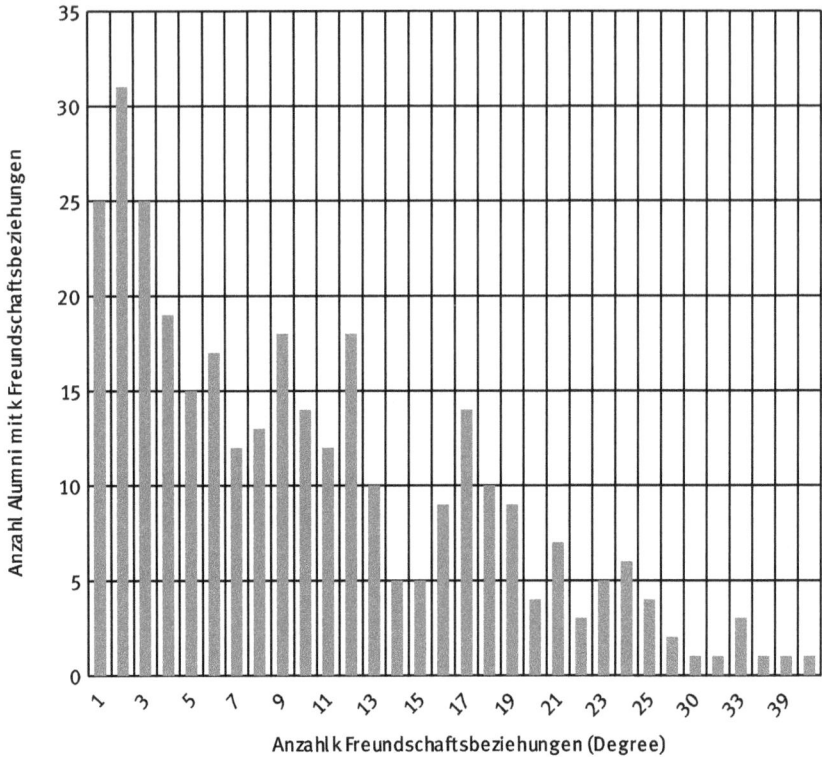

Abb. 8.2. Häufigkeitsverteilung der Freundschaftsbeziehungen in einer Alumni-Community (eigene Darstellung).

tionswege durch die betreffende Person. Wir werden uns mit der Betweeness in Kapitel 8.2 ausführlicher befassen.

Abbildung 8.2 zeigt die Häufigkeitsverteilung der Freundschaftsbeziehungen für die Alumni-Community. Auf der Y-Achse ist die Anzahl der Alumni abgetragen, die eine bestimmte Anzahl k von Freundschaftsbeziehungen haben. Auf der X-Achse finden wir die Anzahl k der Freundschaftsbeziehungen, die im Alumninetzwerk beobachtbar sind. Auch hier können wir feststellen, dass in dieser Community zumindest annäherungsweise die Paretoverteilung für die Häufgkeitsverteilung der Freundschaftsbeziehungen gilt.

Die Beobachtungen in der Alumni-Community lassen sich nach Newman (2010, S. 247) in einer potenzfunktionalen Formel zur Schätzung der Beziehungen eines Community-Mitglieds verallgemeinern:

Um die Häufigkeitsverteilung der Beziehungen in einer Community abschätzen zu können, kann folgende Potenzfunktion verwendet werden:

$$p_k = k^{-\alpha} \tag{8.1}$$

mit:
- p_k – Wahrscheinlichkeit für k Vernetzungsbeziehungen
- k – Anzahl der Vernetzungsbeziehungen
- $2,0 \leq \alpha \leq 3,0$

Der Exponent α ist mit seinem Wertebereich $2,0 \leq \alpha \leq 3,0$ empirisch gut zu beobachten und wird u. a. in Newman (2010, S. 247 ff.) ausführlich begründet. Netzwerke mit einer potenzfunktionalen Verteilung dieser Art werden als **skalenfrei** bzw. skaleninvariant bezeichnet, weil eine Reskalierung $k \rightarrow Ck$ nichts an den Merkmalen derartiger Netzwerke ändert (wie Nullstellen, Wendepunkte und Extrema).

Obgleich statistisch in der Realität eher normalverteilte Häufigkeiten (Gaußsche Glockenkurve) zu erwarten sind, finden sich skalenfreie Netzwerke recht häufig, wie die folgenden Beispiele zeigen:
- Ansteckung mit biologischen Viren
- Verbreitung von Computerviren
- Zitate in wissenschaftlichen Arbeiten
- Flugverbindungen in einem landesweiten Flugnetz
- Verlinkungen im Web
- Modetrends

Auch für Communitys gilt die potenzfunktionale Verteilung von Vernetzungsbeziehungen: Die meisten Mitglieder einer Community beteiligen sich nur sehr wenig. Der Hauptteil der Aktivitäten wird von wenigen Personen getragen. Letztere bezeichnet man in der Netzwerkforschung zu skalenfreien Netzwerken als **Hubs** (englisch für „Naben eines Rads"). Mindestens zwei solche Hubs sehen wir in Abbildung 8.1: Es handelt sich um die beiden Personen mit den größten Kreisradien.

Wir dürfen also nicht damit rechnen, dass „die große Masse" viele Kontakte unterhält und aktiv Wissensmanagement in der Community betreibt. Dies als Ziel zu haben, wäre unrealistisch und widerspräche den empirischen Möglichkeiten einer Community. Die Daumenregel 1–9–90 ist deshalb ein guter Anhaltspunkt für eine tatsächlich erfolgreiche Community. Es ist sehr unwahrscheinlich, dass sich eine andere Verteilung einstellen wird.

Für die Häufigkeitsverteilung gemäß $p_k = k^{-\alpha}$ gibt es zwei einfache Begründungen:
- **Alter der Mitgliedschaft:** Je länger jemand Mitglied in einer Community ist, umso mehr Zeit hatte er für den Aufbau von Beziehungen. Erfahrungsgemäß haben

Kollegen/-innen, die schon länger für ein Unternehmen tätig sind, mehr Kontakte als neue Mitarbeiter. Das gilt natürlich auch innerhalb der Community.

– **Matthäus-Effekt**: Mitglieder einer Community, die viele Beziehungen unterhalten, sind für neue Mitglieder schnell als potenziell wichtige Vernetzungspartner auszumachen. Dementsprechend werden sie häufiger kontaktiert und sind beliebte Vernetzungspartner.

❗ Als **Matthäus-Effekt** bezeichnet man das Phänomen, dass gut vernetzte Mitglieder einer Community überproprotional häufiger neue Vernetzungsanfragen erhalten als weniger gut vernetzte Mitglieder. Der Begriff „Matthäus-Effekt" ist angelehnt Kapitel 25, Vers 29 des Matthäus-Evangeliums, wo es heißt: „Denn wer hat, dem wird gegeben, und er wird im Überfluss haben; wer aber nicht hat, dem wird auch noch weggenommen, was er hat."
Dieses Phänomen wird auch als „the rich get richer" bezeichnet. In der hier zugrunde liegenden Netzwerktheorie ist der Fachbegriff **„preferential attachment"** geläufiger.

8.2 Analyse sozialer Netzwerke mittels Zentralitätsmaßen

Erwartet man, dass sich in ESS-basierten Communitys jeder mit jedem vernetzt und jeder mit jedem kommuniziert, wird man eine „enttäuschend" geringe Beteiligung feststellen. Communitys sind skalenfreie Netzwerke und unterliegen als solche deren potenzfunktionalen Gesetzmäßigkeiten. Es darf eben nicht mit gleich- oder normalverteilten Beziehungen gerechnet werden. Die SNA hat uns also eine erste wichtige Erkenntnis geliefert.

In diesem Abschnitt wollen wir uns damit beschäftigen, wie wichtig ein Mitglied in einer Community ist. Wir haben in Kapitel 7.3.1 bereits gesehen, dass es unterschiedliche Rollen gibt. Mit diesen Rollen hängt natürlich auch die Frage zusammen, welchen Stellenwert jemand in der Community hat.

Die SNA liefert dafür Maße. Ziel der SNA ist es, beliebige Formen von Beziehungsnetzwerken auf unterschiedliche Aspekte hin zu untersuchen. Besonders wichtig sind dabei die sogenannten Zentralitätsmaße. Damit wird der Grad der Vernetzung einer Person aus unterschiedlichen Perspektiven gemessen. Wir wollen die drei wichtigsten Maße zur Messung der Zentralität eines Community-Mitglieds nachfolgend genauer betrachten.

8.2.1 Degree

Betrachten wir Abbildung 8.1, dann sehen wir, dass nicht jedes Mitglied dieser Community die gleiche Anzahl von Beziehungen hat. Es gibt einige Alumni, die nur ganz wenige Kontakte in der Community geknüpft haben. Dies zeigt sich auch an der Verteilungsfunktion in Abbildung 8.2.

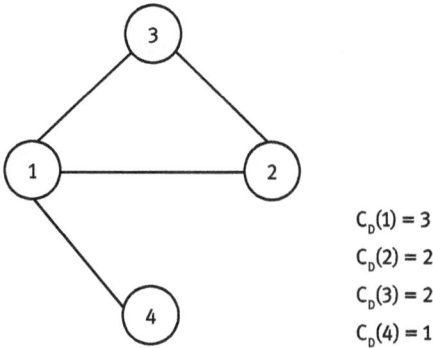

$C_D(1) = 3$
$C_D(2) = 2$
$C_D(3) = 2$
$C_D(4) = 1$

Abb. 8.3. Degree (eigene Darstellung).

Der **Degree** erfasst die Anzahl der direkten Verbindungen einer Person i zu anderen Personen im Netzwerk der Größe n.

Typischerweise ist dieses Zentralitätsmaß ein Indikator für den Rang einer Person innerhalb der Community sowie für ihre Kommunikationsaktivität. Der größtmögliche Rang (*degree*) ist $n - 1$ für eine Gruppe mit n Mitgliedern. Formel 8.2 zeigt die Berechnung des Degrees $C_D(i)$ für die Person i in einer Community:

$$C_D(i) = \sum_{j=1}^{n} x_{ij} = \sum_{j=1}^{n} x_{ji} \tag{8.2}$$

mit:
- $i \neq j$
- x_{ij} – direkte Verbindung zwischen i und j

Abbildung 8.3 zeigt ein Berechnungsbeispiel für eine Community mit vier Personen.

8.2.2 Betweenness

Dieses Maß hatten wir bereits im Zuge der Betrachtung von Abbildung 8.1 kennengelernt, in der die Betweeness durch die Kreisgröße visualisiert wird. Wir können erkennen, dass es (mindestens) zwei Mitglieder in der Community gibt, die eine recht hohe Betweenness aufweisen.

> **Betweenness** erfasst die Anzahl der kürzesten Pfade (sogenannte *geodesics*) zwischen zwei Personen *j* und *k* im Netzwerk, die über die betrachtete Person *i* laufen.

Betweenness gilt als Maß für die mögliche Kontrolle der Kommunikation durch eine Person *i* im Netzwerk der Größe *n*. Hier ist diejenige Person zentral, die für viele Community-Mitglieder auf deren kürzesten Kommunikationspfaden mit anderen Mitgliedern der Community liegt. Eine solche Person kann deshalb als **Wissensbroker** bezeichnet werden. Sie kontrolliert viele Aktivitäten im Netzwerk. Formel 8.3 zeigt die Berechnung der Betweenness $C_B(i)$ für die Person *i*:

$$C_B(i) = \frac{\sum_{j<k}^{n} g_{jk}(i)/g_{jk}}{\frac{(n-1)\times(n-2)}{2}} = \frac{2}{(n-1)\times(n-2)} \times \sum_{j<k}^{n} g_{jk}(i)/g_{jk} \tag{8.3}$$

mit:
- $i \neq j \neq k$
- g_{jk} – Anzahl aller kürzesten Pfade zwischen *j* und *k*
- $g_{jk}(i)$ – Anzahl der kürzesten Pfade zwischen *j* und *k*, die durch *i* laufen
- $\frac{(n-1)\times(n-2)}{2}$) – Anzahl möglicher Paare von Personen, ohne Person *i*

Da absolute Werte ohne Kenntnis von *n* nicht interpretiert werden können, normalisieren wir in Formel 8.3 durch $\frac{(n-1)\times(n-2)}{2}$ die möglichen Werte auf den Wertebereich $0 \leq C_B(i) \leq 1$.

Abbildung 8.4 zeigt die berechneten Werte für eine kleine Community von vier Personen. Wir sehen dort, dass in diesem einfachen Fall nur Mitglied 1 einen Wert größer Null hat. Dies leuchtet ein, denn alle anderen Mitglieder sind mehr oder weniger peripher – über sie führen keine Wege zu anderen Mitgliedern (Mitglied 4) oder keine kürzesten Wege (Mitglied 2 und 3) in der Community.

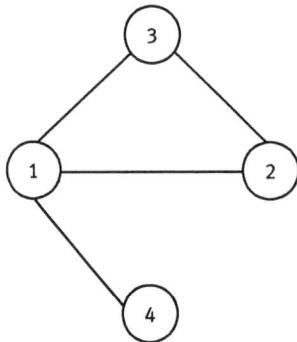

$C_B(1) = 2/6 \times 2 = 2/3 = 0{,}67$
$C_B(2) = 2/6 \times 0 = 0$
$C_B(3) = 2/6 \times 0 = 0$
$C_B(4) = 2/6 \times 0 = 0$

Beispiel: Die kürzesten Pfade durch Mitglied 1
1. von 4 zu 2
2. und umgekehrt von 2 zu 4
3. von 4 zu 3
4. und umgekehrt von 3 zu 4

Abb. 8.4. Betweenness (eigene Darstellung).

8.2.3 Closeness

Man muss nicht unbedingt über einen hohen Degree oder eine hohe Betweenness verfügen, um in der Community effizient kommunizieren zu können. Es reicht durchaus, wenn man „das Ohr" einer Person mit hoher Betweenness hat, also kurze Kommunikationswege zu einem Wissensbroker. Dann besteht durchaus die Möglichkeit, schnell in die Community hineinzukommunizieren, ohne selbst eine hohe Betweenness aufweisen zu müssen. Diese Eigenschaft kann man mit dem Maß der Closeness messen.

Closeness erfasst die Nähe einer Person i zu allen anderen Personen im Netzwerk der Größe n über die sogenannte Pfaddistanz. Closeness gilt als Maß für die Zentralität im Netzwerk und die Kommunikationseffizienz.

Formel 8.4 zeigt die Berechnung der normalisierten Closeness $C_C(i)$ für die Person i:

$$C_C(i) = \frac{(n-1)}{\sum_{j=1}^{n} d(i,j)} \tag{8.4}$$

mit:
- $i \neq j$, wobei die Personen im Netzwerk verbunden sein müssen, damit das Maß berechnet werden kann
- $d(i,j)$ bezeichnet die Anzahl der Kanten der kürzesten Pfade zwischen den beiden Personen i und j

Abbildung 8.5 zeigt die Berechnung der Closeness für eine Community von vier Personen.

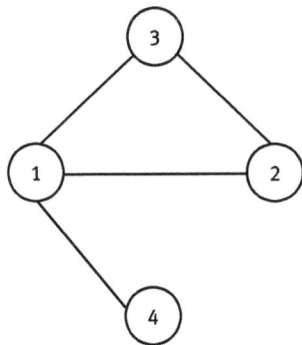

$$C_c(1) = (4-1)/\sum_{j=1}^{4} d(1,j) = 3/(1+1+1) = 1,0$$

$$C_c(2) = 3/(1+1+2) = 0,75$$

$$C_c(3) = 3/(1+1+2) = 0,75$$

$$C_c(4) = (4-1)/\sum_{j=1}^{4} d(4,j) = 3/(1+2+2) = 0,6$$

Abb. 8.5. Closeness (eigene Darstellung).

8.3 Weitere Merkmale von Communitys

Neben den Zentralitätsmaßen weisen Community-Netzwerke in ihrer Topologie einige interessante Merkmale auf, die dabei helfen können, wichtige Informationen für das Wissensmanagement zu gewinnen. Hierzu zählen die Merkmale „Brücke", „Embeddedness" und „Structural Hole". Anhand dieser Merkmale kann herausgefunden werden, welche Mitglieder in der Wissenscommunity eine wichtige Rolle spielen.

8.3.1 Brücken

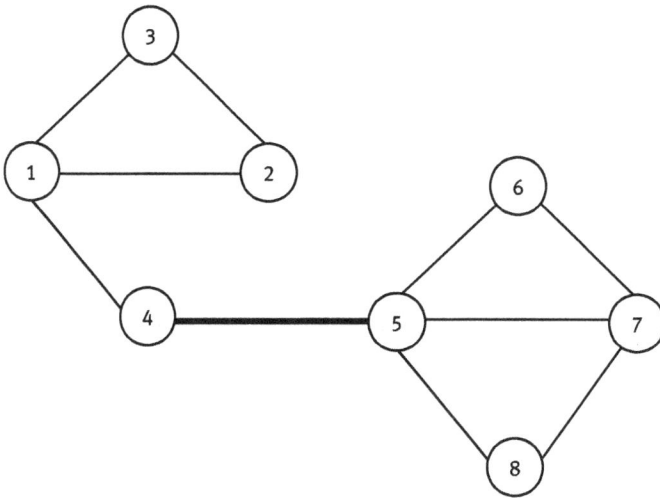

Abb. 8.6. Brücke (eigene Darstellung).

Eine Community ist selten eine in sich geschlossene, große Gruppe. Meist zerfällt sie in mehrere **Teilgruppen** (auch als „**Cluster**" bezeichnet), die in mehr oder weniger losem Kontakt zueinander stehen. Dieser lose Kontakt wird zumeist von wenigen Mitgliedern hergestellt. Diese Mitglieder haben Beziehungen zu Mitgliedern verschiedener Gruppen. Dies wird vor allem dann interessant, wenn es nur wenige Community-Mitglieder gibt, die verschiedene Gruppen miteinander verbinden. Derartige Verbindungen zwischen Mitgliedern verschiedener Gruppen werden als **Brücken** (*bridges*) bezeichnet. In Abbildung 8.6 sehen wir eine solche Brücke zwischen den Mitgliedern 4 und 5. Diese Beziehung verbindet **exklusiv** die beiden Cluster der Community. Geht diese Beziehung verloren, zerfällt die Community in zwei unverbundene Teile. Damit kommt dieser Beziehung insbesondere im Wissenstransferprozess eine große Bedeutung zu. Das Community-Management kann „Brückenmitglieder" für die gezielte Wissensdiffusion nutzen. Zugleich sollte sich das Community-Management, wie auch das Management der Organisationseinheit, dessen bewusst sein, welche Risiken mit dem Weggang eines Brückenmitglieds verbunden sind und sich darüber im Klaren sein, wie diesen Risiken begegnet werden kann.

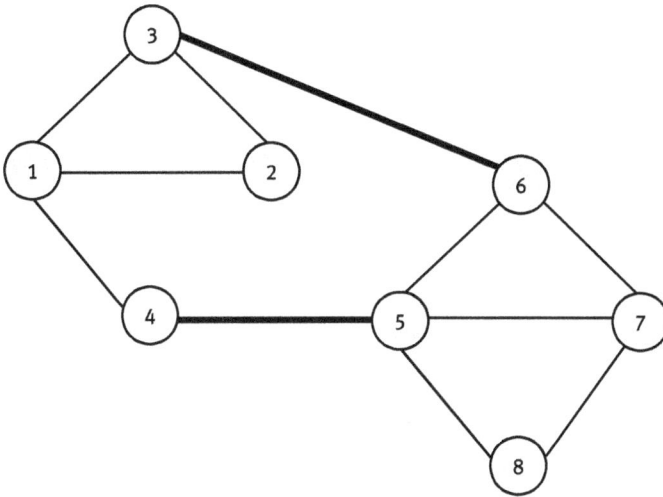

Abb. 8.7. Lokale Brücken (eigene Darstellung).

Natürlich werden wir in der Realität kaum einer derart absoluten Brücke begegnen, wie in Abbildung 8.6 dargestellt. Tatsächlich wird man eher **lokale Brücken** vorfinden. In Abbildung 8.7 sieht man, dass es zwei Brücken zwischen den beiden Clustern geben kann. Derartige Brücken bezeichnet man als „lokale Brücken". Aber auch lokale Brücken sind für das Wissensmanagement nicht unproblematisch, da sie immer die Gefahr von Verzögerung und Monopolisierung in sich bergen.

Fallstudie „Lokale Brücken"
Einen Fall lokaler Brücken untersuchten Cross und Parker (2004, S. 32 ff.). Nachdem sie mittels SNA in einem Netzwerk von Beratern eines Beratungsunternehmens zwei Cluster und mehrere lokale Brücken identifiziert hatten, führten sie in dieser Community verschiedene Methoden des Wissensmanagements ein (siehe Kapitel 6.5). Nach neun Monaten führten sie eine weitere SNA durch und konnten nachweisen, dass diese Maßnahmen zu einer größeren Homogenität der Community geführt hatten. Absolute und lokale Brücken waren nicht mehr zu identifizieren.

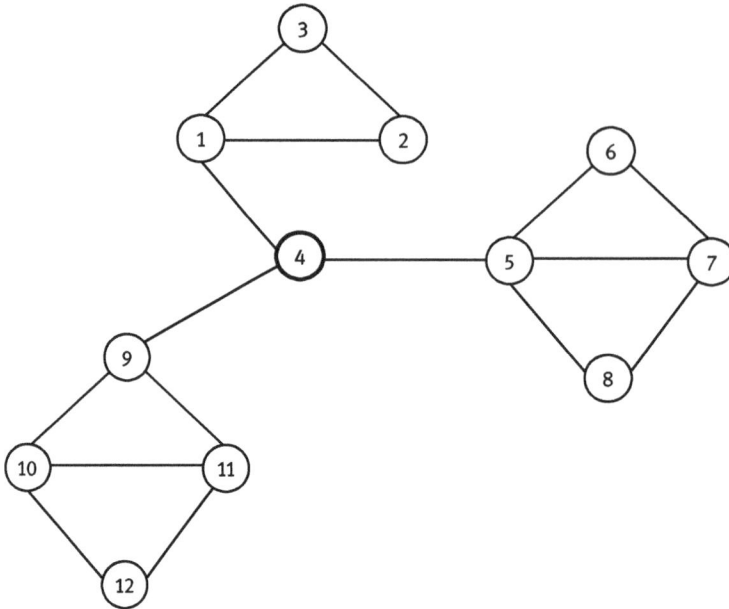

Abb. 8.8. Structural Hole (eigene Darstellung).

8.3.2 Structural Holes

Mitglieder einer Wissenscommunity, die Teil einer Brücke sind, nennt man „Structural Holes". Betrachtet man Abbildung 8.8, dann sieht man, warum von „strukturellen Löchern" die Rede ist: Mitglied 4 steht zwischen drei Gruppen. Es überbrückt damit ein strukturelles Loch, das entstehen würde, wenn es die Wissenscommunity verlassen würde.

Die Position als „Structural Hole" bringt für Mitglied 4 in Abbildung 8.8 einige Vorteile mit sich:

- Mitglied 4 hat einen einfacheren Zugang zu neuen Informationen, die gruppenübergreifend verbreitet werden, als die übrigen Mitglieder.
- Mitglied 4 kann die Verbreitung der Informationen beeinflussen, denn es ist Teil zweier Brücken. Dies macht es Mitglied 4 beispielsweise möglich, den Erfolg eines Projekts zur Einführung eines neuen Produkts zu beeinflussen: Es kann die Informationen schnell weitergeben und damit zum Projekterfolg möglicherweise entscheidend beitragen. Mitglied 4 kann aber das Projekt auch behindern, indem es die Weitergabe der Informationen verzögert oder erst gar nicht zulässt. Man nennt eine solche Person, die ein strukturelles Loch besetzt, deshalb auch **Gatekeeper**.
- Mitglied 4 ist ein typischer Kandidat für Maßnahmen der Produktinnovation, z. B. durch Open Innovation (siehe Kapitel 5). Dadurch, dass Mitglied 4 zwischen drei

Gruppen die Verbindung hält, erhält es verschiedenartige Informationen, z. B. über Ideen zur Produktverbesserung, mehr als beispielsweise Mitglied 1, das nur Mitglied in einer Gruppe der Community ist.

8.3.3 Embeddedness

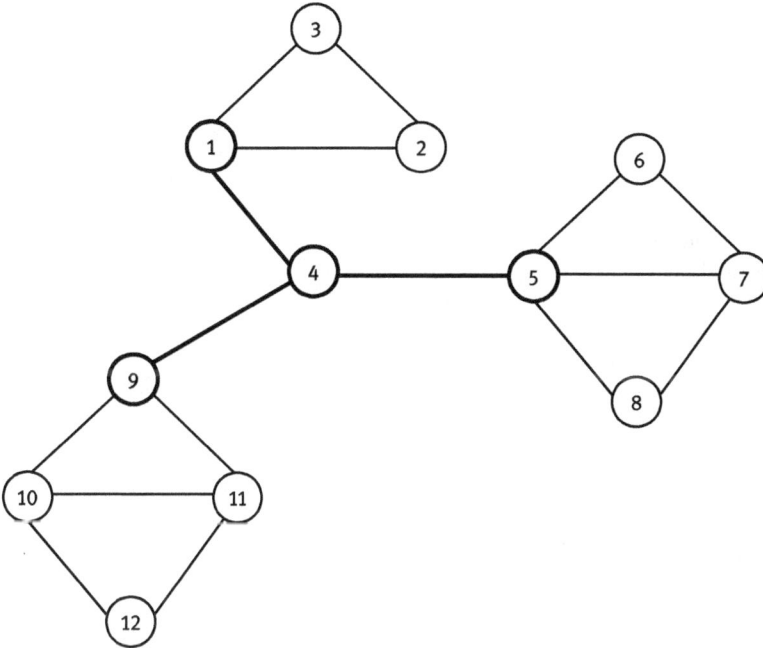

Abb. 8.9. Embeddedness (eigene Darstellung).

Gut vernetzte Mitglieder in einer Wissenscommunity sind wichtige Meinungsführer. Sie auszumachen, kann dabei helfen, das Wissensmanagement in einem Unternehmens erfolgreicher zu machen. Die Idee der „Embeddedness" (Einbettung) stammt ursprünglich von Granovetter (1985, S. 481 ff.) und gibt für eine Beziehung zwischen zwei Mitgliedern der Community an, wie viele gemeinsame Kontakte zu anderen Community-Mitgliedern sie haben. In Abbildung 8.9 sehen wir, dass Mitglied 4 zwar ein Gatekeeper sein mag, es aber sehr schlecht in die Community eingebettet ist, denn es hat mit keinem seiner vernetzten Kollegen (1, 5 und 9) auch nur einen einzigen vernetzten Kollegen gemeinsam.

8.4 Übungsaufgaben

1. Berechnen Sie die drei Zentralitätsmaße für jedes Mitglied der Community aus Abbildung 8.9. Verwenden Sie dazu die frei verfügbare Software Visone (http://visone.info), indem Sie mit dieser Software die Netzwerkstruktur nachbilden und dann die Zentralitätsmaße durch Visone berechnen lassen.
2. Welche Schlussfolgerungen lassen sich aus der Einbettung (*embeddedness*) von Mitglied 4 in Abbildung 8.9 ziehen?

8.5 Zusammenfassung

In diesem Kapitel haben wir gelernt, warum die Daumenregel 1–9–90 gilt: Communitys sind skalenfreie Netzwerke. Sie unterliegen damit deren Gesetzmäßigkeiten, wozu die potenzfunktional begründete Häufigkeitsverteilung gehört. Es gibt nur wenige Mitglieder, die als Hubs fungieren. Die große Masse der Mitglieder pflegt wenige Vernetzungsbeziehungen (siehe Abbildung 8.10). Mit der SNA können wir drei Maße ermitteln, deren Bedeutung für das integrative Messmodell des Wissenscontrollings aus Abbildung 7.10 wir nun verstehen.

Im letzten Kapitel wollen wir abschließend zusammenfassen, was wir über das Wissensmanagement mit ESS gelernt haben.

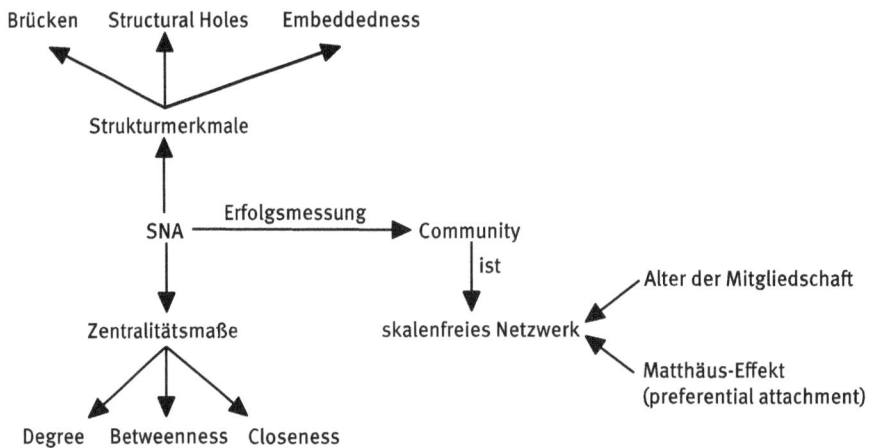

Abb. 8.10. Soziale Netzwerkanalyse: Zusammenfassung (eigene Darstellung).

9 Lessons Learned

Lernziele

- Sie können den allgemeinen Mythen über Communitys argumentativ begegnen.
- Sie können die Erfolgsfaktoren für das Wissensmanagement mit ESS benennen.
- Sie können die Erfolgsfaktoren für das Wissensmanagement mit ESS anhand der Ausführungen in den einzelnen Kapiteln dieses Buches begründen.

Wir haben in den bisherigen Kapiteln die in Abbildung 1.1 dargestellten Begriffe bzw. Themen für das Wissensmanagement mit ESS behandelt. In diesem letzten Kapitel wollen wir die Ergebnisse prägnant zusammenfassen. Wir beginnen zunächst mit typischen Mythen, denen man beim Thema „Wissenscommunitys" oft begegnet. Danach fassen wir die zentralen Erfolgsfaktoren für das Wissensmanagement mit ESS zusammen.

9.1 Sechs Mythen über Communitys

Cross u. a. (2002, S. 67 ff.) fassen die typischen Einwände und falschen Vorstellungen von Communitys in sechs Punkten zusammen, die sie als „Mythen" bezeichnen.

1. **Um eine Community zu etablieren, müssen wir noch mehr miteinander kommunizieren**: Nicht die Quantität, sondern vielmehr die Qualität der Kommunikation macht den Mehrwert aus. Es kommt also darauf an, dass Wissen gemäß dem SECI-Modell (siehe Kapitel 6.3.2) erzeugt, vermittelt, kombiniert und weiterentwickelt wird. Dazu müssen die Community-Mitglieder auf einer ESS-Plattform zueinander finden, was durch SLATES (siehe Kapitel 2.3) ermöglicht wird.

2. **Alle Mitglieder der Community müssen miteinander vernetzt sein**: Insbesondere die Erkenntnisse aus der Netzwerkforschung zu sozialen Gruppen (siehe Kapitel 8) haben gezeigt, dass das nicht stimmt. Vielmehr muss erkannt werden, wer wichtige Aufgaben, wie die des Wissensbrokers, innehat. Wer meint, jeder müsse mit jedem vernetzt sein, der wird irgendwann kritisieren, ESS habe seinen Kommunikationsaufwand erhöht, was auch tatsächlich stimmt, denn der Kommunikationsaufwand beträgt für die Vernetzung mit allen n Mitgliedern einer Community $\frac{n \times (n-1)}{2}$.

3. **Netzwerke wachsen organisch – da kann man wenig unterstützen**: Es wäre falsch zu glauben, dass das Emergenzprinzip einer ESS-Plattform es schon richten wird. In Kapitel 4 haben wir gesehen, dass die Gefahr des „Herdenverhaltens" besteht, wenn nicht sorgfältig auf die Gültigkeit der Einsatzbedingungen kollektiver

Intelligenz geachtet wird. In Kapitel 7 haben wir außerdem gesehen, dass Rollen und Regeln für Communitys festgelegt werden müssen.

4. **Wie sich jemand in eine Community integriert, hängt von seiner Persönlichkeit ab**: Das ist nicht falsch. Wenn aber daraus der Schluss gezogen wird, dass man deshalb die Integration nicht beeinflussen könne oder müsse, dann wird Potenzial für das Wissensmanagement verschenkt. In Kapitel 8 haben wir gesehen, dass sich wichtiges Wissen oftmals gerade „am Rand" einer Community findet, also bei Mitgliedern, die zwar keine hohe Zentralität besitzen, die aber Zugang zu externem Wissen haben, das kreatives Problemlösungspotenzial bereithalten kann.

5. **Wichtige Mitglieder, die sehr zentral sind, sollten sich mehr Zeit für die Community nehmen, um nicht „zum Flaschenhals" zu werden**: Wer so argumentiert, wird sich sehr schnell mit der Kritik konfrontiert sehen, dass seine ESS-Lösung von der Arbeit abhält und schlechter als die alte E-Mail-Kommunikation ist. Wie wir in Kapitel 7 gesehen haben, gibt es verschiedene Rollen in einer Community. Aus Kapitel 8 wissen wir zudem, welche Bedeutung diese Rollen im Netzwerk haben. Wichtige Mitglieder in der Community sollten deshalb in ihrer Zentralität durch Stellvertreter und Multiplikatoren entlastet werden.

6. **Ich kenne „meine Pappenheimer" und weiß, was in meiner Organisationseinheit passiert**: Gerade für Führungskräfte ist es eine Herausforderung, in Erfahrung zu bringen, was tatsächlich in der verantworteten Organisationseinheit passiert, denn die Informationen, die die Führungskräfte erreichen, sind im Regelfall „vorgefiltert". Dass man als Führungskraft keine ESS-basierte Community braucht, ist möglicherweise Ausdruck eines Führungsdenkens, wie es Enterprise 1.0 entspricht (siehe Kapitel 2).

9.2 Erfolgsfaktoren

Die Ausführungen und Erklärungen in diesem Buch lassen sich kurz und prägnant in verschiedene Erfolgsfaktoren für die Einführung und den Einsatz von Wissensmanagement mit ESS zusammenfassen. Wir werfen dazu einen Blick auf Abbildung 9.1.

1. **Idee erklären:** Es ist wichtig, dass die Idee von Enterprise 2.0 im Unternehmen erklärt wird. Wenn wir an die Ausführungen in Kapitel 2 denken, dann wird uns klar, dass kaum ein Unternehmen auf Enterprise 2.0 vorbereitet ist. Vielmehr müssen wir mit Maschinenbürokratie und Spartenstruktur rechnen, wie wir sie in Tabelle 2.3 kennengelernt haben. Wir werden also im Wesentlichen auf Merkmale eines Enterprise 1.0 stoßen, die zunächst daraufhin zu prüfen sind, wo Enterprise 2.0 wirklich Sinn ergibt. Und damit sind wir bereits beim zweiten Erfolgsfaktor.

2. **Echtes Problem lösen:** In ihrer Euphorie angesichts neuer technischer Lösungen übersehen Entscheider gerne, dass es nicht ausreicht, dafür die Projektgelder zu

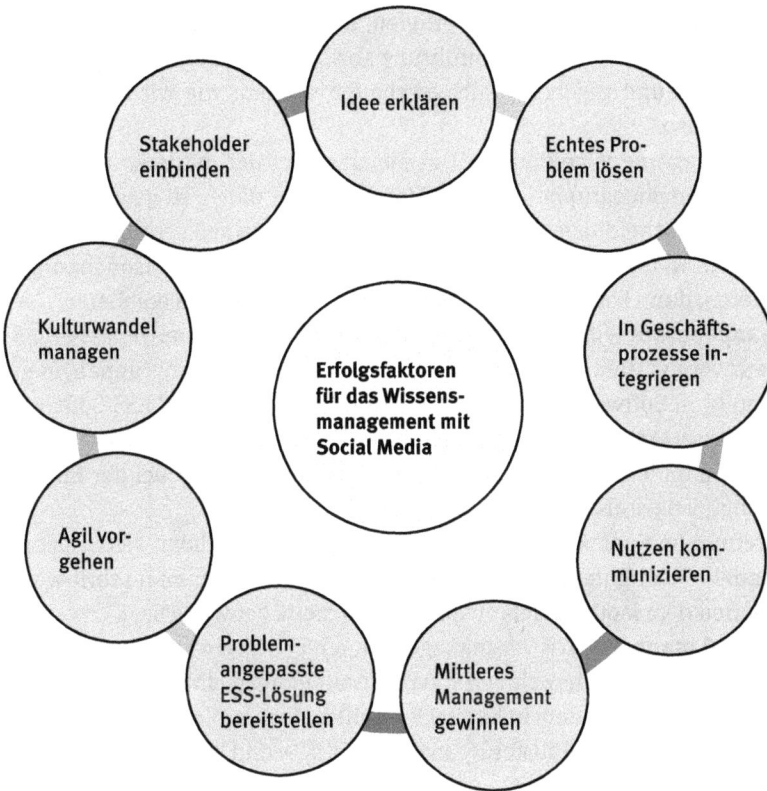

Abb. 9.1. Erfolgsfaktoren für das Wissensmanagement mit Social Media (eigene Darstellung).

bekommen. Wichtiger ist es, ein echtes Problem zu lösen, einen „paint point". Wie wir in Kapitel 2 gesehen haben, ist dies zumeist die E-Mail-Kommunikation. In Kapitel 7 haben wir zudem gesehen, dass sich solche Anwendungsfälle aus Sicht des Wissenscontrollings rechnen. Ergänzend hatten wir uns in Kapitel 8 damit beschäftigt, was die Netzwerkforschung zum Thema „Gruppen" zu sagen hat.

3. **In Geschäftsprozesse integrieren**: In Kapitel 6 stellten wir fest, dass Wissensmanagement einem integrativen Ansatz folgen sollte. Das bedeutet, dass es zum einen eine Wissensstrategie geben muss, die an den Geschäftszielen ausgerichtet ist. Zum anderen bedeutet dies aber auch, dass die ESS-Lösung sich auf der Prozessebene des integrativen Wissensmanagements an den Geschäftsprozessen ausrichten muss.

4. **Nutzen kommunizieren**: Wir haben insbesondere in Kapitel 5 gesehen, dass ESS-Lösungen durchaus nutzbringend sein können. Man muss nicht gleich die „ganz große Lösung" propagieren, wie das bei Open Innovation für manches Unternehmen vielleicht der Fall sein mag, sollte sich aber klarmachen, dass auch schon die Umsetzung der Ideen aus Kapitel 6 und 7 gewinnbringend sein kann.

Dabei darf man nicht aus dem Auge verlieren, dass es v. a. die kollektive Intelligenz ist, auf die man bei der ESS-Einführung abzielt. Die Voraussetzungen dafür müssen beachtet und gegebenenfalls geschaffen werden, wie wir in Kapitel 4 besprochen haben.

5. **Mittleres Management gewinnen**: Das Management der mittleren Führungsebene ist die Personengruppe in einem Unternehmen, die es zu gewinnen gilt. Sie ist es, die Entscheidungen treffen muss und deshalb einen sehr hohen Kommunikationsaufwand hat. Gelingt es, einen „pain point" dieser Personengruppe zu adressieren, dann kann sich ESS im Unternehmen erfolgreich etablieren.

6. **Problemangepasste ESS-Lösung bereitstellen**: Eine problemangepasste ESS-Lösung setzt voraus, dass ein Problem für eine betroffene Personengruppe a) identifiziert und b) in Softwareanforderungen überführt wurde. Auch ESS-Softwareeinführungen setzen eine Anforderungsanalyse voraus, die in ein Lasten- und Pflichtenheft münden muss. Out-of-the-Box-Lösungen sind nur bei der Einführung kostengünstiger als eine angepasste ESS-Lösung.

7. **Agil vorgehen**: Im Kontext von ESS-Einführungen und dem damit verbundenen Kulturwandel hin zu Enterprise 2.0 ist Agilität sinnvoll, sofern man schrittweise vorgeht, getreu dem Motto: „Elefanten isst man scheibchenweise".

8. **Kulturwandel managen**: Wissensmanagement mit ESS ist ein komplexes Thema – ein Elefant, den kein Unternehmen von heute auf morgen einfach so schlucken kann. Wir haben insbesondere in Kapitel 3 gesehen, dass es nicht die Technik ist, die hier zur eigentlichen Herausforderung wird. Es ist – und hier erinnern wir uns an die Tabellen 2.4, 2.5 sowie 6.1 – v. a. der damit verbundene Kulturwandel. In Kapitel 7 hatten wir uns deshalb ausführlich mit dem Thema „Vertrauen" sowie einigen Regeln für Wissenscommunitys auseinandergesetzt.

9. **Stakeholder einbinden**: Der letzte Erfolgsfaktor ist eine Selbstverständlichkeit. Nur wenn alle betroffenen Personengruppen bei einem Problem in ihrem Aufgabenbereich und in ihren Geschäftsprozessen durch ESS unterstützt werden, kann man von einer erfolgreichen Einführung von ESS für das Wissensmanagement sprechen.

Teil II: **Musterklausuren und Lösungen**

10 Musterklausuren

Ein paar Worte vorab

Auf den Folgeseiten finden Sie Musterklausuren und Lösungshorizonte zu den Übungsaufgaben am Ende der Kapitel. Bitte machen Sie sich die Mühe und versuchen Sie zunächst, die Fragen eigenständig zu beantworten. Sie finden sämtliche Antworten im Buch. In diesem Sinne sollen die Fragen Sie also dazu anregen, zu reflektieren, ob Sie selbstständig und in eigenen Worten eine Antwort formulieren können. Denn nur dann haben Sie den Lernstoff auch wirklich verstanden. Es bringt erfahrungsgemäß wenig für den Lernerfolg, sich die Fragen und Antworten parallel anzusehen.

10.1 Klausur 1

10.1.1 Klausurstellung

Dauer:	60 Minuten
Max. Punkte:	50 P.
Hilfsmittel:	keine

Frage 1 [6 Punkte]

Erläutern Sie die drei Strategien für **Open Innovation** nach Gassmann und Enkel.

Frage 2

Zu den Prinzipien des Web 2.0 gehört der Begriff „Wisdom of Crowds".
1. Erläutern Sie, was man unter **Wisdom of Crowds** versteht. [2 Punkte]
2. Nennen Sie drei **Voraussetzungen** für Wisdom of Crowds. [3 Punkte]

Frage 3 [6 Punkte]

Erläutern Sie **drei Arten von Gruppen.**

Frage 4

Enterprise 2.0 geht von bestimmten Vorstellungen aus, die man kennen muss, um Social Software erfolgreich einsetzen zu können.
1. Erläutern Sie, was unter **Enterprise 2.0** zu verstehen ist. [4 Punkte]
2. Erläutern Sie die **sozioökonomischen Unterschiede zwischen Enterprise 1.0 und Enterprise 2.0.** [9 Punkte]

Frage 5

Sie werden in Ihrem Unternehmen damit beauftragt, ein Konzept für ein modernes Wissensmanagement zu erarbeiten. Als „modern" betrachtet das Management den Einsatz von Social Software, also „irgendwas, was *facebookisch* aussieht, sollte es

sein". Sie machen sich an die Projektplanung, in der Sie u. a. die folgenden grundsätzlichen Fragen zu klären haben:

1. Erläutern Sie anhand des **SECI-Modells die Erfolgsaussichten für den Einsatz von Social Software** im Wissensmanagement. [10 Punkte]
2. Erläutern Sie, warum mit der **Regel „1 – 9 – 90"** zu rechnen ist. [4 Punkte]
3. Erarbeiten Sie ein **Framework für die Erfolgsmessung** des Einsatzes von Social Software. Bitte geben Sie auch Beispiele für mögliche Messgrößen im Framework an. [6 Punkte]

10.1.2 Lösungshorizont

Frage 1 [6 Punkte]
Erläutern Sie die drei Strategien für **Open Innovation** nach Gassmann und Enkel.
Siehe Kapitel 5.2.2.

Frage 2
Zu den Prinzipien des Web 2.0 gehört der Begriff „Wisdom of Crowds".
1. Erläutern Sie, was man unter **Wisdom of Crowds** versteht. [2 Punkte]
   Siehe Kapitel 4.1.
2. Nennen Sie drei **Voraussetzungen** für Wisdom of Crowds. [3 Punkte]
   Siehe Kapitel 4.3.1.

Frage 3 [6 Punkte]
Erläutern Sie **drei Arten von Gruppen**.
Siehe Kapitel 7.1.

Frage 4
Enterprise 2.0 geht von bestimmten Vorstellungen aus, die man kennen muss, um Social Software erfolgreich einsetzen zu können.
1. Erläutern Sie, was unter **Enterprise 2.0** zu verstehen ist. [4 Punkte]
   Siehe Kapitel 2.2.
2. Erläutern Sie die **sozioökonomischen Unterschiede zwischen Enterprise 1.0 und Enterprise 2.0**. [9 Punkte]
   Siehe Kapitel 2.4.2.

Frage 5
Sie werden in Ihrem Unternehmen damit beauftragt, ein Konzept für ein modernes Wissensmanagement zu erarbeiten. Als „modern" betrachtet das Management den Einsatz von Social Software, also „irgendwas, was *facebookisch* aussieht, sollte es sein". Sie machen sich an die Projektplanung, in der Sie u. a. die folgenden grundsätzlichen Fragen zu klären haben:

1. Erläutern Sie anhand des **SECI-Modells die Erfolgsaussichten für den Einsatz von Social Software** im Wissensmanagement. [10 Punkte]
   Siehe Tabelle 6.6.
2. Erläutern Sie, warum mit der **Regel „1 – 9 – 90"** zu rechnen ist. [4 Punkte]
   Siehe Kapitel 8.1.
3. Erarbeiten Sie ein **Framework für die Erfolgsmessung** des Einsatzes von Social Software. Bitte geben Sie auch Beispiele für mögliche Messgrößen im Framework an. [6 Punkte]
   Siehe integratives Messmodell in Kapitel 7.4.3 sowie Abb. 7.10.

10.2 Klausur 2

10.2.1 Klausurstellung

Dauer:	60 Minuten
Max. Punkte:	50 P.
Hilfsmittel:	keine

Frage 1
Enterprise 2.0 stellt eine Möglichkeit des Einsatzes von Social Software dar.
1. Erläutern Sie die Buchstaben **„L", „A" und „E"** des Akronyms **SLATES** im Kontext von Enterprise 2.0 nach McAfee. [6 Punkte]
2. Erläutern Sie die **Merkmale von Social Software**. [4 Punkte]

Frage 2
Das integrative Messmodell nach Cooper u. a. (2010) misst verschiedene Messobjekte auf unterschiedlichen Messebenen.
1. Erläutern Sie die **Messobjekte**. [6 Punkte]
2. Erläutern Sie die **Messebenen**. [4 Punkte]

Frage 3
Der Aufbau von Communitys setzt Kenntisse der Zusammenhänge in sozialen Gruppen voraus.
1. Erläutern Sie die den **Matthäus-Effekt**. [6 Punkte]
2. Erläutern Sie die Bedeutung von **„Brücken"** für das Wissensmanagement. [4 Punkte]

Frage 4 [10 Punkte]
Erläutern Sie folgende SNA-Maße (Formel nicht verlangt): **Closeness, Betweenness, Degree.**

Frage 5

In Ihrem Unternehmen soll Enterprise 2.0 eingeführt werden. Sie werden das Team als frisch gebackener Experte für Wissensmanagement mit Social Media leiten und machen sich an die Ausarbeitung eines Konzepts zur Einführung von Enterprise 2.0.

1. Erläutern Sie, was mit der **Daumenregel 1–9–90** gemeint ist. [1 Punkt]
2. Erläutern Sie **zwei Regeln für Wissenscommunitys**. [2 Punkte]
3. Erläutern Sie anhand der **Wissensspirale** von Nonaka (SECI-Modell), **wo und warum** Enterprise 2.0 im Unternehmen sinnvoll erscheint. [7 Punkte]

10.2.2 Lösungshorizont

Frage 1

Enterprise 2.0 stellt eine Möglichkeit des Einsatzes von Social Software dar.

1. Erläutern Sie die Buchstaben „L", „A" und „E" des Akronyms **SLATES** im Kontext von Enterprise 2.0 nach McAfee. [6 Punkte]
   Siehe Kapitel 2.3.
2. Erläutern Sie die **Merkmale von Social Software**. [4 Punkte]
   Hier geht es um die Definition aus Kapitel 3.3 sowie das dort erläuterte 3-C-Modell.

Frage 2

Das integrative Messmodell nach Cooper u. a. (2010) misst verschiedene Messobjekte auf unterschiedlichen Messebenen.

1. Erläutern Sie die **Messobjekte**. [6 Punkte]
   Siehe Kapitel 7.4.3 mit Abb. 7.10.
2. Erläutern Sie die **Messebenen**. [4 Punkte]
   Siehe Kapitel 7.4.3 mit Abb. 7.10.

Frage 3

Der Aufbau von Communitys setzt Kenntisse der Zusammenhänge in sozialen Gruppen voraus.

1. Erläutern Sie die den **Matthäus-Effekt**. [6 Punkte]
   Siehe Kapitel 8.1.
2. Erläutern Sie die Bedeutung von **„Brücken"** für das Wissensmanagement. [4 Punkte]
   Siehe Kapitel 8.3.1.

Frage 4 [10 Punkte]

Erläutern Sie folgende SNA-Maße (Formel nicht verlangt): **Closeness, Betweenness, Degree.**
Siehe Kapitel 8.2.

Frage 5

In Ihrem Unternehmen soll Enterprise 2.0 eingeführt werden. Sie werden das Team als frisch gebackener Experte für Wissensmanagement mit Social Media leiten und machen sich an die Ausarbeitung eines Konzepts zur Einführung von Enterprise 2.0.

1. Erläutern Sie, was mit der **Daumenregel 1–9–90** gemeint ist. [1 Punkt]
   Siehe Kapitel 7.3.4 oder Kapitel 8.1.
2. Erläutern Sie **zwei Regeln für Wissenscommunitys**. [2 Punkte]
   Siehe Kapitel 7.3.4.
3. Erläutern Sie anhand der **Wissensspirale** von Nonaka (SECI-Modell), **wo und warum** Enterprise 2.0 im Unternehmen sinnvoll erscheint. [7 Punkte]
   Hier ist v. a. Tabelle 6.6 sehr hilfreich. Sie sollten diese Tabelle inhaltlich begründen. Dazu ist es sinnvoll, nochmals auf die Unterschiede zu Enterprise 1.0 aus Kapitel 2.4.2 einzugehen.

11 Lösungshorizont zu den Übungsaufgaben

11.1 Lösungshorizont zu Kapitel 2

1. **Definieren Sie den Begriff „Enterprise 2.0".**
   Enterprise 2.0 steht für den Einsatz von ESS sowohl innerhalb eines als auch zwischen Unternehmen zur Verfolgung der Geschäftsziele.

2. **Nennen und erläutern Sie die Funktionseigenschaften von Enterprise 2.0.**

   - **Search:** Den Benutzern einer Enterprise-2.0-Plattform muss es möglich sein, flexibel und ohne großen Aufwand nach Informationen auf der Plattform zu suchen. Die Benutzerrechte, wie sie z. B. durch den Datenschutz gefordert werden, Berüchsichtigung finden. Das heißt, dass der Benutzer nur Informationen einsehen kann, für die er auch Leserechte hat. Mit einer solchen Suchfunktion kann die Plattform die Suchzeiten deutlich verringern und den Informationsgrad seiner Benutzer signifikant erhöhen.
   - **Links:** Eine der Stärken von Suchmaschinen wie Google ist die Fähigkeit, über verlinkte Dokumente hinweg zu suchen. Tatsächlich stellt die Anzahl von Links offensichtlich eines der zentralen Beurteilungskriterien für die Trefferrelevanz eines Dokuments dar. Auf Enterprise-2.0-Plattformen müssen die Benutzer ebenfalls – anders als z. B. in einem herkömmlichen Intranet – die Möglichkeit haben, Verlinkungen von Dokumenten selbst einzupflegen. Dafür brauchen sie Schreibrechte.
   - **Authoring:** Diese Schreibrechte ermöglichen es jedem Benutzer, selbst Inhalte bzw. Dokumente zu erstellen. Der Benutzer wird damit zum Autor. Natürlich sind auch hier wieder die Benutzerrechte zu beachten: Wer darf wo auf der Plattform welche Dokumente erstellen bzw. bearbeiten?
   - **Tags:** Enterprise-2.0-Plattformen müssen es ihren Benutzern erlauben, eigene Schlagwörter (*tags*) für Dokumente bzw. Inhalte der Plattform vergeben zu können. Die Benutzer können sich mittels dieser Tags, dem Emergenzprinzip folgend, ein eigenes mentales Wissensmodell der für sie relevanten Plattforminhalte aufbauen. Durch Klick auf ein solches Schlagwort kann der Benutzer schnell die für ihn relevanten Inhalte filtern. Der Benutzer kann seine Schlagwörter auch hierarchisch organisieren und damit sein eigenes Schlagwortsystem generieren. Ein solches System wird gemeinhin als „Folksonomy" bezeichnet – ein Kunstwort aus den Begriffen *folk* und *taxonomy* (vgl. Bächle 2006, S. 121 ff.).
   - **Extensions:** Nutzt eine Enterprise-2.0-Plattform intelligente Algorithmen des Data-Minings, um dem Benutzer, z. B. auf Basis seiner Suchanfragen und seines Surfverhaltens, selbstständig Inhalte zu empfehlen, wird dadurch

die Nutzbarkeit der Plattform für die Lösungssuche bei schlecht strukturierten Problemen erweitert. Empfehlungsalgorithmen, wie sie bei Onlineshops heute Standard sind, können also die Möglichkeiten einer Enterprise-2.0-Plattform erweitern.

– **Signals**: Eine erfolgreiche Enterprise-2.0-Plattform wird täglich zu einer relativ hohen Anzahl an neu bereitgestellten, veränderten oder ergänzten Informationen führen. Aus diesem Grund muss die Plattform dem einzelnen Benutzer die Möglichkeit bieten, sich schnell und umfassend über für ihn relevante Änderungen zu informieren. Dazu kann das System den Benutzer automatisch auf der Basis des Nutzerverhaltens (siehe Funktionseigenschaft „Extensions") oder auf Basis von abonnierbaren Inhalten per E-Mail (was allerdings kontraproduktiv zur Idee der Reduzierung von E-Mails ist), per Newsreader oder durch einen sogenannten Activity-Stream auf seiner persönlichen Startseite informieren. Ein Activity-Stream zeigt dem Benutzer in einer Liste übersichtlich, was sich an bzw. in den für ihn relevanten Inhalten und Bereichen des Portals seit seinem letzten Login geändert hat.

3. **Erläutern Sie, was Atos unter „Zero E-Mail" versteht.**
   Mit Zero E-Mail verfolgt Atos eine Strategie der Reduktion von E-Mails auf das unbedingt notwendige Mindestmaß. Natürlich reduziert sich dadurch nicht der Kommunikations- und Koordinationsbedarf.

4. **Was ist der Unterschied zwischen Enterprise 1.0 und Enterprise 2.0? Gehen Sie dazu auf die sozioökonomischen und technischen Unterschiede ein.**
   Die Antwort auf diese Frage finden Sie in Kapitel 2.4.2. Sehen Sie sich insbesondere die beiden Tabellen 2.4 und 2.5 an.

5. **Erläutern Sie anhand der Konfigurationstypen nach Mintzberg, was die Voraussetzungen für Enterprise 2.0 sind.**
   Unternehmen, die Enterprise 2.0 umsetzen wollen, sollten dies in den Unternehmensbereichen tun, die Adhokratien oder Expertokratien ähnlich sind. Sehen Sie sich dazu nochmals Tabelle 2.3 an.

11.2 Lösungshorizont zu Kapitel 3

1. **Erläutern Sie, was das Web 2.0 kennzeichnet.**
   Mit dem Begriff Web 2.0 sind Internettechniken und -dienste gemeint, welche die Veränderung des Web hin zu desktopähnlichen Internetanwendungen (*rich internet applications*) unterstützen, bei denen die Interaktion der Internetnutzer eine zentrale Rolle spielt. Generierung, Tausch sowie Verknüpfung von Inhalten und Wissen durch die Internetnutzer stehen hierbei im Vordergrund.

2. **Ordnen Sie Social Software und ESS in den geschichtlichen Kontext von Web 2.0 ein.**
   Sehen Sie sich dazu Abbildung 3.1 an.

3. **Erläutern Sie die Arten von Social Software.**

   - **Forum:** Dabei handelt es sich um ein Diskussionsforum auf einer Website (Synonyme: Webforum, Board). Üblicherweise wird in einem Forum ein bestimmtes Thema behandelt, was wiederum in Unterforen bzw. Unterthemen unterteilt ist. Es können Diskussionsbeiträge (*postings*) verfasst werden, die gelesen und beantwortet werden können. Mehrere Beiträge zum selben Thema werden zusammengefasst und als Faden (*thread*) oder Thema (*topic*) bezeichnet. Foren sind übrigens keine neue Erscheinungsform von Web 2.0, auch nicht von Web 1.0. Vielmehr sind sie lediglich die webbasierte Fortsetzung der alten Newsgroups, die es schon lange vor dem Aufkommen des Webs gab.
   - **Instant Messaging:** Instant Messaging (IM) ist ein serverbasierter Dienst, der es ermöglicht, mittels einer Client-Software, dem Instant Messenger, in Echtzeit mit anderen Teilnehmern zu kommunizieren. Diese Form der Kommunikation erfolgt textuell über die Tastatur und wird als plaudern (*chatten*) bezeichnet. Der Chat ist demgemäß eine textuelle Kommunikation in Echtzeit mit einem oder mehreren Gesprächspartnern. Die Idee des IM besitzt einen Unix-Vorläufer, den sogenannten Talk-Befehl. Neu ist, dass man nunmehr eine IM-Nummer, analog zu einer Telefonnummer, besitzt, über die man direkt kontaktiert werden kann. Weitere nützliche Funktionen sind beispielsweise ein privates Adressbuch mit IM-Nummern sowie die Möglichkeit, den Online-Status (z. B. „abwesend", „nicht stören") eines Kommunikationspartners abzufragen.
   - **Wiki:** Bei einem Wiki (Synonyme: WikiWiki, WikiWeb) handelt es sich um eine frei zugängliche Sammlung von Webseiten, die von jedem erstellt und editiert werden können. Der Name stammt von „wikiwiki", dem hawaiianischen Wort für „schnell". Wie bei Hypertexten üblich, sind die einzelnen Seiten und Artikel eines Wikis durch Querverweise (Links) miteinander verbunden. Die

Bearbeitung eines Textes erfolgt in der Regel mithilfe einer Bearbeitungsfunktion, bei der sich ein Eingabefenster öffnet. In vielen Unternehmen werden Wikis dazu eingesetzt, das Wissen der Mitarbeiter für alle in strukturierter Form schnell und einfach zur Verfügung zu stellen. Das erste Wiki, das *Portland Pattern Repository*, stammt übrigens aus dem Jahr 1995. Es wurde dazu entwickelt, die weltweite Zusammenarbeit von Forschern zu unterstützen – analog zur Idee des Webs. Wir sehen also, dass Tim Berners-Lee mit seinem Einwand bezüglich des Begriffs „Web 2.0" („a piece of jargon") nicht ganz unrecht hatte.

– **Blog**: Ein Blog (Synonym: Weblog; für *web + log*) ist eine regelmäßig aktualisierte Webseite, die Informationen beinhaltet, welche in umgekehrt chronologischer Reihenfolge präsentiert werden. Ein Blog hat üblicherweise die Form eines Tagebuchs oder eines Journals zu einem spezifischen Thema. Im Regelfall werden Blogs von einem einzelnen Autor, dem sogenannten Blogger, erstellt. Leser können durch angehängte Kommentarbeiträge einen Artikel des Bloggers kommentieren. Will sich ein Blogger auf Beiträge in einem anderen Blog beziehen, kopiert er in seinen Beitrag die entsprechende „Trackback-URL". Dadurch wird automatisch am Ende des Beitrags ein Link zum referenzierten Beitrag generiert. Mittels Trackbacks lässt sich somit automatisch ein Netzwerk von Beiträgen und Kommentaren aufbauen. Die verwendete Software entspricht in ihrer Funktionalität einfachen Content-Management-SystemenDie Gesamtheit aller Blogs wird als Blogosphäre bezeichnet.

– **Social Bookmarking**: Social-Bookmarking-Systeme dienen der Erfassung und Kategorisierung interessanter Links. Diese Sammlung von Bookmarks (Lesezeichen) wird allgemein zugänglich gemacht und mit anderen Benutzern des Tools verlinkt, die den gleichen Bookmark hinterlegt haben. Die eigenen Bookmarks werden auf einer Social-Bookmarking-Site veröffentlicht. Die Software hat dabei folgende Aufgaben: Verschlagwortung (*tagging*), Annotation sowie Verlinkung mit den Bookmark-Seiten anderer Benutzer des Systems, die das gleiche Lesezeichen gesetzt haben. Das sogenannte „Tagging" wird oftmals als „folksonomy" bezeichnet – eine Sprachspielerei aus den beiden Begriffen „Folk" und „Taxonomy". Der Begriff soll zum Ausdruck bringen, dass hier keine Begriffssystematik nach streng wissenschaftlichen Kriterien angestrebt wird. Vielmehr steht es jedem Nutzer frei, sein eigenes Begriffssystem aufzubauen. Interessant sind dabei zwei Eigenschaften: 1) Bereitstellung einer Verlinkung mit anderen Nutzern des Systems, die den gleichen Bookmark gesetzt haben und 2) Bereitstellung der von anderen Nutzern verwendeten Tags. Die daraus resultierende Vernetzung über Tags und Links bietet reichhaltigere Informationsmöglichkeiten als jede Suchmaschine. Einige Systeme heben die am häufigsten verwendeten Tags der Website optisch durch eine größere Schrift hervor (*Tag-Cloud*).

- **Social Network**: Netzwerk-Software ermöglicht den Aufbau und die Pflege von zielgerichteten Beziehungen im Web oder im Intranet eines Unternehmens. Im Kern stellen sie die Basis für die Entwicklung von Communitys dar, da sie auch den Aufbau virtueller Gruppenräume ermöglichen. Diese Beziehungen können privater oder geschäftlicher Natur sein. In Deutschland dürften die Netzwerke XING und Linkedin am bekanntesten sein, die v. a. der Vernetzung für berufliche Zwecke dienen. Für den privaten Bereich stellt Facebook mittlerweile mit mehr als einer Milliarde Nutzer die größte soziale Netzwerkplattform dar.

4. **Erläutern Sie die Prinzipien des Web 2.0.**

   Tim O'Reilly, der Verleger des gleichnamigen Buchverlags, definiert in seinem Initialbeitrag O'Reilly (2005) zu den Merkmalen des Web 2.0 sieben konstitutive Prinzipien:

   - **The Web as Platform**: Das Web stellt die zentrale Informations- und Kommunikationsplattform dar, die das Erstellen von Anwendungen und Inhalten erlaubt, welche mittels offener Standards und Protokolle weitgehend beliebig untereinander integrier- und miteinander vernetzbar sind.
   - **Harnessing Collective Intelligence**: Die Aggregation von Informationen in Gruppen kann zu Aussagen und Entscheidungen führen, die oft besser sind, als diejenigen, die ein Einzelner treffen würde. Die Gruppe weiß oftmals mehr als der Einzelne und stellt dieses Wissen der Allgemeinheit zur Verfügung. Dies wird auch als „Wisdom of Crowds" bezeichnet (Gruppen- bzw. kollektive Intelligenz).
   - **Data is the next Intel Inside**: Die Kumulation von Daten bzw. Informationen ist wichtiger als die Funktionalität einer Anwendung. Aggregierte, kumulierte und vernetzte Informationen, unter anderem gesammelt nach dem Prinzip der kollektiven Intelligenz, können aufgrund von Netzwerkeffekten marktbeherrschende Positionen ermöglichen.
   - **End of the Software Release Cycle**: Web-2.0-Anwendungen stehen als webbasierte Dienste zur Verfügung und werden nicht als kommerzielle Standardsoftware verstanden. Dienstleistungen, die sich leicht in andere Internetanwendungen einbinden lassen, sind wichtiger als monolithische Softwareprodukte. Diese folgen festgelegten Release-Zyklen und tendieren zu hoher Komplexität der Softwarearchitektur, was sie schwer zu warten und schwer weiterentwickelbar macht.
   - **Lightweight Programming Models**: Web-2.0-Anwendungen sind einem laufenden Veränderungsprozess unterworfen. Viele Web-2.0-Anwendungen werden deshalb als „Beta" bezeichnet. Einfache, leichtgewichtige und flexibel zu ändernde IT-Architekturen und Entwicklungsframeworks sind für die Softwareentwicklung von Web-2.0-Anwendungen unabdingbar.
   - **Software Above the Level of Single Device**: Aufgrund der zunehmenden Konvergenz der Kommunikationsmedien sollten Web-2.0-Anwendungen

nicht nur für PCs, sondern auch für andere Geräte, wie z. B. mobile Endgeräte, verfügbar sein.

  – **Rich User Experience**: Anwendungen des Web 2.0 sollten so benutzerfreundlich wie Desktop-Anwendungen sein und über analoge ergonomische Merkmale verfügen (z. B. Drag-and-drop).

5. **Stellen Sie die unterschiedlichen Perspektiven des Web 2.0 anhand der Wertschöpfungskette grafisch dar und erläutern Sie die Grafik.**
   Es geht hierbei um die anwendungs- und die technikbezogene Perspektive von Web 2.0 anhand Abbildung 3.2, die wir in den Kapiteln 3.2.2 und 3.2.3 eingehend besprochen haben.

6. **Erläutern Sie das 3-C-Modell.**
   Das 3-C-Modell haben wir in Kapitel 3.3.1 besprochen. Es handelt sich um
   – Communication – Kommunikation,
   – Collaboration – Zusammenarbeit,
   – Coordination – Koordination.
   In Kapitel 7.2 haben wir diese Begriffe dann weiter präzisiert und genauer definiert.

7. **Erläutern Sie den Begriff der Enterprise-Social-Software und nennen Sie Produktbeispiele.**
   Enterprise-Social-Software (ESS) stellt eine Plattform dar, die unterschiedliche Arten von Social Software unter einer einheitlichen Benutzeroberfläche integriert. ESS erlaubt damit eine ganzheitliche Umsetzung der drei Cs – Communication, Coordination, Collaboration – für komplexe Entscheidungen nach den von McAfee definierten SLATES-Funktioneigenschaften. Der Einsatz von ESS ist nicht auf unternehmensinterne Anwendungsfälle begrenzt, sondern erlaubt auch die Integration von Geschäftspartnern entlang der unternehmensübergreifenden Wertschöpfungskette. Wenn Sie die Studie von Drakos u. a. gelesen haben, vielleicht auch eine andere Studie, dann können Sie hier einige Produktbeispiele nennen. Ansonsten wären hier die Produkte aus Abbildung 3.4 anführbar.

8. **Nennen und erläutern Sie die Vorteile, die sich ein Unternehmen durch den Einsatz von ESS verspricht.**
   Sehen Sie sich dazu Tabelle 3.1 an.

11.3 Lösungshorizont zu Kapitel 4

1. **Erläutern Sie, was man unter dem Begriff der kollektiven Intelligenz versteht und geben Sie ein Beispiel für kollektive Intelligenz im Web.**
   Unter kollektiver Intelligenz versteht man das intelligente Problemlösungsverhal-

ten einer Gruppe, die aus mehreren Personen besteht (vgl. Malone u. a. 2010, S. 2). Bei der intelligenten Problemlösung kann man zwei Arten unterscheiden: Entweder gilt es, ein neues Problem zu lösen, oder die Mitglieder beleuchten eine vorhandene Problemstellung neu, um andere als die bereits existierenden Lösungen zu erarbeiten. Ein Beispiel ist Wikipedia. Ein weiteres Beispiel stellen die Produktbewertungen bei Onlineshops dar.

2. **Ein Unternehmen schafft sich eine ESS-Plattform an. Es hofft, damit die Gruppenarbeit der Entwicklerteams besser unterstützen zu können. Erläutern Sie, welche Voraussetzungen erfüllt sein müssen, damit die Entwicklerteams tatsächlich auf Basis der kollektiven Intelligenz zu besseren Entscheidungen kommen.**

   – Die **Meinungsvielfalt** innerhalb der Gruppe muss gewährleistet sein. Die Gruppenmitglieder müssen über unterschiedliches Wissen und unterschiedliche Ansichten sowie Erfahrungen bezüglich der Problemstellungen verfügen, sodass eine differenzierte Betrachtung des Problems möglich ist. Dadurch kann die Qualität der Lösung des Problems erhöht werden. Sind die Gruppenmitglieder hingegen derselben Meinung, werden bestimmte Sichtweisen nicht in Betracht gezogen und potenzielle Lösungsmöglichkeiten außer Acht gelassen.
   – Die **Unabhängigkeit** innerhalb der Gruppe ist die zweite Rahmenbedingung für den Erfolg kollektiver Intelligenz. Die Gruppenmitglieder dürfen bei ihrer Entscheidung nicht beeinflusst werden, da ansonsten die erste Rahmenbedingung, die Meinungsvielfalt innerhalb der Gruppe, nicht erfüllt ist. Wenn z. B. in einem Unternehmen bei einem Meeting eine Entscheidung getroffen werden soll, ist die Unabhängigkeit der am Meeting teilnehmenden Personen in den meisten Fällen nicht gegeben, da dort häufig nicht nur Personen gleicher Hierarchiestufe teilnehmen, sondern z. B. auch die Vorgesetzten von einigen Gruppenmitgliedern. Die Mitglieder werden ihren Vorgesetzten meist nicht widersprechen, da ein Abhängigkeitsverhältnis besteht. Wenn kollektive Intelligenz richtig funktionieren soll, muss immer die Unabhängigkeit der Gruppenmitglieder gewährleistet sein.
   – Innerhalb einer Gruppe muss **Dezentralität** herrschen. Die unterschiedlichen Gruppenmitglieder müssen über jeweils verschiedene Spezialisierungen und unterschiedliches individuelles Wissen verfügen, damit die Problemstellung nicht einseitig beleuchtet wird. Sind bei der Lösung eines Problems z. B. nur Personen beteiligt, die aus dem gleichen Fachbereich stammen, werden die individuellen Sichtweisen und das Wissen der Teilnehmer sich größtenteils nicht unterscheiden. Deshalb sollten beispielsweise bei Projektteams in Unternehmen die Gruppenmitglieder immer aus den verschiedenen

Fachbereichen stammen, sodass eine möglichst gute Lösung erzielt werden kann.

– Die **Aggregation** ist die vierte Rahmenbedingung, damit kollektive Intelligenz richtig funktionieren kann. Damit ist gemeint, dass es einen Mechanismus geben muss, mit dem die einzelnen Meinungen der Gruppenmitglieder zu einer Gesamtmeinung zusammengefasst werden können. Schlussendlich muss es möglich sein, von den vielen individuellen Meinungen zu einer Gruppenmeinung zu gelangen, die schließlich die Lösung des Problems ist.

3. **Produktbewertungen stellen eine Form kollektiver Intelligenz dar. Nennen und erläutern Sie weitere Beispiele für die Nutzung kollektiver Intelligenz a) im Web und b) im Unternehmen durch Enterprise 2.0.**

   a) Ein interessantes Anwendungsbeispiel kollektiver Intelligenz im Web 2.0 stellt Wikifolio (http://www.wikifolio.com) dar – man spricht hierbei von „Social Trading".

   b) In Unternehmen sind Wikis ein guter Ansatzpunkt, um kollektive Intelligenz nutzbar zu machen.

4. **Erläutern Sie den Ablauf und die Voraussetzungen a) einer Informationskaskade und b) einer auf Netzwerkeffekten basierenden Kaskade.**

   a) Lesen Sie hierzu nochmals Kapitel 4.4.1: Bei einer Informationskaskade wird eine Entscheidung getroffen, weil diese Entscheidungsmöglichkeit unmittelbar zuvor von vielen anderen gewählt wurde. Dabei wird die eigene ursprüngliche Entscheidung durch die von anderen zuvor getroffene Entscheidung ersetzt, da vermutet wird, dass die anderen über mehr Wissen verfügen als man selbst und sie deshalb die bessere Entscheidung treffen können. Dabei werden die Gründe für die Entscheidung der anderen nicht kommuniziert, sind also unbekannt. Nur das Verhalten der anderen, die vor einem selbst entschieden haben, kann beobachtet werden.

   b) Lesen Sie hierzu nochmals Kapitel 4.4.2: Positive externe Netzwerkeffekte treten immer dann auf, wenn die Mitgliedschaft in einer Community für den Einzelnen von Vorteil ist.

11.4 Lösungshorizont zu Kapitel 5

1. **Erläutern Sie die Strategien für Open Innovation.**

   - **Outside-In** reichert das interne Wissen des Unternehmens mit externem Wissen von Kunden, Lieferanten oder Partnern an, wie auch durch das aktive Transferieren von Technologien aus anderen Unternehmen und Forschungseinrichtungen.
   - **Inside-Out** unterstützt die externe Kommerzialisierung durch Lizenzierung, um Ideen schneller auf den Markt zu bringen sowie um Technologien besser zu multiplizieren.
   - **Coupled-Process** stellt eine Kopplung der Integration (Outside-In) und Externalisierung (Inside-Out) von Wissen zum Zweck der gemeinschaftlichen Entwicklung in interorganisationalen Netzwerken dar.

2. **Erläutern Sie, was man unter Crowdsourcing versteht.**
   In Anlehnung an Reichwald und Piller (2009, S. 153 f.) verstehen wir Crowdsourcing als einen Ansatz von Open Innovation, bei dem „durch die Nutzung eines großen heterogenen Netzwerks an externen Experten die Lösungssuche verbessert werden [soll]. Dies geschieht dabei nicht in Form klassischer Forschungs- und Entwicklungskooperationen, sondern durch einen offenen Aufruf an ein großes, undefiniertes Netzwerk an Akteuren, an einer Entwicklungsaufgabe mitzuwirken (‚Crowdsourcing‘)."

3. **Erläutern Sie die Arten des Crowdsourcings und geben Sie eigene Beispiele dafür.**
   Gemäß Abbildung 5.3 lassen sich vier Arten unterscheiden.
   - **Crowdsourcing-Makler**: Hierbei handelt es sich um ein Geschäftsmodell, bei dem ein Unternehmen als Makler zwischen einem Auftraggeber – meistens ein Unternehmen, das ein Problem lösen lassen will – und einer Gruppe möglicher Problemlöser – der Crowd – vermittelt.
   - **Direktes Crowdsourcing**: Bei dieser Variante betreibt ein Unternehmen selbst eine außenwirksame Crowdsourcing-Plattform.
   - **Unternehmensinternes Crowdsourcing**: Das unternehmensinterne Crowdsourcing beschränkt sich auf die eigenen Mitarbeiter im Unternehmen.
   - **Verkauf von Crowdsourcing-Design**: Verkaufsplattformen für Crowdsourcing-Design bieten den Web-Nutzern die Möglichkeit, nicht nur als Konsumenten in Webshops aktiv zu sein, sondern selbst als Produzenten von Gütern in Erscheinung zu treten.

4. **Erläutern Sie, welche Rolle die kollektive Intelligenz für Open Innovation spielt.**

Open Innovation ist eines der wichtigsten Anwendungsfelder für kollektive Intelligenz. Durch kollektive Intelligenz kommt man bei Open Innovation zu kreativen Ideen und Problemlösungen.

5. **Sehen Sie sich nochmals die Fallstudie „Internes und externes Crowdsourcing in Kombination: IBM Liquid" an: a) Wie beurteilen Sie dieses Modell aus arbeitsrechtlicher Sicht? Welche Herausforderungen gibt es hier b) für Arbeitnehmer und c) für das Management?**

Bei der Beantwortung dieser Fragen können sehr unterschiedliche Aspekte berücksichtigt werden, sodass eine abschließende Lösung kaum möglich ist. Wichtig ist hier vielmehr, dass Sie eine konstruktiv-sachliche Erörterung durchführen.

a) Bei der arbeitsrechtlichen Bewertung geht es um Fragen, die beispielsweise mit der Mitarbeiterbewertung zu tun haben. Ist die bei diesem Modell vorgesehene Art der Bewertung in der Bundesrepublik Deutschland überhaupt zulässig? Wie sieht das Vertragsverhältnis mit externen „Crowdsourcees" überhaupt aus? Liegt hier vielleicht sogar eine Scheinselbstständigkeit vor?

b) Für die Arbeitnehmer stellen sich v. a. dort wichtige Fragen, wo sie als externe „Crowdsourcees" für Unternehmen arbeiten. Wie kann beispielsweise sichergestellt werden, dass der Auftraggeber bezahlt? Wie findet die Bewertung der Arbeit statt?

c) Für das Management geht es beispielsweise um die Frage, ob und wie sich Projekte sinnvoll in Arbeitspakete zerlegen lassen, die an „Crowdsourcees" vergeben werden können. Wie kann das Projektmanagement damit noch umgehen? Letztlich liegt hier die Idee des Taylorismus zugrunde, die nicht ganz so einfach auf komplexe IT-Projekte übertragen werden kann.

11.5 Lösungshorizont zu Kapitel 6

1. **Grenzen Sie Wissen von Information ab.**

Wissen ist eine Kombination aus Daten und Informationen, Expertenwissen, erworbenen Fähigkeiten und Erfahrungen. Informationen sind nur dann Wissen wenn sie für unsere Entscheidungssituationen nutzbar sind, uns also bei einer oder mehreren Entscheidungen helfen. Betrachten Sie dazu nochmals Abbildung 6.1.

2. **Erläutern Sie die Merkmale des Wissensmanagements.**
   Merkmale des Wissensmanagements sind nach Riempp (2004, S. 76):
   - Wissensmanagement ist ein systematisches Vorgehen zur Erreichung betrieblicher Ziele wie Gewinnsteigerung, Kostensenkung, Erhöhung von Marktanteilen, durch die Optimierung der Nutzung von Wissen.
   - Dazu wird Wissen systematisch durch Mitarbeiter identifiziert, gespeichert, erzeugt/erworben, ausgetauscht und genutzt.
   - Die zugehörigen Maßnahmen werden systematisch geplant, gesteuert und kontrolliert.
   - Primäres Handlungsfeld von Wissensmanagement sind Menschen und deren Fähigkeiten/Kompetenzen, die Kommunikation und Zusammenarbeit dieser Menschen, die sie umgebende Kultur sowie unterstützende IT-Systeme.

3. **Erläutern Sie die unterschiedlichen Ansätze des Wissensmanagements.**

   - **Verhaltensorientierter Ansatz**: Dieser Ansatz stellt den Menschen als den eigentlichen Wissensträger in den Vordergrund: Wie entsteht Wissen und wie kann es zwischen Menschen weitergegeben werden?
   - **Technologischer Ansatz**: Dieser Ansatz stellt die technischen – v. a. IT-orientierten – Lösungen für das Wissensmanagement in den Vordergrund. Hier geht es um Tools/Werkzeuge für das Wissensmanagement.
   - **Integrativer Ansatz**: Integriert man verhaltens- und technologische Ansätze, so kommt man zu einem ganzheitlichen, integrierten Ansatz, der darauf abzielt, das Wissenspotenzial der Mitarbeiter durch Werkzeuge zu unterstützen und für das Unternehmen fruchtbar zu machen.

4. **Erläutern Sie das SECI-Modell und nennen Sie Beispiele.**
   Beim SECI-Modell handelt es sich um einen verhaltensorientierten Ansatz des Wissensmanagements. Tabelle 6.5 fasst das SECI-Modell zusammen und sollte von Ihnen erläutert werden können.

5. **Erläutern Sie ein praktisches Beispiel für das integrative Wissensmanagement.**
   Entweder Sie erläutern hier nochmals das in Kapitel 6.3.3 vorgestellte Beispiel auf den drei unterschiedlichen Ebenen des integrativen Wissensmanagementmodells oder Sie kennen ein eigenes Beispiel, das Sie hier erläutern können.

11.6 Lösungshorizont zu Kapitel 7

1. **Erläutern Sie die unterschiedlichen Arten von Gruppen.**
   Merkmale und Arten von Gruppen haben wir in Kapitel 7.1 besprochen. Sie sollten in der Lage sein, Tabelle 7.1 selbstständig erstellen zu können.

2. **Geben Sie einen Überblick über das erweiterte Modell betrieblicher Vertrauensentwicklung.**

Hier muss zunächst das „Grundmodell" nach Mayer u. a. (1995) anhand Abbildung 7.2 erläutert werden.

Das Vertrauen in eine Person hängt von ihrer Vertrauenswürdigkeit ab. Mayer u. a. (1995) identifizieren verschiedene Attribute zur Einschätzung der Vertrauenswürdigkeit des Vertrauensnehmers durch den Vertrauensgeber:

-   **Kompetenz:** Welche Fähigkeiten hat die Person, der vertraut werden soll, in der spezifischen Vertrauensdomäne. Vertrauenswürdigkeit bezieht sich immer auf einen spezifischen Sachverhalt im betrieblichen Kontext, ist nie unspezifisch, verallgemeinernd.
-   **Wohlwollen:** Wohlwollen, auch als Benevolenz bezeichnet, bringt die Einschätzung des guten Willens des Vertrauensnehmers dem Vertrauensgeber gegenüber zum Ausdruck.
-   **Integrität:** Hier sind zwei Aspekte von Bedeutung: a) Selbst wenn der mögliche Vertrauensnehmer über die notwendige Kompetenz verfügt und eine wohlwollende Haltung gegenüber dem potenziell Vertrauenden einnimmt, kann sich möglicherweise kein Vertrauen einstellen, weil keine gemeinsame ethisch-moralische Basis besteht. In diesem Fall zollt der potenziell Vertrauende dem möglichen Vertrauensnehmer zwar großen Respekt, vertraut diesem aber nicht, da er zu Mitteln und Maßnahmen greift, die der potenziell Vertrauende selbst für (zumindest hin und wieder) fragwürdig bis nicht akzeptabel hält. b) Als integer nimmt man jemanden dann wahr, wenn er sein Wort hält und er erfüllt, was er versprochen hat. Umso öfter sich ein Vertrauensnehmer integer verhält, umso leichter und häufiger wird ihm vertraut.
-   Die **Vertrauensbereitschaft** ist eine subjektive Einstellung, die sich zum einen darauf auswirkt, wie wir die Vertrauenswürdigkeit einer Person wahrnehmen und zum anderen auf das daraus resultierende Vertrauen.
-   Ergänzt um das **subjektive Empfinden des Risikos**, einem anderen in einer bestimmten Situation zu vertrauen, ergibt sich daraus das **eingegangene Risiko der Vertrauensbeziehung** zwischen dem Vertrauensgeber und dem Vertrauensnehmer.
-   Die mit diesem Vertrauen **gemachten Erfahrungen** haben als Erfahrungen Einfluss auf die Einschätzung der Vertrauenswürdigkeit des Vertrauensnehmers durch den Vertrauensgeber hinsichtich zukünftiger Vertrauenssituationen. Vertrauen verändert sich also: Es entwickelt sich in Abhängigkeit von den gemachten Erfahrungen und ist keine statische Größe.

Das erweiterte Modell betrieblicher Vertrauensentwicklung wurde anhand von Abbildung 7.3 besprochen. In Ergänzung zum Grundmodell sind folgende Aspekte relevant:

- Die **Vertrauensveranlagung** ist die allgemeine Disposition einer Person, Problemlagen in Zweifelsfällen eher durch Vertrauen als durch Misstrauen aufzulösen (Luhmann 2014, S. 94).
- Das **institutionelle Vertrauen** beschreibt überpersonelles Vertrauen, das mit der betrieblichen Organisationseinheit (gesamtes Unternehmen, Abteilung, Team etc.) verbunden wird. Eine Person vertraut also darauf, dass die Konfiguration der Organisationseinheit die Erfüllung der eigenen Erwartungshaltung unterstützend ermöglicht (vgl. McKnight u. a. 1998, S. 474).
- Da in der Ausgangssituation einer (Arbeits-)Beziehung keine eigenen Erfahrungen über die Vertrauenswürdigkeit eines potenziellen Vertrauensnehmers vorliegen, versucht man mittels „erster Eindrücke", ein Urteil zu fällen. Dies wird von McKnight u. a. als **kognitive Prozesse** bezeichnet.

3. **Ordnen Sie die unterschiedlichen Modelle zur Erfolgsmessung in das Input-Outcome-Modell ein.**
Die Ansätze zur Messung des Erfolgs von ESS und Wissenscommunitys mittels ROI und der Analyse des Kommunikationsflusses haben den Vorteil, dass sie komplexitäts- und damit aufwandreduzierend bei der Erfassung der notwendigen Daten für die Kennzahlen sind. Nachteilig an ihnen ist ihre jeweils eindimensionale Fokussierung auf nur einen Teilaspekt des integrativen Wissensmanagements. Während der ROI eher auf die strategische Ebene abzielt und dort den Beitrag zur Erreichung der Geschäftsziele misst, stellt die Analyse des Kommunikationsflusses primär auf die Prozessebene ab und misst dort die potenziell mögliche Verbesserung von Effektivität und Effizienz. Für eine Gesamtbetrachtung aller Ebenen sollte man deshalb langfristig ein integratives Messmodell aufbauen.

4. **Erläutern Sie die Forschungsfragen und Ergebnisse der Caterpillar-Studie.**
Die vier Forschungsfragen der Caterpillar-Studie sind in Kapitel 7.3.1 eingehend behandelt. Sie sollten die dort aufgeführten vier Forschungsfragen und die dazugehörigen Antworten erläutern können.

5. **Grenzen Sie die Begriffe „Kooperation", „Kollaboration" und „Koordination" voneinander ab.**
   Die Begriffsabgrenzungen finden Sie in Kapitel 7.2. Zudem sollten Sie das 3-C-Modell berücksichtigen, das in Kapitel 3.3.1 eingeführt wurde.
   Kollaboration ist nach Illik (2014, S. 126) die „weniger oder gar nicht koordinierte Zusammenarbeit, im Vergleich zur Kooperation, die wir als stärker koordinierte Zusammenarbeit verstehen." Kooperation ist also wesentlich strukturierter zu verstehen als Kollaboration:
   Kooperation = Kollaboration + Koordination

6. **Grenzen Sie den Begriff des Vertrauens von verwandten Begriffen wie Hoffnung ab.**
   In Kapitel 7.3.2 wurde der Begriff des Vertrauens von verwandten Begriffen abgegrenzt. Einen der folgenden verwandten Begriffe sollten Sie erläutern und vom Vertrauensbegriff abgrenzen können:
   – Zusammenarbeit bzw. Kooperation
   – Zuversicht
   – Hoffnung
   – Vorhersehbarkeit

11.7 Lösungshorizont zu Kapitel 8

1. **Berechnen Sie die drei Zentralitätsmaße für jedes Mitglied der Community aus Abbildung 8.9. Verwenden Sie dazu die frei verfügbare Software Visone (http://visone.info), indem Sie mit dieser Software die Netzwerkstruktur nachbilden und dann die Zentralitätsmaße durch Visone berechnen lassen.**

Mitglied	Degree	Betweenness	Closeness
1	3	0,327	0,407
2	2	0	0,306
3	2	0	0,306
4	3	0,727	0,524
5	3	0,445	0,440
6	2	0,082	0,333
7	2	0,009	0,268
8	2	0,082	0,333
9	3	0,436	0,440
10	3	0,082	0,344
11	3	0,082	0,344
12	2	0	0,268

2. **Welche Schlussfolgerungen lassen sich aus der Einbettung (*embeddedness*) von Mitglied 4 in Abbildung 8.9 ziehen?**

   Mitglied 4 hat hohe Werte für Betweenness und Closeness, ist aber nicht sehr gut integriert, sonst hätte die Einbettung nicht den Wert 0. Es stellt sich also die Frage, inwieweit Mitglied 4 seine Stellung in der Community nicht dazu nutzt, um seine Position zu festigen und deshalb eine stärkere Integration der Commmunity verhindert. Möglicherweise könnten Wissens- und Innovationsprozesse viel schneller und besser ablaufen, wenn a) Mitglied 4 sich mit weiteren Community-Mitgliedern vernetzen würde und/oder b) die Cluster durch geeignete Methoden des Wissensmanagements (wie gemeinsames Schreiben von Lessons Learned etc.) aufgelöst würden.

Literatur

Alvesson und Kärreman 2001

    ALVESSON, Mats ; KÄRREMAN, Dan: Odd couple: making sense of the curious concept of knowledge management. In: *Journal of Management Studies* 38 (2001), Nr. 7, S. 995–1018

Ardichvili u. a. 2003

    ARDICHVILI, Alexander ; PAGE, Vaughn ; WENTLING, Tim: Motivation and barriers to participation in virtual knowledge-sharing communities of practice. In: *Journal of Knowledge Management* 7 (2003), Nr. 1, S. 64–77

Bächle 2005

    BÄCHLE, Michael: Virtuelle Communities als Basis für ein erfolgreiches Wissensmanagement. In: *HMD - Praxis der Wirtschaftsinformatik* 246 (2005), Dezember, Nr. 246, S. 76–83

Bächle 2006

    BÄCHLE, Michael: Social Software. In: *Informatik Spektrum* 29 (2006), Nr. 2, S. 121–124

Bächle 2008

    BÄCHLE, Michael: Ökonomische Perspektiven des Web 2.0 – Open Innovation, Social Commerce und Enterprise 2.0. In: *Wirtschaftsinformatik* 50 (2008), Nr. 2, S. 129–132

Bächle 2014

    BÄCHLE, Michael: Some Cost-Benefit Analysis on the Use of Enterprise 2.0 for Business Processes. In: *Quarterly Review of Business Disciplines* 1 (2014), August, Nr. 2, S. 111–126

Bächle und Daurer 2006

    BÄCHLE, Michael ; DAURER, Stephan: Potenziale integrierter Social Software – das Beispiel Skype. In: *HMD - Praxis der Wirtschaftsinformatik* 252 (2006), Dezember, S. 75–81

Bächle und Ritscher 2010

    BÄCHLE, Michael ; RITSCHER, Jochen: *Enterprise 2.0 - Social Software im unternehmensinternen Einsatz.* München : Grin Verlag, 2010

Back 2012

    BACK, Andrea: Einleitung. In: BACK, Andrea (Hrsg.) ; GRONAU, Norbert (Hrsg.) ; TOCHTERMANN, Klaus (Hrsg.): *Web 2.0 und Social Media in der Unternehmenspraxis. Grundlagen, Anwendungen und Methoden mit zahlreichen Fallstudien.* München : Oldenbourg-Verlag, 2012, S. 1–12

Bamberg u. a. 2012

    BAMBERG, Gümter ; COENENBERG, Adolf G. ; KRAPP, Michael: *Betriebswirtschaftliche Entscheidungslehre.* 15., überarb. Aufl. München : Vahlen, 2012

Barabasi 2002

    BARABASI, Albert-Laszlo: *Linked: How everything is connected to everything else and what it means for Business, Science, and Everyday Life.* New York : Plume, 2002

Benkler 2002

    BENKLER, Yokai: *Coase's Penguin, or, Linux and the Nature of Firm.* 2002. – URL http://www.benkler.org/CoasesPenguin.html. – Zugriffsdatum: 03.08.2015

Berners-Lee und Cailliau 1990

    BERNERS-LEE, Tim ; CAILLIAU, Robert: WorldWideWeb: Proposal for a HyperText Project. (1990). – URL http://www.w3.org/History/19921103-hypertext/hypertext/WWW/Proposal.html. – Zugriffsdatum: 01.10.2015

Bikhchandani u. a. 1992

    BIKHCHANDANI, Sushil ; HIRSHLEIFER, David ; WELCH, Ivo: A Theory of Fads, Fashion, Custom, and Cultural Change as Information Cascades. In: *Journal of Political Economy* 100 (1992), Nr. 5, S. 992–1026

Bjelland und Wood 2008

BJELLAND, Osvald M. ; WOOD, Robert C.: An Inside View of IBM's Innovation Jam. In: *MIT Sloan Management Review* 50 (2008), Nr. 1, S. 32–40. – URL http://sloanreview.mit.edu/article/an-inside-view-of-ibms-innovation-jam/. – Zugriffsdatum: 05.08.2015

Blohm 2013

BLOHM, Ivo: *Open Innovation Communities. Absorptive Capacity und kollektive Ideenbewertung.* Wiesbaden : SpringerGabler, 2013

blueKiwi 2012

BLUEKIWI: *Enterprise Collaboration Playbook. How to use enterprise social software to change the way you do business.* Whitepaper. 2012

Bodendorf 2003

BODENDORF, Freimut: *Daten- und Wissensmanagement.* Berlin u. a. : Springer, 2003

Bradley und McDonald 2011

BRADLEY, Anthony J. ; MCDONALD, Mark P.: *The social organization: how to use social media to tap the collective genius of your customers and employees.* Boston (Mass.) : Harvard Business Press, 2011

CEN 2004

CEN: *CWA 14924-1: European Guide to good Practice in Knowledge Management – Part 1: Knowledge Management Framework.* 2004

Chesbrough 2003a

CHESBROUGH, Henry W.: The Era of Open Innovation. In: *MITSloan Management Review* 44 (2003), Nr. 3, S. 35–41

Chesbrough 2003b

CHESBROUGH, Henry W.: *Open innovation: The new imperative for creating and profiting from technology.* Boston (Mass.) : Harvard Business Press, 2003

Chesbrough und Brundwicker 2013

CHESBROUGH, Henry W. ; BRUNDWICKER, Sabine: Managing Open Innovation in Large Firms. Survey Report. Executive Survey on Open Innovation 2013 / Fraunhofer IAO. Stuttgart, 2013. – Forschungsbericht

Chesbrough u. a. 2006

CHESBROUGH, Henry W. ; VANHAVERBEKE, Wim ; WEST, Joel: *Open innovation: Researching a new paradigm.* Oxford University Press, 2006

Chui u. a. 2012

CHUI, Michael ; MANYIKA, James ; BUGHIN, Jacques ; DOBBS, Richard ; ROXBURGH, Charles ; SARRAZIN, Hugo ; SANDS, Geoffrey ; WESTERGREN, Magdalena: The social economy: Unlocking value and productivity through social technologies / McKinsey Global Institute. URL http://www.mckinsey.com/insights/high_tech_telecoms_internet/the_social_economy. – Zugriffsdatum: 05.08.2015, 2012. – Forschungsbericht

Cooper u. a. 2010

COOPER, Chris ; MARTIN, Mike ; KIERNAN, Terry: Measuring the value of social software / IBM Corporation. Cambridge (MA), 2010. – Whitepaper

Cross u. a. 2002

CROSS, Rob ; NOHRIA, Nitin ; PARKER, Andrew: Six Myths About Informal Networks—and How to Overcome Them. In: *Sloan Management Review* 43 (2002), Nr. 3, S. 67–75

Cross und Parker 2004

CROSS, Rob ; PARKER, Andrew: *The Hidden Power of Social Networks. Understanding How Work Really Gets Done in Organizations.* Boston (Mass.) : Harvard Business Press, 2004

Cross und Thomas 2009

CROSS, Rob ; THOMAS, Robert J.: *Driving Results Through Social Networks. How Top Organizations Leverage Networks for Performance and Growth.* Boston (Mass.) : Harvard Business Press, 2009

Dabbish und Kraut 2006

DABBISH, Laura A. ; KRAUT, Robert E.: Email overload at work: an analysis of factors associated with email strain. In: *Proceedings of the 2006 20th anniversary conference on Computer supported cooperative work* ACM (Veranst.), 2006, S. 431–440

Davenport und Prusak 2000

DAVENPORT, Thomas H. ; PRUSAK, Laurence: *Working knowledge: How organizations manage what they know.* Boston (Mass.) : Harvard Business School Press, 2000

Drakos u. a. 2014

DRAKOS, Nikos ; MANN, Jeffrey ; GOTTA, Mike: Magic Quandrant for Social Software in the Workplace / Gartner. Stamford, 2014 (G00262774). – Forschungsbericht

Droste 2014

DROSTE, Friedrich: *Die strategische Manipulation der elektronischen Mundpropaganda: Eine spieltheoretische Analyse.* Wiesbaden : Vieweg+Teubner Verlag / Springer Fachmedien, 2014

Dückert und Hormess 2008

DÜCKERT, Simon ; HORMESS, Markus: Enterprise 2.0 - Neues Denken statt neue Technologie. (2008). – URL http://www.community-of-knowledge.de/beitrag/enterprise-20-neues-denken-statt-neue-technologie/. – Zugriffsdatum: 10.07.2015

Easley und Kleinberg 2010

EASLEY, David ; KLEINBERG, Jon: *Networks, Crowds, and Markets. Reasoning about a Highly Connected World.* New York (NY) : Cambridge University Press, 2010

Falkowski und Krebs 2005

FALKOWSKI, Gerald ; KREBS, Valdis: *Software Test Community Uncovered using SNA.* 2005. – URL http://www.orgnet.com/IBMCOPSNA.pdf. – Zugriffsdatum: 15.10.2015

Freiberg 2004

FREIBERG, Nicole: *Rationales Herdenverhalten – Theorie, Empirie und Lösungsansätze*, Julius-Maximilian-Universität, Dissertation, 2004

Frenzel u. a. 2006

FRENZEL, Karolina ; MÜLLER, Michael ; SOTTONG, Hermann: *Storytelling. Das Praxisbuch.* München, Wien : Hanser, 2006

Gassmann und Enkel 2004

GASSMANN, Oliver ; ENKEL, Ellen: *Towards a Theory of Open Innovation: Three Core Process Archetypes.* 2004. – URL http://www.alexandria.unisg.ch/Publikationen/274. – Zugriffsdatum: 03.08.2015

Granovetter 1985

GRANOVETTER, Mark: Economic Action and Social Structure: The Problem of Embeddedness. In: *American Journal of Sociology* 91 (1985), Nr. 3, S. 481–510. – URL https://www2.bc.edu/~jonescq/mb851/Feb26/Granovetter_AJS_1985.pdf. – Zugriffsdatum: 01.10.2015

Heesen 2012

HEESEN, Bernd: *Investitionsrechnung für Praktiker.* 2. Aufl. Wiesbaden : Springer Gabler, 2012

von Hippel 1978

HIPPEL, Eric von: a customer-active paradigm for industrial product idea generation. In: *Research Policy* 7 (1978), S. 240–266. – URL http://www.sciencedirect.com/science/article/B6V77-45GSH7B-H/2/5caa3a873b205918a9c1717705a3c1a0

Hirschmeier 2005

HIRSCHMEIER, Markus: *Wirtschaftlichkeitsanalysen für IT-Investitionen. Modelle und Methoden zur Beurteilung von IT-Investitionen.* Berlin : WiKu-Verlag, 2005

Hislop 2013

HISLOP, Donald: *Knowledge Management in Organizations. A critical introduction*. 3. ed. Oxford University Press, 2013

Houy u. a. 2010

HOUY, Constantin ; FETTKE, Peter ; LOOS, Peter: Einsatzpotentiale von Enterprise-2.0-Anwendungen – Darstellung des State-of-the-Art auf Basis eines Literaturreviews / Institut für Wirtschaftsinformatik im Deutschen Forschungszentrum für Künstliche Intelligenz. November 2010 (192). – IWi-Heft

Howe 2006

HOWE, Jeff: The Rise of Crowdsourcing. In: *WIRED* 14 (2006), Nr. 6. – URL http://archive.wired.com/wired/archive/14.06/crowds.html. – Zugriffsdatum: 03.08.2015

Hurley und Hult 1998

HURLEY, Robert F. ; HULT, G. Tomas M.: Innovation, market orientation, and organizational learning: an integration and empirical examination. In: *The Journal of Marketing* 62 (1998), S. 42–54

Hüttenegger 2006

HÜTTENEGGER, Georg: *Open Source Knowledge Management*. Berlin, Heidelberg : Springer, 2006

IBM 2006

IBM: developerWorks Interviews: Tim Berners-Lee. (2006). – URL http://www.ibm.com/developerworks/podcast/dwi/cm-int082206.txt. – Zugriffsdatum: 01.10.2015

Illik 2014

ILLIK, Johann: Zusammenarbeit – Online Kooperation. In: FREY-LUXEMBURGER, Monika (Hrsg.): *Wissensmanagement – Grundlagen und praktische Anwendung: Eine Einführung in das IT-gestützte Management der Ressource Wissen*. Wiesbaden : Vieweg+Teubner Verlag, 2014, S. 120–167

Jansen 2006

JANSEN, Dorothea: *Einführung in die Netzwerkanalyse. Grundlagen, Methoden, Forschungsbeispiele*. 3., überarb. Aufl. Wiesbaden : VS Verlag, 2006

Kasper u. a. 2010

KASPER, Helmut ; LEHRER, Mark ; MÜHLBACHER, Jürgen ; MÜLLER, Barbara: Thinning Knowledge: An Interpretive Field Study of Knowledge-Sharing Practices of Firms in Three Multinational Contexts. In: *Journal of Management Inquiry* 19 (2010), Nr. 4, S. 367–381. – URL http://jmi.sagepub.com/content/19/4/367.abstract

Kilian u. a. 2007

KILIAN, Dietmar ; KRISMER, Robert ; LORECK, Stefan ; SAGMEISTER, Andreas: *Wissensmanagement. Werkzeuge für Praktiker*. Wien : Linde-Verlag, 2007

Koch u. a. 2009

KOCH, Michael ; BULLINGER, Angelika C. ; MÖSLEIN, Kathrin M.: Social Software für Open Innovation. In: *Kommunikation als Erfolgsfaktor im Innovationsmanagement*. Berlin u.a. : Springer, 2009, S. 159–175

Kügler u. a. 2015

KÜGLER, Maurice ; DITTES, Sven ; SMOLNIK, Stefan ; RICHTER, Alexander: Connect Me! Antecedents and Impact of Social Connectedness in Enterprise Social Software. In: *Business & Information Systems Engineering* (2015), S. 1–16

Lehner 2014

LEHNER, Franz: *Wissensmanagement. Grundlagen, Methoden und technische Unterstützung*. 5., akt. A. München : Hanser, 2014

Leonardi u. a. 2013

LEONARDI, Paul M. ; HUYSMAN, Marleen ; STEINFIELD, Charles: Enterprise Social Media: Definition, History, and Prospects for the Study of Social Technologies in Organizations. In: *Journal of
Computer-Mediated Communication* 19 (2013), Nr. 1, S. 1–19

Luhmann 2014

LUHMANN, Niklas: *Vertrauen*. 5. Auflage. Konstanz : UVK, 2014

Maier 2007

MAIER, Ronald: *Knowledge Management Systems. Information and Communication Technologies
for Knowledge Management*. Berlin u. a. : Springer, 2007

Malone u. a. 2010

MALONE, Thomas W. ; LAUBACHER, Robert ; DELLAROCAS, Chrysanthos: Harnessing Crowds: Map-
ping the Genome of Collective Intelligence. Research Paper No. 4732-09 / MIT Sloan School. URL
http://ssrn.com/abstract=1381502, 2010. – Forschungsbericht

Mattern und Flörkemeier 2010

MATTERN, Friedemann ; FLÖRKEMEIER, Christian: Vom Internet der Computer zum Internet der
Dinge. In: *Informatik Spektrum* 33 (2010), Nr. 2, S. 107–121

Mayer u. a. 1995

MAYER, Roger C. ; DAVIS, James H. ; SCHOORMAN, F D.: An integrative model of organizational
trust. In: *Academy of Management Review* 20 (1995), Nr. 3, S. 709–734

McAfee 2006

McAFEE, Andrew: Enterprise 2.0: The Dawn of Emergent Collaboration. In: *MITSloan Management
Review* 47 (2006), Nr. 3, S. 21–28

McAfee 2009

McAFEE, Andrew P.: *Enterprise 2.0: new collaborative tools for your organization's toughest challenges*. Boston (Mass.) : Harvard Business Press, 2009

McKnight u. a. 1998

McKNIGHT, D H. ; CUMMINGS, Larry L. ; CHERVANY, Norman L.: Initial trust formation in new organizational relationships. In: *Academy of Management Review* 23 (1998), Nr. 3, S. 473–490

Meier 2015

MEIER, Stefanie ; LÜTOLF, Daniel (Hrsg.) ; SCHILLERWEIN, Stephan (Hrsg.): *Herausforderung Intranet: Zwischen Informationsvermittlung, Diskussionskultur und Wissensmanagement*. Wiesbaden : Vieweg+Teubner Verlag, 2015

Mintzberg 1979

MINTZBERG, Henry: *The Structuring of Organizations. A Synthesis of the Research*. Upper Saddle
River (NJ) : Prentice-Hall, 1979

Morris 2000

MORRIS, Stephen: Contagion. In: *The Review of Economic Studies* 67 (2000), Nr. 1, S. 57–78

Newman und Thomas 2009

NEWMAN, Aaron C. ; THOMAS, Jeremy G.: *Enterprise 2.0 Implementation*. New York u. a. : McGraw-
Hill, 2009

Newman 2010

NEWMAN, M. E. J.: *Networks. An Introduction*. Oxford, New York : Oxford University Press, 2010

Niemeier 2011

NIEMEIER, Joachim: Nutzen und ROI eines sozialen Intranets. In: WOLF, Frank (Hrsg.): *Social Intranet. Kommunikation fördern – Wissen teilen – Effizient zusammenarbeiten*. München : Hanser,
2011, S. 74–87

Nonaka 1991

NONAKA, Ikujiro: The knowledge-creating company. In: *Harvard Business Review* 69 (1991), Nr. 6,
S. 96–104

Nonaka 1994

    NONAKA, Ikujiro: A dynamic theory of organizational knowledge creation. In: *Organization Science* 5 (1994), Nr. 1, S. 14–37

Nonaka und Takeuchi 1997

    NONAKA, Ikujiro ; TAKEUCHI, Hirotaka: *Die Organisation des Wissens*. Frankfurt a. M. : Campus-Verlag, 1997

North 2005

    NORTH, Klaus: *Wissensorientierte Unternehmensführung. Wertschöpfung durch Wissen*. 4., akt. u. erw. A. Wiesbaden : Gabler, 2005

O'Dell und Hubert 2011

    O'DELL, Carla ; HUBERT, Cindy: *The new edge in knowledge. How knowledge management is changing the way we do business*. Hoboken (NJ) : Wiley & Sons, 2011

OECD 2015

    OECD: *Deutschland-Ländernotiz – Bildung auf einen Blick: OECD-Indikatoren*. 2015. – URL http://www.oecd.org/germany/Education-at-a-glance-2015-Germany-in-German.pdf. – Zugriffsdatum: 08.01.2016

O'Reilly 2005

    O'REILLY, Tim: What Is Web 2.0 - Design Patterns and Business Models for the Next Generation of Software. (2005). – URL http://www.oreillynet.com/pub/a/oreilly/tim/news/2005/09/30/what-is-web-20.html. – Zugriffsdatum: 07.09.2007

Österle 1995

    ÖSTERLE, Hubert: *Business Engineering. Prozeß-und Systementwicklung: Band 1: Entwurfstechniken*. 2., verbesserte Auflage. Berlin u. a. : Springer-Verlag, 1995

Probst u. a. 2012

    PROBST, Gilbert J. B. ; RAUB, Steffen P. ; ROMHARDT, Kai: *Wissen managen: Wie Unternehmen ihre wertvollste Ressource optimal nutzen*. 7. Aufl. 2012 (Korr. Nachdruck 2013). Wiesbaden : Gabler Verlag, 2012

Radicati und Hoang 2011

    RADICATI, Sara ; HOANG, Quoc: Email Statistics Report, 2011-2015 / The Radicati Group (Inc.). 2011. – Forschungsbericht

Raymond 2000

    RAYMOND, E. S.: *The Cathedral and the Bazaar*. 2000. – URL http://www.catb.org/~esr/writings/cathedral-bazaar/. – Zugriffsdatum: 03.08.2015

Rehm 2015

    REHM, Herbert: Fünf Fragen an Monika Schäfer. In: BENNER, Christiane (Hrsg.): *Crowdwork – zurück in die Zukunft? Perspektiven digitaler Arbeit*. Frankfurt am Main : Bund-Verlag GmbH, 2015, S. 61–65

Reichwald und Piller 2009

    REICHWALD, Ralf ; PILLER, Frank: *Interaktive Wertschöpfung. Open Innovation, Individualisierung und neue Formen der Arbeitsteilung*. 2., vollständig überarbeitete und erweiterte Auflage. Wiesbaden : Gabler, 2009

Richter u. a. 2012

    RICHTER, Alexander ; KOCH, Michael ; BEHRENDT, Sebastian ; NESTLER, Simon ; MÜLLER, Sebastian ; HERRLICH, Stephan: aperto – Ein Rahmenwerk zur Auswahl, Einführung und Optimierung von Corporate Social Software / Forschungsgruppe Kooperationssysteme, Universität der Bundeswehr. München, 2012 (Schriften zur soziotechnischen Integration). – Band 2

Riempp 2004

    RIEMPP, Gerold: *Integrierte Wissensmanagementsysteme. Architektur und praktische Anwendung*. Berlin, Heidelberg, New York : Springer, 2004

Schindler 2001

SCHINDLER, Martin: *Wissensmanagement in der Projektabwicklung. Grundlagen, Determinanten und Gestaltungskonzepte eines ganzheitlichen Projektwissensmanagements.* 2., durchges. Auflage. Lomar, Köln : Josef Eul-Verlag, 2001

Schütt 2000

SCHÜTT, Peter: Wissensmanagement bei IBM: von der Datenbank zur ganzheitlichen Lösung. In: *wissensmanagement* (2000), Nr. 3, S. 8–12

Surowiecki 2005

SUROWIECKI, James: *The Wisdom of Crowds.* New York : Anchor Books, 2005

Takeuchi und Nonaka 1986

TAKEUCHI, Hirotaka ; NONAKA, Ikujiro: The new new product development game. In: *Harvard Business Review* 64 (1986), Nr. 1, S. 137–146

TopCoder 2015

TOPCODER: How it works. (2015). – URL https://www.topcoder.com/community/how-it-works. – Zugriffsdatum: 01.10.2015

Walter 2012

WALTER, Thomas: Crowdsourcing-Plattformen. In: BACK, Andrea (Hrsg.) ; GRONAU, Norbert (Hrsg.) ; TOCHTERMANN, Klaus (Hrsg.): *Web 2.0 und Social Media in der Unternehmenspraxis. Grundlagen, Anwendungen und Methoden mit zahlreichen Fallstudien.* 3., überarb. und erw. Auflage. München : Oldenbourg-Verlag, 2012, S. 73–82

Wenger und Snyder 2000

WENGER, Etienne C. ; SNYDER, William M.: Communities of practice: The organizational frontier. In: *Harvard Business Review* 78 (2000), Nr. 1, S. 139–146

Whittaker und Sidner 1996

WHITTAKER, Steve ; SIDNER, Candace: Email overload: exploring personal information management of email. In: *Proceedings of the SIGCHI Conference on Human Factors in Computing Systems* ACM (Veranst.), 1996, S. 276–283

Wöhe und Döring 2013

WÖHE, Günter ; DÖRING, Ulrich: *Einführung in die allgemeine Betriebswirtschaftslehre.* 25., überarb. u. akt. Auflage. München : Vahlen, 2013

Zboralski 2007

ZBORALSKI, Katja: *Wissensmanagement durch Communities of Practice: Eine empirische Untersuchung von Wissensnetzwerken.* Wiesbaden : DUV, 2007

Stichwortverzeichnis

www.ingramcontent.com/pod-product-compliance
Lightning Source LLC
Chambersburg PA
CBHW081105220326
41598CB00038B/7240